U0057347

早期療育社會工作

Social Work Practice in the Early Intervention

張秀玉◎著

主編序

在台灣社會工作專業的存在已有三十多年歷史，然而，近幾年來台灣社會快速發展與社會問題不斷增多下，社會工作才受到重視與需要。目前可說是台灣社會工作專業發展真正的契機。

一個專業要能夠培養真正可以勝任工作的專業人才，專業的地位與權威，才會受社會所認可（sanction）。因此，學校的教育人才、教學方法與教材，對社會工作在專業的發展上都具有關鍵性影響。我們在學校任教，對教學教材與參考書不足深感困擾。環顧國內社會工作界，社會工作各專業科目的專業書籍實在不多。因此，在一個偶然相聚的機會中，揚智文化葉總經理願意出版社工叢書，以配合當前社會及專業的需要。

從1996年開始，在出版社的協助下，我們選購了國外一系列評價較高的社會工作書籍，由社工領域中學有專長且具實務經驗的社工菁英來翻譯，另由我們邀請國內各大學中教授社會工作專業科目之教師撰寫書籍。湊巧的，1997年正逢社會工作師法的通過，我們希望規劃出版之各專書，有助於實務工作者證照考試，以及學校課程的教授與學習。最重要的，也期望藉著這些書籍的撰寫與翻譯，使專業教育不再受限於教材之不足，並能強化社會工作專業人員的能力，使我國本上的社會工作與社會福利服務實務能有最佳的發展。

最後我們要感謝許多社會工作界的同道，願意花時間和我們一起進行此一繁重的工作，並提供意見給我們，希望此一社工叢書能讓大家滿意。

曾華源、郭靜晃　謹識

武　序

　　秀玉是我多年的學生，在東海大學碩士班畢業後目前也在東海博士班就讀。認識他多年一直有的印象就是認眞勤奮、聰明踏實。不論他寫的論文或是在專題討論時所發表文章都把許多相關的文獻整理做立論的基礎，才提出自己的想法及問題。每篇東西都有理論及創見，很值得深讀。我想跟秀玉的認眞踏實的問學態度很有關係。社會工作的教育不只是紙上談兵，我們要教育訓練的是兼具理論與實務能力的人。不但書要讀得通，而且要能實務上操作才能算是專業人才。寫出來的書籍論文才能有實務參考價值。秀玉擔任許多年的社會工作員、社工組長由基礎做起，有深厚的臨床經驗後繼續進修。拿到碩士後開始用其所學在各校及社工相關機構講授課程。秀玉這幾年來也是東海大學社會工作系的兼任老師。無論教學效果以及與學生互動都獲得好評。在東海博士班就讀這段期間也陸續的發表其論述。秀玉堪稱爲理論基礎與實務經驗兼具的難得人才。秀玉一直投入早期療育的工作。不論是工作或研究都選擇用早期療育爲主題。幾年耕耘下來，秀玉將幾年來的心得論述作一個整理。將早期療育的有關的社工理論及服務模式做清楚而詳盡的介紹，並提供模式的實例供讀者參考，是一個可做爲教科書的一本著作。看到學生的表現，做爲老師的我覺得十分榮幸的推薦這本紮實的書給大家。

東海大學社會工作學系副教授兼系主任

武自珍

郭　序

一個起點

發展遲緩兒童早期療育工作的推動是讓社會工作的專業更加被瞭解與肯定的一項重要社會事件！在我參與推動這項工作的十多年之中一直感受到社會工作同仁的專業與熱忱，當然也特別高興它的蓬勃發展！

然而，新興的專業存在著許多執行面的爭議和許多無法明確的共識，因此大家也曾多次談到早療社會工作的操作手冊，而後來也由中華民國發展遲緩兒童基金會完成了！張秀玉女士在與我聯繫中，意外地提及這本著作，並將內容寄給我，在閱讀之後很替她和早療領域的社會工作同仁高興，因為它是一本更完整早療社會工作著作，作者的耐心與用心在文字中細細的流露著！

我用「一個起點」來形容它，並不是代表「它」是第一個開始或唯一的開始，而是它應該是具有一個階段共識或討論的起點！這個貢獻對於這個領域的發展是有意義的！因為這個工作不好做，尤其從開始到完成一定要花費許多的苦心！

一個開始是一種喜悅，卻也是耕耘的開始，因此如何維持種動力，去關懷和經營這個領域，將是我們大家接下來的工作！祝福大家。

中國醫藥學院附設醫院小兒科主治醫師
朝陽科技大學幼兒保育學系（所）副教授
郭煌宗

施 序

　　發展遲緩兒童與其家庭所需要的早期療育服務，自1993年兒童福利法修正通過之後，不論是在兒童福利政策或實務工作的運作上，都被視為一個相當重要的服務領域。社會工作專業在這個領域中，一直扮演與特殊教育、醫療領域等專業相互溝通的重要機制，同時對於家庭的評估、資源的轉介、政策的倡導等層面，更具有不可或缺的角色。但對於一個即將或已經投入早期療育領域的實務工作者而言，究竟如何扮演自己所當扮演的角色？以及如何提供發展遲緩兒童與其家庭所需要的適切協助？以及審慎思考發展遲緩兒童與其家庭的真正需求又是什麼？乃至於早期療育領域相關的資源與政策是否對這群服務對象有合理的協助？凡此種種問題和課題，事實上往往不得而解，或不得其門而入。

　　今欣見作者將自身在早期療育領域中的實務經驗，並融合其在碩士班階段與博士班階段所累積的學術知識，完成《早期療育社會工作》此一著作。相信本書對當前實務工作者、社會工作學系的學生，以及關心此一領域的社會大眾，可以提供頗多實用的參考的理念與做法。這也是國內第一本關心社會工作專業進入早期療育領域的專書，內容相當充實，並切合目前實務的現況，值得借鏡和研讀。

　　作者向來對發展遲緩兒童與其家庭的需求，以及社會工作如何提供協助等相關議題，一直抱持高度熱忱和積極學習的態度，且不斷地從自身的實務經驗以及學術知識上深刻反省與思考，以期對於這群服務對象有更適切的協助。本書是一個很好的起點，做為一個社會工作者，能夠將所學的社會工作知識與經驗，透過思辨與實踐的過程，轉化為對服務對象具體適切的協助，並且反

省社會工作理論與知識轉化爲實務運作的可能性與限制，相信讀者必定可以從本書的字裡行間，感受和分享作者的專業承諾及投入。

　　本書之完成，不僅可作爲有志投入早期療育社會工作領域學生的基礎教科書，也可提供早期療育實務工作者規劃處遇或進行相關研究之輔助工具，可謂兼具學術與實務之參考價值，故樂爲之序。

前國立暨南大學社會政策與社會工作學系副教授
施敎裕

許　序

　　兒童是社會健全穩定的基石。社會經由福利服務系統幫助一群因為不利環境，或者因在生長過程中有特殊需求，而導致發展遲緩的幼兒們，獲得良好的醫療、教育及社會照顧，這不僅對兒童的發展有正面的影響，也提昇了社會福祉。而早期療育便是一種為發展遲緩幼兒及其家庭，提供全面性的、有效的療育與支持服務的過程。因此，早期療育是現今重要的社會福利及社會工作課題。

　　然而，在社會工作人員的專業養成教育中，早期療育一直是受到忽略的，這使得許多早期療育社工員在服務遞送的過程中，常因不瞭解服務的內涵及服務接受者的特質，而使服務效率大減。當秀玉請我為這本書寫序時，我非常高興終於有社工界的學者重視到這個問題，並且願意出書論述。由於秀玉在這個領域中有豐富的實務與學術經驗，因此，書中見解精闢，架構清晰，對初探早期療育社會工作的讀者們有引導的功用，加以作者用字遣詞流暢，不致造成讀者們在閱讀上的負擔。對於這本書，我的推薦如下：

一、對早期療育服務體系的含括與解釋完整

　　本書共分十章，從鉅觀的政策面分析，至體系內部的資源連結，到微觀的社工實務技巧，都有清晰的介紹。讀者可以從書中論述的架構與內容，對早期療育有完整的瞭解。

二、能深入瞭解各國早期療育服務推展的狀況

　　由於有效的早期療育能預防障礙的產生，提昇特殊兒童的發

展與學習潛能，促進家庭功能與福祉，其所帶來的社會經濟、醫療，及教育效益，一直廣受肯定與重視，因此，許多重視社會福利服務的國家均力行推展早期療育服務。台灣在早期療育服務的推展上，雖然不遺餘力，但其中也遇到了不少挫折與難行的地方，能從書中去瞭解一些早療服務較先進的國家是如何推展其療育服務，應該可以幫助讀者更深入地去思索台灣在這其中所遇到的困境與解決之道。

　　基於此，我很期待這本書的出版，也很樂於能爲此書寫序，並將此書推薦給從事早期療育的社會福利服務人員，相信這本書對他（她）們專業能力的培養與精進，應有莫大的助益。

靜宜大學青少年兒童福利學系副教授
許素彬

龍　序

社會工作一直相當強調以家庭為中心的服務，然而針對早期療育的部分更是如此，尤其在家庭功能的快速轉變之下，發展遲緩兒童的需要不再只是個人層面而已，社會工作者必須要從整個家庭的面向來探討。

國內有關早期療育的專業工作雖然已經起步，但是，各個縱向與橫向的聯繫與協調工作似乎仍有進步的空間；即使各方面的服務已經在加強提供了，不過在深度與廣度方面尚有待加強；否則就是較侷限在對早期療育認知強、主動性高的家長身上，對於那些多重障礙的案主群或者家庭功能差者，不是不容易得到服務，就是專業工作者不知如何有效連結資源以提供服務。

當然，早期療育不單單是從家庭為出發點，它包括制度面與實務面，更涉及到整個資源的分配與運用。在這其中參與服務工作的各相關領域專業人員，也需要有共識，拋棄彼此的成見或各自對所謂專業的堅持，真正敞開心胸重新來認識這群服務對象，以便提供適切且完整的服務。本書不僅擁有豐富的基礎內容，更介紹了其他國家的做法，還有學術的理論基礎、加上實務舉例，從直接與間接、個案管理等服務角度切入，以及現況的描述和探討實務工作所面臨的相關議題等，讓讀者可以跟著作者的思路一步步進入早期療育的領域。

本書的作者在從事多年早期療育的實務工作之後，毅然決然地到學術殿堂求取知識，從碩士畢業後，繼續攻讀博士學位，這本著作應該屬於國內首位社會工作背景者所撰寫的有關早期療育之書籍。雖然，這本書名是以「早期療育社會工作」為標題，但是其內容卻遠遠超過僅以「社會工作」的探討範圍，它的內容更

可供教育、社政，甚至醫療界來閱讀，它試圖建立不同專業之間的溝通平台，在相同的認知基礎上，共同為有早期療育需求的家庭擬定服務計畫，進而提供服務。

　　就這本書內容的專業性、學術性和實務性視野來說，它都是值得一讀的好書。特別是文字流暢且易懂，所舉的實例也頗能符合現況，是社會工作界以及從事早期療育服務工作者目前最需要的一本書。我個人衷心的期盼，藉由本書的啟迪，台灣社會能有更多的學者和實務社會工作者共同來關切早期療育的議題，一起為這些孩子和他們的家庭建構一個可以期待的明天！

中國醫藥學院醫務管理系（所）助理教授

中國醫藥學院附設醫院社工督導

龍紀萱

林　序

　　發展遲緩兒童早期療育工作自1993年兒童福利法正式通過入法以來，從1995年衛生署石曜堂副署長在回應中華民國智障者家長總會對早期療育的倡導上，率先為提昇人口品質籌組跨部會討論，至內政部依兒童福利法挑起政策方向整合討論的重大責任；而後有1999年兒童局的成立及推動早期療育通報轉介衷心與衛生署積極推動的聯合評估服務；有從中央的實驗計畫到各地方推行的早期療育三年計畫，一晃眼就已十年了。十年來對於早期療育的推動，我們從國外相關資料到國內經驗的累積，想想也該是有本國內自己整理的專書以供對早期療育議題有興趣的夥伴來參考的了。身為實務工作者最大的無奈就是時間總是不夠用，更遑論要把所做所學所經歷的成長整理成系統的文字以享大眾。此次能看到秀玉從社會工作專業的角度，有系統的整理國內實施的現況，並透過與國際間的比較分析，以及整理相關社會工作理論在早期療育議題上的運用，同時探討社會工作專業工作方法如何在實務上加以嘗試，再加上對現行政策的反思，我個人是相當感到興奮的。任何一個次專業領域的發展，知識經歷的累積與傳承是必經的過程，相信這本書的完成，對於未來社會工作專業在發展對於發展遲緩兒童及家庭的服務工作上，能提供更快速而有效進入的法門；也期待有更多的夥伴透過本書，願意走入發展遲緩兒童早期療育服務的大門，一起努力！

中華民國智障者家長總會秘書長

林惠芳

曾 序

　　發展遲緩兒童早期療育是兒童福利重要的工作項目之一。五年前因為撰寫兒童健康政策與方案規劃方面之課題，一腳踏入兒童發展與早期療育之領域且擔任中南部縣市指導委員和兒童局早療推動委員會委員。當時發現這一個社會工作重要領域並沒有很多社會工作學者參與，較為積極參與的是一些家長、特殊教育學者和醫院之醫師。許多在實務工作的人對於社會工作者在這一領域主要工作之職責，彼此有一些認知期望不一，甚至模糊不清的情形。團隊工作相關領域中的工作者對於社會工作應提供之服務也感到困惑，各縣市之作法差異有時候令人無法理解，相當有可能是初期摸索而導致後期發展的變異。

　　就當前社會工作專業發展的趨勢來說，對於促進案主權益來說，社會工作者應是責無旁貸之責任。但是目前國內在整個服務輸送上，對有發展遲緩可能性之兒童，如何能獲得與保障他應有之權益，社會工作可以做什麼、應該做什麼和用什麼方式較為適當，其實還是相當缺乏文獻的，在許多身心障礙相關書籍中大多只是用一章節簡要概述。對於未來新進工作者來說，對他們的工作發展缺乏幫助，也不容易吸引他們長期投入。

　　由於在發展遲緩早期療育工作領域發展並非是我生涯規劃中的事情，所以我一直希望能找到適當的接棒人。張秀玉過去是在身心障礙機構工作，認識她的人大多知道她做事認真、反應機靈，並且對此一領域有相當大的興趣和投入。攻讀碩士是我指導她寫作碩士論文，其研究領域是早療領域相關人員對早療工作者的角色認知。由於她表現傑出，我就鼓勵她蒐集資料，探究早期療育社會工作的一些課題，以便能彙編成書。但是這二年來，對

於她專書的章節安排、主要範圍和內容的呈現，她一再地修改，希望能夠更符合當前之現況。

以我是指導老師的立場來說，有很多老師、學姐、前輩和同道師長願意為她的處女作寫序，我很替她高興。相信她未來在這一領域能獲得更多人的支持，也希望她更加自我惕勵，與時俱進，成為早期療育社會工作這一領域的翹楚，能為身心障礙兒童與家長作更多實質的幫助。

東海大學社會工作系

曾 華 源

於大度山麓

作者序

　　這本書從撰寫到出版，整整二年的時間。整個撰寫的過程對於自己而言，是勇氣、耐力與智慧的考驗。在就讀碩士班之前的實務工作中，提供發展遲緩兒童與其家庭的服務是我當時的工作重點，在提供服務的時候，常感受到對於這群服務對象，社會工作專業應該可以投入的更多。基於這樣單純的想法，碩士論文便鎖定在早期療育領域的範疇，在整個研究過程中，自己常以一個社會工作者、一個社會工作學系碩士班研究生的角色，不斷地反思「如何可以協助這群服務對象有機會過著更幸福的生活？」、「社會工作專業在這個領域中應該發揮何種角色？」等等的問題，這些問題有些已經獲得解答；有些依舊存在自己的心中。在早期療育社會工作的領域中，有許多認真優秀的實務工作者、具有豐厚學術素養的學者專家，相較這些人而言，我只是個在學術界剛起步的新人，這也是在撰寫過程中，曾經讓自己相當卻步的原因。不過，這本書可被定位在探索早期療育社會工作領域的一個開始，期待透過此書達到拋磚引玉之目的，引起更多人對早期療育社會工作的關心與討論。

　　本書主要界定的閱讀對象為早期療育領域的實務工作者以及相關科系（社會工作學系、青少年兒童福利學系、幼兒保育學系等）的學生。因此，整本書的內容著重於早期療育社會工作的基本概念以及實務操作的技巧。整本書分做十章：第一章探討早期療育社會工作的定義，強調社會工作在提供發展遲緩兒童與其家庭的服務中，除了需要協助其增強既有的能力，去適應外在環境之外；也強調應該去除環境中不利於其發展的因素，透過微視與鉅視觀點的介入，使得發展遲緩兒童與其家庭可以獲得其所需要

的服務，並爭取其應有的權力；第二章則介紹早期療育在我國的實施現況，透過此章的介紹，協助讀者對於我國早期療育的發展與實施現況有基本的瞭解；第三章針對香港、日本與美國的早期療育服務模式作探討，以達到吸取他國經驗的目的；第四章針對早期療育服務的型態與整合模式之相關概念，做簡單的介紹與釐清；第五章則討論社會工作者在早期療育服務領域中的理論基礎，以提供實務工作者在進行處置時的參考依據；第六章則針對早期療育社會工作者的角色做介紹；第七章、第八章主要針對早期療育社會工作直接與間接服務方法做討論，並輔以案例的討論；第九章討論早期療育個案管理服務，透過個案管理在基本概念與實務工作中運用的介紹，進一步探討目前早期療育個案管理服務的實施困境與提供相關參考的建議；第十章則針對早期療育實務工作中的相關議題作討論。

一本書的順利出版，絕對不可能只依靠作者自身的能力與努力，早期療育領域中所有實務工作者與專家學者之經驗與智慧，是這本書出版最大的幕後功臣。沒有前人的奠基，自己是不可能完成這本書。首先感謝東海大學社會工作學系曾華源教授，從碩士論文指導階段，給予我許多的資源與機會，讓我比別人更有力量實現自己的夢想；並且在寫作過程中，願意以無比的耐心與鼓勵，等候一個缺乏自信、走二步退一步、為了不要完成這本書，可以創造各式各樣新理由的學生，以烏龜爬行的速度完成了這項不可能的任務！我相信沒有他的忍耐與提攜，我不可能成為現在的自己。此外，也感謝東海大學社會工作學系所有師長對我的教導，能夠在東海奠定自己社會工作領域知識的基礎，一直是我覺得幸運的事。

衷心感謝武自珍主任、郭煌宗醫師、施教裕副教授、許素彬副教授、龍紀萱助理教授、林惠芳秘書長、曾華源教授替我寫

序。他們都是我在早期療育領域學習的過程中，啓蒙並且協助我的恩師，沒有他們在早期療育與社會工作領域的紮根、對學生無私的栽培、在學術上嚴格的提醒，以及適時的鼓勵，我想自己不可能有這麼多的資源與能量，完成這本書。內政部兒童局保護重建組蔡本源組長、林金花科員，在忙碌的工作中，爲了支持我完成這本書，一直不斷提供最新的數據與資料，也致上最誠摯的謝意。感謝好友張秀玲、鄭貴華、劉雅雲、邱毓玲、宋家慧、葛雅琴、林惠娟、陳淑芬、麥兆昌時時對我耳提面命，希望我可以早日完成這本書，尤其是秀玲在二年前便辛苦地在下班後，幫我進行書後附錄的打字與排版，誠摯的與你們一起分享此書出版的喜悅。

　　此書出版之際，是自己踏入人生另一個階段，正在學習扮演其他新角色的時候。感謝我的父母、公婆一直給予自己相當大的自由與支持，讓我可以無後顧之憂的走自己想走的路。「現在的表現永遠是過去的累積！」感謝我的國中老師林寶英女士、歐在連先生，對於一個當時毫無背景、資源的學生，毫不猶豫的伸出雙手，亦師亦友的陪我度過許多人生、前途與感情的叉路口，即使現在的我能夠獨立飛翔，你們的溫暖與無私的付出，一直是我現爲人師的榜樣。在這本書撰寫的過程中，也是考驗自己EQ最好的時機，我一直以爲自己的EQ還不錯，不過事實不得不讓我相信這是錯誤的認知，感謝我的先生楊順良，用他的耐心與體貼做我的情緒出口，包容我在寫書階段所有的惡言惡行，讓我有力量完成每一項艱困的任務。

　　當然，再用心撰寫的書，如果沒有出版社願意出版，也不能與同好分享。萬分感謝揚智文化事業股份有限公司總經理葉忠賢先生，願意給一個沒沒無名的新人機會，才能使這本書順利誕生；也謝謝黃美雯主編、吳曉芳編輯對於此書編排與行政上的協

助。此書的完成，在自己的界定中，並不像他人所言是一項榮耀，而只是藉由自己的位置與能力，對所關心的服務對象貢獻一己之力。學海無涯，作者自知在這學海之中，只是才疏學淺的新生，加上時間匆促、能力有限，書中定有疏漏或思慮不周之處，尚請各界先進予以指正，若蒙賜教，永銘於心。

張秀玉

於東海藝術街

目　錄

第一章　早期療育社會工作的本質　1

第二章　早期療育在我國的實施現況　27

第一章

早期療育社會工作的本質

◆早期療育的定義與服務對象

◆早期療育的重要性與實施目的

◆早期療育社會工作的定義與任務

◆早期療育社會工作價值與倫理

　　協助弱勢族群可以擁有與一般人相同的機會,去獲得應有的資源來滿足需求,一直是社會工作重要的任務。社會工作除了協助個人增加自己適應環境的能力之外,也重視去除社會環境中不利於個人適應的因素,著重於不合理社會情境的改善與改造。因此,社會工作期待透過人與情境的雙重焦點的介入,能夠協助每個人都能夠有相同的機會、適切的資源,以便具有能力和權力創造並決定自己想過的生活。早期療育社會工作的產生,便是期待藉由社會工作專業的介入,協助發展遲緩兒童與其家庭增強自身適應社會環境的能力、掌握自身生活情境的能力;除了由微視(micro)觀點提供服務之外,社會工作也需從鉅視(macro)的觀點來進行處置,社會工作應協助發展遲緩兒童與其家庭針對目前社會制度與相關福利政策中不適切之處,進行改善或改革的工作,以協助其獲取應得的資源。本章內容包括:早期療育的定義與服務對象、早期療育的重要性與實施目的、早期療育社會工作的定義與任務、早期療育社會工作價值與倫理此四個部分。

早期療育的定義與服務對象

一、早期療育的定義

　　早期療育(Early Intervention)最主要的意涵便是透過早期的治療與教育,讓發展遲緩兒童可以接受適切的訓練,增進其適應環境的能力,以改善或消除其遲緩的現象。除了強調增進發展遲緩兒童的發展能力之外,早期療育也強調透過環境的改變,例如,政策、立法的改變、觀念的宣導、輔具的協助等,以去除阻

礙發展遲緩兒童在發展過程中的相關因素，並將早期療育視為是需要此項服務者的公民權（civil right），而非社會救助的一環（Silverstein, 2000）。許多國內外的專家學者，也將早期療育作了定義，下文中將一一敘述。

　　學者Bailey和Wolery（1992）指出：早期療育服務係指提供零至六歲發展遲緩與身心障礙兒童及其家庭教育性、治療性、預防性與家庭支持性的服務，早期療育服務的基本前提是盡可能的及早提供上述服務，才能夠增加發展遲緩兒童在未來發展改善與進步的可能性，並能協助有發展遲緩兒童的家庭其成長與適應的能力。Savage與Culbert（1989）將早期療育定義為：提供「教育」與「治療」服務給零至三歲發展遲緩嬰幼兒與其家庭。Meisels（1989）也提出早期療育最主要的理由便是基於嬰兒的智能和發展是動態的，並且會受到環境的影響，經由一連串持續性及系統性的努力，可協助零至三歲有障礙或發展危機的兒童及其家庭發展最大的潛能。Simeonsson（1990）認為早期療育服務的目標主要是透過初級、次級和三級預防，有效減少障礙兒童的產生、減輕障礙狀況和防止惡化的情形產生，並透過早期的訓練與教育來彌補發展遲緩的現象，並有效控制因生理缺陷導致發展遲緩止於某個程度。Shonkoff與Meisels（1990）認為早期療育是指在幼兒早期（零至三歲）所進行的以家庭與兒童成長為主的干預方案，方案內容應包括各式治療、訓練與教育等。美國99-457公法（學前特殊教育與早期介入法案）則將早期療育界定為針對發展遲緩兒童的身心狀況與發展需要，所設計的一連串針對兒童本身與其家庭的服務計畫（周文麗，2000）。

　　國內學者也提出對於早期療育的定義，王國羽（1996）認為早期療育內容所指的是針對出生至學齡期兒童所實施的一連串服務措施，服務措施的基本目的在促進兒童的發展。萬育維與莊凰

如（1995）認為所謂的早期療育是指針對學前階段（零至六歲）具有特殊需求的嬰幼兒及家屬，所提供的各項專業整合性的服務，希望經由提早的醫療、復健或福利方案等措施，以預防性的觀點培育發展遲緩兒童生活適應等能力。林惠芳（1997）認為早期療育是指為了讓有發展遲緩或是有可能發生障礙的孩子能夠儘早克服發展遲滯的現象，減少以後生活產生障礙的機會，所提供的整體性服務。在兒童福利法施行細則第十二條中也指出：「所謂的早期療育服務，係指由社會福利、衛生、教育等專業人員以團隊合作的方式，依發展遲緩兒童的個別需求，提供必要之服務。」

在以上學者專家的定義當中，我們可以發現國外專家學者的定義，趨向將早期療育界定在提供三歲以前有發展遲緩或發展障礙的兒童。最主要的原因是美國聯邦政府於1991年通過的「個別化障礙者教育方案」（Individual with Disability Education Act，簡稱IDEA）中，將需要接受早期療育的對象分作零至二歲（三歲以下）與三至五歲（六歲以下）兩個年齡層，其中用C法案（Part C）定義三歲以下兒童接受早期介入的相關規定，此部分著重在「個別化家庭服務計畫」（Individual Family Service Plan，簡稱IFSP）的實施，強調針對兒童與家庭提供一連串的服務是這時期早期介入的重點。五歲以下需要早期療育的兒童則由B法案（Part B）來擬定相關的服務，此年齡階段的兒童則以進入學前教育階段，因此屬於學前幼兒教育的部分，所有的早期療育服務是當地地區學校的責任，此法案並強調以免費、合適與最少限制的概念提供早期療育服務，並強調「個別化教育計畫」（Individual Education Plan，簡稱IEP）的擬定與實施（周文麗，2000；Silverstein, 2000）。由此可知，國外學者將早期療育服務使用者的年齡界定在三歲以前，主要是依據IDEA的界定，並考量早期療育的介入時機

在三歲以前會達到最好的療效，且同時注意發展遲緩兒童與家庭的服務需求。

　　國內專家學者的定義則依據兒童福利法的界定，將早期療育的服務對象界定在學齡期前（六歲以下）的兒童。雖然1997年新修正通過的特殊教育法第九條中，以將特殊教育學生接受特殊教育的年齡降低至三歲，但在早期療育服務的提供中，仍無法將三至五歲的發展遲緩兒童早期療育的責任歸屬到教育單位。因此在上述定義中，也可發現目前國內對於早期療育服務仍界定在針對六歲以前的兒童與家庭提供專業整合的服務，且大部分學者專家的定義，也趨向將早期療育的目的界定在：以預防性的觀點，促進兒童發展並使其遲緩程度不致惡化，甚至讓遲緩現象消除。都是希望藉由教育、醫療增進發展遲緩兒童的發展，以適應環境，較少提及如何透過政策、法令的修訂、觀念的宣導等方式，將阻礙發展遲緩兒童發展的因素去除，透過環境的改變，達到發展遲緩兒童能夠適應環境的目的。因此，早期療育服務的設計與提供，可能必須考量對發展遲緩兒童其遲緩現象所抱持的觀點是趨向改變個人以適應環境；抑或是去除環境中的阻礙因素，讓環境中處於不利地位的個人可以較輕鬆的適應，應該是早期療育領域可以再進一步思考的議題。

　　若是針對這些定義，可以將目前國內早期療育服務的特色整理如下：

1.以學齡前的發展遲緩兒童與家庭為服務的對象並採取預防性的觀點

　　若兒童有發展遲緩的現象，透過早期療育服務可以減低或消除其遲緩程度，進而降低其日後成為身心障礙者的機會。若是身心障礙兒童也可以藉由早期療育服務，使其障礙程度不致惡化，

減少其成為重度身心障礙者的機會。

2.以專業團隊的方式提供服務

早期療育在行政支援部分強調藉由社政體系、教育體系、醫療體系的專業團隊合作模式來實施；在臨床實務部分也強調以跨專業團隊合作的模式，來提供各項必要的協助。

3.掌握六歲以前兒童發展的黃金期

由於兒童在三歲以前是智力、認知、語言能力等發展最迅速的階段。因此，提供早期療育服務愈早愈好，最好能在六歲以前，才能掌握早期療育服務介入最佳的時機。

4.將家庭視為處置重點

家庭支持度對於發展遲緩兒童早期療育成效的影響很大，治療與教育的成效經常取決於家庭能否回應發展遲緩兒童的需求。因此，在提供早期療育服務時，必須將家庭視為處置的重點。

5.重視案主與案家的個別化服務

視每個個案發展遲緩情況的不同，設計個別化的教育方案或個別化的家庭服務方案等。

二、早期療育的服務對象

目前國內對早期療育的服務對象，依據兒童福利法第十三、四十二條與其施行細則第十二、十三條的界定，係指發展遲緩之特殊兒童與其父母、養父母與監護人等，因此，根據法律的規定，可以瞭解國內早期療育的服務對象是「發展遲緩之特殊兒童與其家庭」。所謂的發展遲緩之特殊兒童，依據兒童福利法施行細則第十一條之界定：「係指在認知發展、生理發展、語言及溝通

發展、心理社會發展或生活自理技能等方面有異常或可預期會有
發展異常之情形，而需要接受早期療育服務之未滿六歲之特殊兒
童」。在法令中也明確指出在上述的五大發展領域中，有異常或預
期會異常的未滿六歲之特殊兒童與其家庭，都是早期療育服務的
對象。因此，包含未滿六歲之發展遲緩與發展障礙兒童。

在上述的定義中，所謂的發展障礙（developmental disability）
與發展遲緩（developmental delay）皆是定義在功能發展上不及該
年齡所應有的程度，只是程度上發展遲緩者較輕；發展障礙者較
重而已（郭煌宗，1996a）。發展遲緩的兒童可以藉由早期療育服
務的提供，讓其遲緩的情況改善甚至消失，日後不用成為身心障
礙兒童；發展障礙的孩子可能由於先天生理的缺陷與限制，雖然
其障礙的狀況不會因為接受早期療育服務而消除，但會使其障礙
情況及早經由教育、訓練被控制在一定的範圍中，不致繼續惡化
或產生二次障礙。因此，不論發展遲緩或發展障礙的兒童都應藉
由早期療育服務的提供，減輕其發展遲緩的程度或使其遲緩程度
不致惡化，避免二次障礙的產生。

除了發展遲緩與發展障礙兒童本身是早期療育的服務對象之
外，其家庭更是需要提供服務的對象。王國羽（1996）指出早期
療育是以發展遲緩兒童與其家庭為主要的介入對象，而不單指幼
兒而已，除利用該項政策提供發展遲緩兒童提早接受教育、掌握
學習的契機之外，更重要的是協助家庭建立與發展遲緩兒童互動
的模式，以協助家長學習處理發展遲緩兒童的問題。家庭成員對
於發展遲緩與障礙兒童的接納與支持態度，往往是早期療育服務
方案是否可以成功的關鍵因素，因此早期療育的服務對象應同時
包括發展遲緩兒童與其家庭。此外，美國在1991年通過的IDEA修
正案中，也提出早期療育的服務對象已由遲緩或障礙兒童本身，
延伸到可能成為發展遲緩兒童的高危險群嬰幼兒，更重要的是轉

為強調以家庭為中心的服務導向，且家庭的評估內容漸由「需求」層面加入對「家庭能力」和「家庭資源」的探討（王天苗，1996）。除了針對家庭的探討之外，學者Shonkoff和Meisels（1990）也提出早期療育服務的對象以發展遲緩、身心障礙或社經地位低的兒童等為主要實施群體，其中社經地位低的兒童由於其周圍的文化刺激與學習的機會比一般兒童少，因此也容易出現發展遲緩的現象，若能及早提供早期療育服務，可以減少其產生發展遲緩的現象。王國羽（1996）並提出，「有明顯障礙」與「發展遲緩」的兒童，以及「高危險群兒童」三者的差異在於障礙的程度、生活功能限制。也就是說，「有明顯障礙」的兒童，經過長期的療育，會使其功能發展，減低因障礙所導致的功能降低；「發展遲緩」狀況的兒童，則不一定會變成身心障礙兒童，仍有恢復或追趕正常兒童的空間與潛力；「高危險兒童」並不意味他們的發展必定會有身心的缺陷，只要及早接受療育，則會降低發展停滯的情形。

　　綜合上述，早期療育的服務對象應包括零至六歲的發展遲緩兒童、身心障礙兒童、高危險群兒童、社經地位低的兒童與其家庭。在提供服務時除了必須注意兒童本身的治療與教育方案之外，也必須同時考量其家庭的協助與支持方案。

早期療育的重要性與實施目的

一、早期療育的重要性

　　嬰幼兒發展的完整性會受到個體的內在神經系統結構、成熟

狀況及受損程度而異，但也受到內在生理條件、外在環境、學習經驗等因素的影響。愈年幼者的大腦，其可塑性愈大（黃美涓，1997）。尤其是嬰兒出生後的前五年是腦部發展最迅速的階段，若在此發展的關鍵期，可以讓嬰幼兒接受良好的照顧與教育，會讓其在認知、語言、情緒各方面的學習能力順利進展。特殊教育專家更強調早期療育對發展遲緩嬰幼兒的重要性，不但能減輕其遲緩的程度，也能夠避免其日後產生其他障礙的機會（Smith, Polloway, Patton & Dowdy, 2001）。

除了以發展遲緩兒童在發展歷程中的觀點，強調早期療育可以掌握兒童發展的關鍵期之外。早期療育對於發展遲緩兒童與其家庭、社會上具有下列幾項功能（王天苗，1996；羅惠玲，1996；雷游秀華，1997；Bailey & Wolery, 1992）：

1.發展遲緩現象的改善

能增進發展遲緩與障礙兒童在生理、認知、語言發展、社會適應與生活自理的技巧，使其遲緩與障礙的狀況得以改善、消除或不繼續惡化。

2.發展潛能的激發

若是透過早期療育服務的提供，除了可以降低遲緩現象的惡化與持續之外，更可以激發兒童的發展潛能，提昇其日後生活成功的機會。

3.提供發展遲緩兒童家庭的支持性服務

早期療育服務除了可以協助兒童改善其發展遲緩的狀況之外，更可以扮演發展遲緩兒童家庭支持性的角色。藉由早期療育服務的提供，協助家庭成員瞭解兒童遲緩的狀況、提供家庭所需要的資源，並提供家庭成員調適對發展遲緩兒童未來不正確的期待等支持服務。

4.降低社會的成本

藉由早期療育的提供，可以協助發展遲緩兒童能夠在遲緩狀況改善的情況之下，減少社會依賴、醫療與教育成本的支出。

5.兒童人權的提昇

藉由早期療育服務的提供，能夠保障發展遲緩兒童的受教權、生存權，透過兒童人權的保護，提昇國家的公共形象。

發展遲緩或障礙兒童的福祉，其最終的目的便是協助他們降低生活上依賴他人照顧的比例，使其可以獨立的生活。因此，早期療育可以發揮發展遲緩與障礙兒童的最大潛能，並能降低家庭的壓力，更可以減少社會在未來可能需要擔負的醫療、教育、社會福利等經費。若能使這些兒童在愈小就開始接受訓練，干預效果會較大且持久（Marfo & Cook, 1991），因此，早期療育對於發展遲緩或障礙兒童與其家庭、社會都有實施的必要性。

二、早期療育的實施目的

學者Bailey和Wolery（1992）進一步提出，早期療育服務在實施時必須達到一些目的，包括：

1. 早期療育服務應提供家庭瞭解孩子的遲緩與身心障礙狀況，並調整其對孩子不當的期待，並協助家庭與機構的專業人員建立互動與合作的模式。
2. 應協助發展遲緩兒童發展出主動適應、參與和掌握環境的獨立能力。
3. 應促成發展遲緩兒童在認知、溝通、生活自理、粗細動作上的發展。

4.協助孩子在社交與同儕互動技巧能力上的學習與提昇。

5.針對不同發展遲緩兒童的類型與問題，提供不同的生活與學習環境；並協助兒童與其家庭能為下一階段的轉銜（transition）作準備。

6.運用親職教育、支持性方案、遺傳諮詢與社區宣導等預防性服務方案的提供，達到社會大眾對早期療育服務的覺知，並預防發展遲緩兒童與家庭未來問題與障礙的產生。

早期療育社會工作的定義與任務

Bartlett（1970）認為：「社會工作的目的在經由協助的過程以滿足受助者的需求，因此社會工作者使用專業的方法與技巧以提昇受助者的生活品質，同時經此協助過程的介入，乃是整合社會工作者對人的價值和社會工作的知識」。社會工作的專業價值便是在於協助處於弱勢的族群運用社會資源，使其有公平的機會與其他人一起享幸福、尊嚴的生活。社會工作也著重以人和環境的雙重觀點去協助各類的案主，即社會工作不僅改變個人去適應環境，同時更重要的是要去改變社會環境滿足個人的需要。社會工作除了以治療性的觀點去檢視案主的問題之外，更重要的是假設案主的問題是缺乏使用資源與社會參與的機會，必須要以增強權能（empowerment）與力量（strength）觀點去檢視案主的問題，並提供案主完整且足夠的資源訊息，使其可以自我決定、自我倡導、完全參與社區，擁有與一般人相同的權力與能力（周月清，1998；Silverstein, 2000）。

誠如上文所述，早期療育服務係針對發展遲緩兒童、有明顯障礙兒童與高危險群兒童、社經地位低的兒童及其家庭，以預防

性的觀點提供服務。在早期療育的服務中，必須透過不同專業間的協調與合作，才能給予服務對象最完整的服務。其中發展遲緩兒童家庭的配合與支持、社區資源的開拓與配合、不同領域專業的協調與合作都是影響早期療育服務是否具有成效的關鍵，因此，早期療育服務不僅是提供發展遲緩兒童療育的服務，其工作對象也必須包括其家庭、社區、團體及社會所在之文化等社會系統，這種強調人與環境之間的服務理念，正好與社會工作專業注重人在情境中（person in situation）的基本價值是相同的。此外，社會工作中生態系統理論（Ecological System Theory）的運用對於早期療育服務的提供也是一個很重要的觀點。生態觀點的看法由生物學界發源，其重視生物棲息地（habitat）考量，若將生態系統理論運用在社會工作專業上，則圍繞在一個中心觀念：社會工作服務是需在某一種文化或次文化的脈絡中，同時考量個人權利需求、能力與人生目標，也必須探討當時他的社會及物質環境所有質量的相容性（周玟琪、葉琇珊等譯，1995；馮燕，1997）。

　　美國社會工作專業人員協會（National Association of Social Workers，簡稱NASW）（1997，引自包承恩等人譯，2000）提出「社會工作專業的首要使命在增進人類福祉，協助全人類滿足其基本人性需求，尤其關注弱勢族群、受壓迫者及貧窮者的需求和增強其能力。」NASW（1990，引自陳武宗、周月清、楊三東、郭惠旻、李奇仁、徐莉蓁，2001）對於社會工作者的責任有下列規範：

　　1.消除個人及制度層面的歧視。
　　2.確保每個人能使用所需的資源與機會。
　　3.擴充每個人的機會與選擇權，特別是對於弱勢者而言。
　　4.尊重文化差異。

5.倡導促進社會正義及改善社會情境。

6.鼓勵參與政治過程。

　　社會工作教育諮詢委員會（Council on Social Work Education，簡稱CSWE）於1991年課程政策聲明提及社會工作實務主要焦點在於「個人及人與環境互動中，影響人們完成生活上任務的能力，以解除困苦、實現社會正義、保障人們有尊嚴的生存和自由的機會。」（CSWE, 1991a, 1991b），似乎強調社會工作服務之範圍與目的，不再圍限於以個人或團體為直接服務的標的（target），而必須擴及至強調如何訂定符合人們基本需要，以及支持發展人們能力與才能發展的政策和服務方案的計畫與服務。

　　從上述的探討中，可以瞭解人與情境是社會工作專業干預的焦點，協助每一個人提昇生活的狀況與改善不合理的社會情境，更是社會工作專業所要達到的重要目標。社會工作的重要使命，在於協助弱勢族群在可以有和其他人一樣公平的機會獲得資源來滿足需求，並增強其能夠面對生活挫折的權力與能力。除此之外，社會工作也重視不合理社會情境的改善與改造。期待透過人與情境的雙重介入，能夠協助每個人都能夠有相同的機會，擁有幸福的生活。

　　若將上述對於社會工作的定義運用至早期療育服務領域中，可將早期療育社會工作定義為：「運用社會工作專業知識協助發展遲緩兒童與其家庭，使其可以在資源的協助下，具備完成生活上任務的能力；並藉由社會工作者在政策倡導與服務方案的設計，協助其參與政治與選擇服務的機會，以透過社會行動改善不合理的社會情境，維護其應得的服務與權利；進而增強發展遲緩兒童與其家庭處理日常生活事物的權力與能力，使其可以享有尊嚴的生活。」

經由上述早期療育社會工作定義的界定，可以整理出早期療育社會工作必須同時以微視（針對發展遲緩兒童與其家庭的問題與需求）和鉅視（針對環境的限制、制度的改善等）的角度進行專業的處置。因此，早期療育社會工作的任務為：

1.協助發展遲緩兒童及其家庭擁有公平的機會、增強相關的能力去接近或使用資源

發展遲緩兒童與其家庭可能因為自身能力的限制、資訊的缺乏、資源的不足、資源分配不均等因素，而無法獲得其所需的資源。早期療育社會工作應協助其排除這些資源運用的限制，使其可與一般人有相同的機會，獲得可以協助其改善目前不利生活情境的資源。

2.在相關服務的提供與表格的設計上，應以發展遲緩兒童與其家庭的個別性與獨特性為基礎

社會工作應秉持專業倫理之要求，重視服務對象的獨特性與個別性，因此，在提供發展遲緩兒童與其家庭相關的服務時，都必須以個別化的需求作為最重要的考量。

3.協助發展遲緩兒童與其家庭建立完整的社會支持網絡

協助發展遲緩兒童與其家庭建立和其相關的各系統之間良好的互動關係，藉由各系統之間的合作與協助，使發展遲緩兒童在進行早期療育服務時，能夠擁有更完整的社會支持網絡。

4.以人與環境的雙重焦點作為處置的基礎，以協助發展遲緩兒童與其家庭得到最適合的服務

早期療育社會工作除了重視發展遲緩兒童發展能力的培養之外，也要注重環境阻礙因素的去除，使兩者可以有效結合，使發展遲緩兒童可以達成每個發展階段任務的要求，順利的發展。

5.以評估取代診斷，並注重增強權能方法的運用，以提昇發展
　遲緩兒童家庭在面對問題挑戰時的能量

　　社會工作者應以評估（assessment）取代診斷（diagonsis）來
檢視案主與案家的問題；並能由增強權能的觀點出發，協助案主
與案家增加自身的能力與權力，獲得所需的資源；並協助其針對
社會制度的不完善之處，或是社會資源分配不當之處，進行倡導
的工作。

早期療育社會工作價值與倫理

　　社會工作是一門助人的專業，之所以被稱爲一項專業，代表
著社會工作專業有著與其他專業不同的價值與信念。我國在1997
年由內政部社會司所訂定的「中華民國社會工作倫理守則」中，
也明訂了社會工作師在對案主、同仁、機構、社會工作專業與社
會此五大部分應遵循的倫理規範。早期療育社會工作是指運用社
會工作專業處置方法，協助發展遲緩兒童與其家庭獲得應有的資
源，改善目前生活不利的位置，而擁有與一般人相同的能力與權
力。因此，社會工作者在早期療育領域中，也必須依循社會工作
本身的基本價值觀與倫理要求。不過早期療育領域服務的對象是
發展遲緩兒童與其家庭，因爲服務對象的不同，其服務對象的需
求與專業服務實施的場域（field）也會有所不同，因而社會工作價
值與倫理在早期療育領域的實踐下，就會有其因應服務對象與服
務場域的方法。本節希望以社會工作基本的價值與倫理作爲主
軸，再將早期療育社會工作應實踐的價值與倫理做介紹。

一、社會工作價值與倫理的意義

「社會工作價值」，可說是社會工作者所抱持的一套有關人類本質之未經驗證的信念，此種信念之獨特之處，並不在於它與其他專業所擁有的價值不同，而是在於社會工作專業，為了實現其專業目標，在文化脈絡中被社會大眾所共享的眾多價值之中，挑選出一組符合專業特性的信念，來作為專業實施的前提（黃維憲、曾華源、王慧君，1985）。因此，社會工作價值並不是一套隨機或是容易變更的規範，也不是外在社會價值的反應，而是一種對於社會工作在社會的角色等集體責任之思考範疇（Levy，1973）。

「社會工作倫理」，係指社會工作依據其哲學信念與價值取向，發展而成的一套倫理實施原則，以作為引導和限制助人活動的依據，呈現出社會工作者在助人關係中對自己、對服務對象、對同事、對機構、對專業與對社會的義務與職責，以確保社會工作之服務功能可以充分發揮（蔡淑芳譯，1983；曾華源，1997；包承恩等人譯，2000）。因此，社會工作倫理並不只是作為社會工作者行為的指針，更能監督與約束社會工作者濫用來自專業的權力，具有行為實踐和要求遵行的內涵，是雙方獲得信賴的指標（陶蕃瀛，1991；曾華源，1997；曾華源，1999）。

從上述的討論中，可以整理出所謂的「價值」是內在控制的機制，因此，社會工作價值體系是不會輕易變更的。「社會工作倫理」則是規定什麼是應該做，什麼是不應該做，其是具體的，會因為社會的變遷、社會對社會工作專業要求的改變等因素影響而有所不同。因此，社會工作倫理可被視為是社會工作價值實踐的方法，社會工作倫理守則則是社會工作倫理之實際表現。

二、早期療育社會工作基本的價值觀

　　Hepworth、Rooney和Larsen（1997，許臨高主編，1999）提出社會工作有四個基本的價值觀：一、人有獲得資源以解決問題並發展潛力的權利；二、人的價值與尊嚴是與生俱來的；三、每一個人的獨特性和個別性都應該被尊重；四、人在擁有適當的資源狀況下，均有能力成長並且改變，因此對處在任何狀況的人都應該給予支持，以增加其解決問題的能力和選擇生活方式的機會。以下筆者將針對早期療育社會工作的特質，對此四個社會工作基本價值觀做探討：

（一）人有獲得資源以解決問題並發展潛力的權利

　　長久以來，社會工作一直關心每個人在社會中是否能夠幸福生活的問題，社會工作關心的焦點在於社會環境對於個人問題的產生，促成或嚴重化的影響力量（NASW, 1995；引自許臨高主編，1999）。在早期療育服務領域中，社會工作者若要實現此價值觀，則必須注意發展遲緩兒童與其家庭的需求是什麼？能夠滿足這些需求的資源在那裡？這些資源是否足夠？這些資源在分配時是否有達到社會正義（social justice）？

　　在這個價值觀的考量下，早期療育社會工作者本身應該累積自己對於發展遲緩兒童與其家庭在需求評估上的能力，此外，社區正式、非正式與潛在資源開發、運用、連結與管理的知識和技術也必須具備，才能夠設計並實施符合發展遲緩兒童與其家庭需求的政策與服務方案。若為第一線的社會工作者，當發現目前資源不足或是因為政策設計不當，使得資源分配不均、不公的情況時，社會工作者應該以倡導、社會行動的方法，協助發展遲緩兒

童與其家庭透過自身的力量或由社會工作者代表服務對象爭取合理的資源分配。

　　但是在滿足發展遲緩兒童與其家庭的需求上，目前的資源是相當有限的，對於有限的資源該如何公平的分配？也影響著是否能夠實踐此項社會工作基本價值。下文中，筆者將介紹有限資源分配的原則，以供早期療育社會工作者與社會行政人員在分配資源時的參考。

　　在有限資源分配的議題上，學者Lewis（1972，引自包承恩等人譯，2000）認為在進行資源分配時，有兩個重要的核心價值延伸出實務進行時的原則，那就是：「信賴」與「分配正義」。所謂的「信賴」，指的是社會工作者與案主之間的關係建立，以及案主相信其會有公平的機會得到服務。「分配正義」則是有關於運用倫理概念與標準以決定如何將資源分配給個人、社區、團體、組織……等。在社會工作領域，一般而言有四種標準分配稀有資源（包承恩等人譯，2000），茲討論如下：

1.平等

　　平等（equality）標準是指只要適合乎資格就有平等的權力去取得服務或資源。因此在早期療育服務領域中，若以平等的標準去看資源的分配，社會工作人員與社政人員必須考量的便是：只要是依據法規，其經醫師診斷為發展遲緩兒童或是其具有早期療育服務經費補助資格的單位，都必須擁有平等的權力去取得服務與資源。但是平等的概念是相當複雜的，共有三種解釋方式，分別是：

　　（1）平分（equal shares）：也就是指對於不足的資源，所有
　　　　　符合資格的人們、團體、社區等都分配到相同的資源。
　　　　　例如，若是今年度的早期療育服務補助經費總額是二千

萬，共有二百個符合資格的單位申請，則每個單位可以平分到十萬元的經費補助。但是平分的方式並不是在所有情境之下都可以適用，有些資源無法平分時，便會產生問題。

(2) 程序（procedures）：此種方式並不重視分配稀少資源的結果，而重視過程。即服務與資源未必一定平分，但是服務的對象都有相同的機會去爭取。也就是早期療育服務社會工作者與社政人員，則必須注意整個方案經費申請的方式、管道與作業是否公正、透明，每一個單位是否擁有相同的機會申請方案的補助。

(3) 隨機選樣（random selection）：由於資源無法均分給每一個合乎資格的服務對象，因此採取隨機抽樣的方式進行資源的分配。

2.需要

需要（need）標準是由資源分配者來決定誰的需要最大，誰就得到資源。因此，在經由社會工作者或社政人員經過適當的評估後，設定提供服務的順序。在這一項標準中，更凸顯了早期療育服務社會工作者與社政人員在資源分配上，擁有很大的自由裁量權，對於需要的判定也相當的複雜，除了必須檢視專業人員自身的價值取向之外，也要視該社政人員或社會工作者對於某一服務族群的需求是否瞭解？

3.補償

補償（compensation）標準是對於曾經遭受不公平對待的個人、團體、組織、社區，應給予補償和優先的考量。例如，社經地位較差的發展遲緩兒童與家庭，若要與其他家庭的發展遲緩兒童接受相同的療育服務，則必須優先分配較多的資源給他們。若

從社會行政的角度來看此項原則，一些較缺乏與大型機構競爭，但是服務品質不錯的小型機構或協會，社會行政單位便應該提供其在方案經費上多一些的補助。

4.貢獻多寡

貢獻多寡（contribution）即指將資源依據貢獻的多寡來進行分配。可能是將服務提供給有能力付費的人，也可能是依據其對該團體、組織、社區等的貢獻多寡，將資源分配給「有價值」的單位或個人。例如，一些收費較高的早期療育服務機構，可能只能將服務提供給有能力付費的發展遲緩兒童家庭。此外，基於此項資源分配原則，社政人員可能會將較多的資源分配給可以藉該方案服務較多人的機構，或是先行評估申請方案的單位，發現有些機構在這個領域中服務績效較佳，可能會優先給予較多的補助。

（二）人的價值與尊嚴是與生俱來的

這個價值觀強調社會工作相信人有與生俱來的價值與尊嚴。發展遲緩兒童雖然其生理或心理上有功能的遲緩和限制，但社會工作仍然應該重視其應有的尊嚴和權利，也必須重視早期療育服務的提供，是發展遲緩兒童應有的公民權利與受教權利，並不是政府的德政或社會大眾的施捨。此外，針對其家庭在面對孩子有發展遲緩的事實時，可能出現的逃避、忽視，甚至虐待等行為時；或是其家庭本身就有一些不利的條件，例如，社經地位差、父母教育程度低等。社會工作者都應該抱持非評斷、尊重與接納的態度，將服務對象視為「處在困難中的人」，而不以一些標籤或先入為主的觀點，來剝奪服務對象的價值與尊嚴。此外，社會工作者在進行處置時，不指責服務對象的困難，並不意味著認為人

們不需要為自己的行為負責，而是相信唯有在服務對象察覺自己的責任，並願意修正自己的行為狀況下，服務對象行為改變才可能發生。因此，對於拒絕接受早期療育服務的家庭，社會工作者應先摒棄評斷、放棄的態度，而必須進一步瞭解其拒絕接受服務的原因，之後以社會工作專業處置方式，喚起其解決問題的動機與責任，才能實踐此基本價值觀。

（三）每一個人的獨特性和個別性都應該被尊重

社會工作相信每個人都是獨特的，其也都具有與他人不同的生活經驗，這些生活經驗影響著他們對於問題上、事物的看法。社會工作者應該相信這些獨特的生活經驗對個人的意義與價值，此外，也必須以個別化的方式提供服務對象適切的服務。在早期療育領域中，針對發展遲緩兒童所設計的「個別化教育計畫」（Individual Education Plan，簡稱IEP）；針對發展遲緩兒童的家庭所設計的「個別化家庭服務計畫」（Individual Family Service Plan，簡稱IFSP）便是考量服務對象的獨特性與個別性。早期療育社會工作者也必須發揮社會工作在家庭處置上，直接與間接服務的方法，設計並執行適切的個別化家庭服務計畫。

（四）人在擁有適當的資源狀況下，均有能力成長並且改變，因此對處在任何狀況的人都應該給予支持，以增加其解決問題的能力和選擇生活方式的機會

在這個價值觀下，強調了社會工作重視個人自我決定的權利，並相信每個人都有發展解決目前困境的能力。因此，社會工作在進行處置時，不再以服務對象的弱勢、缺陷作為問題研判的焦點，而是重視其能力與資源的研判（Cowger, 1994; Saleebey,

1996; Rapp, 1998; Brun & Rapp, 2001; Cowger & Snively, 2002）。不過，案主自我決定的權利並不是沒有條件的，Abramson（1985，引自許臨高主編，1999）認為當案主在下列四種情況下，社會工作者干涉案主的自我決定是必要的：第一，案主是兒童時；第二，案主有心智障礙或缺乏現實感，以至於無法瞭解決定可能帶來的後果時；第三，當案主的行為結果是無法預測或無法改變時；第四，當暫時性的限制案主自由，可以增進案主未來的自由和自主時。

　　因此，早期療育社會工作者在進行問題研判與處置時，都必須考量發展遲緩兒童其家庭在自身與環境上的資源、能力等力量，協助案家瞭解自身的優勢，並協助案家擴展更多的社會支持網絡，累積更多的資源。此外，由於發展遲緩兒童年紀較小，在早期療育服務的選擇上，必須依賴家庭成員的決定，因此，在案主自決的議題上，社會工作者應提供相關療育服務的資源與資訊，協助案家可以在瞭解各項選擇的後果之後，做出最有利自身的決定。

三、早期療育社會工作倫理兩難的決策原則

　　社會工作者之所以會面臨倫理兩難的情境，是因為必須要在兩個相近或相等的價值中作抉擇（鄭怡世，1999）。並且在進行倫理抉擇時，可能因為社會工作者本身對於該情境的認知、看法之角度不同，而會選擇不同的倫理決策。此種倫理兩難情境，常使得社會工作者面臨應不應該介入？要選擇何種方式介入等困境。學者Reamer（1995）提出了社會工作在面對倫理兩難時的決策原

則，茲討論如下：

1.基本上以對抗傷害人們生存（健康、食物、心理平衡、保護和生活）行動的必要條件之規則爲優先

如果發展遲緩兒童的家庭其社經地位較低，無法給予孩子適切的早期療育服務時（傷害孩子的生存），政府應該將經費與資源優先給予這些家庭（即使這些政策排擠了其他人的權益）。

2.個人的基本幸福權優先於另一個人的自由權

個人的自由權應該受到尊重，但若此自由權威脅到他人福利時，則不在此限。若是發展遲緩兒童的家庭成員認爲自己有權力決定「孩子該不該接受早期療育服務」，而阻礙了發展遲緩兒童接受療育的權利時，社會工作者應優先考量發展遲緩兒童的幸福權。

3.個人的自由權優先於他本身的基本幸福權

若是發展遲緩兒童的家長決定接受的早期療育服務方案，是在資訊足夠並且經由其理性判斷時所選擇的，即使該服務方案並不是最適合其孩子與家庭時，社會工作者亦不得干涉。不過社會工作者應注意如何判定案主是在理性與足夠資訊下進行選擇的。

4.個人在自由與自願下，同意遵守法律、規則和規定的義務是凌駕於違反這些規定的權利

若是發展遲緩兒童與其家庭針對目前有關的法令、政策（包括政府與民間福利單位），是在自由與自願下遵守的，則不能違反。

5.在衝突時，個人的幸福權是超越法律、規則和自願組織的安排

若是目前早期療育政策所提供發展遲緩兒童與其家庭的服務是不足的、不適切的，社會工作者可以與發展遲緩兒童之家庭一

同進行溫和或強烈的社會行動來爭取。相同的，若是社會工作者服務的機構所提供的服務，是違背發展遲緩兒童與其家庭的福祉時，社會工作者也應該向服務機構提出建議，以保護服務對象的福祉。

6.防止如飢餓等基本傷害，推動如屋舍、教育及公共救助等公共善的義務優先於保護個人財產

發展遲緩兒童在學前教育單位（如幼稚園、托兒所）接受教育是其受教權，園方或所方不能因為自己利益的考量，而拒絕發展遲緩兒童入學。

第二章

早期療育在我國的實施現況

◆早期療育的發展沿革與法源依據

◆早期療育的服務輸送流程與內容

◆我國早期療育服務實施現況之介紹

◆我國早期療育服務實施現況之討論

　　我國早期療育服務自1995年內政部辦理「發展遲緩兒童早期療育服務轉介中心實驗計畫」之後，正式在實務界開始推動執行，至2002年已有七年的歷史。為使讀者對於國內早期療育服務的推動背景、服務內容與實施現況能有清楚的瞭解與認識，本章將討論我國早期療育的發展沿革與法源依據、早期療育的服務輸送流程與內容、我國早期療育服務實施現況之介紹與討論此四個部分。

早期療育的發展沿革與法源依據

一、早期療育的發展沿革

　　早期療育服務在國內開始推動可源自於1992年，當時是由一群關心發展遲緩兒童的家長團體積極的倡導、推動，在他們的推動之下，1993年兒童福利法修法時正式將發展遲緩兒童的早期療育服務納入法令中，也將國內的早期療育服務正式展開序幕。我國早期療育服務的發展沿革詳見表2-1。

　　從表2-1中，可以瞭解國內早期療育服務自1993年新修正的兒童福利法中，將發展遲緩兒童早期療育之相關服務列入法令之後展開。截至2001年底，全國二十五個直轄市、縣（市）政府也都依法成立「發展遲緩兒童早期療育通報轉介中心」，藉由中心的設立，提供發展遲緩兒童較適切的協助。發展遲緩兒童早期療育服務也必須依賴教育、衛生與社政三個主管機關的合作，才能提供發展遲緩兒童所需要的跨專業服務，這個部分仍是目前我國早期療育服務在實施時的工作重點。此外，《發展遲緩兒童早期療育

表2-1　我國早期療育服務的發展沿革

時間	重要大事紀
1993年	將早期療育相關條文納入兒童福利法。
1994年	內政部委託專家學者進行「我國早期療育制度規劃之研究」。
1995-1997年	• 內政部辦理「發展遲緩兒童早期療育服務轉介中心實驗計畫」。進行全國資源調查並邀請內政部官員進行早期療育機構參訪，另拜會台北市醫療單位進行發展遲緩兒童早期發現、療育服務與評估鑑定中心的模式建構，並進一步整理早期療育轉介服務流程與相關表格格式。 • 內政部辦理「赴日、赴港、赴美考察發展遲緩兒童早期療育服務計畫」。
1996年	內政部邀集社政、衛生、教育與民間代表成立「發展遲緩兒童早期療育推動小組」。
1997年	• 內政部補助台北市、台中縣、台南市、高雄縣與花蓮縣辦理「發展遲緩兒童通報轉介及個案管理服務計畫」。 • 內政部頒布「發展遲緩兒童早期療育服務實施方案」，方案中將早期療育服務流程與內容作明確的界定。 • 行政院衛生署擇定台北市立婦幼醫院、台中榮民總醫院、成大醫院附設醫院、高雄醫學院附設醫院與花蓮慈濟綜合醫院成立「發展遲緩兒童聯合評估中心」。
1999年	• 衛生署已補助成立10家發展遲緩兒童聯合評估中心。 • 內政部兒童局成立。早期療育業務由內政部社會司移轉至內政部兒童局。
2000年	• 國內21個直轄市、縣（市）政府成立「發展遲緩兒童早期療育通報轉介中心」。 • 內政部兒童局委託中華民國發展遲緩兒童基金會編印之《發展遲緩兒童早期療育工作手冊》出版。
2000年-2001年	內政部兒童委託中華民國智障者家長總會辦理「各直轄市、縣（市）政府早期療育通報轉介中心暨聯合評估中心訪視計畫」。由內政部兒童局發展遲緩兒童推動小組委員、行政院衛生署醫政處官員，以及關心早期療育服務之專家學者代表組成訪視成員，針對各直轄市、縣（市）政府早期療育通報轉介中心暨聯合評估中心的執行現況，進行評估工作，以作為後續早期療育通報轉介中心與聯合評估中心運作改善之依據。

（續）表2-1　我國早期療育服務的發展沿革

時間	重要大事紀
2001年-2002年	• 行政院衛生署國民健康局出版《0-6歲兒童發展成長量表》，以供早期療育服務第一線的工作者、社會大眾、家長、保母等人員，作為初步判斷兒童發展是否遲緩的參考依據。 • 內政部兒童局規劃之「發展遲緩兒童早期療育服務個案管理電腦系統」正式開發完成。藉由此系統的開發與運作，可以提供各通報轉介中心掌握發展遲緩兒童目前接受服務的狀況，以及接受早期療育服務的人口數與特質。 • 全國二十五個直轄市、縣（市）政府皆成立「發展遲緩兒童早期療育通報轉介中心」。 • 除澎湖縣外，二十四個直轄市、縣（市）政府都成立「發展遲緩兒童早期療育個案管理中心」。 • 行政院衛生署也成立了十八個「發展遲緩兒童聯合評估中心」，以建立發展遲緩兒童聯合評估的完整醫療模式。

資料來源：中華民國發展遲緩兒童基金會（2000）；中華民國智障者家長總（2001）；內政部兒童局，（2002b）。

工作手冊》、《0-6歲兒童發展成長量表》的編印，也使得第一線的早期療育工作者在工作上有更明確的參考指標；「發展遲緩兒童早期療育服務個案管理電腦系統」的開發與啟用，更使得我國可以進一步掌握發展遲緩兒童的人口數、盛行率、接受服務的狀況等重要的基礎資料，將有助於後續發展遲緩兒童早期療育服務資料庫的建立，並能作為各相關單位在設計服務方案時，修改與參考的依據。

二、早期療育的法源依據

　　1993年兒童福利法修訂之後，早期療育服務在法令中有了明確的法源基礎。除了兒童福利法之外，與身心障礙兒童相關的身心障礙者保護法、特殊教育法也有早期療育的相關規定，下文將各法令中的條文與內容列舉如下：

（一）兒童福利法

第13條第2款

　　縣（市）政府應辦理對發展遲緩之特殊兒童建立早期通報系統並提供早期療育服務。

第23條第5款

　　中央及直轄市、縣（市）主管機關為收容不適於家庭養護或寄養之無依兒童，及身心有重大缺陷不適宜於家庭撫養之兒童，應自行創辦或獎勵民間辦理發展遲緩兒童早期療育中心。

第42條

　　政府對發展遲緩及身心不健全之特殊兒童，應按其需要，給予早期療育、醫療、就學方面之特殊照顧。

（二）兒童福利法施行細則

第11條

　　本法第十三條第二款及第四十二條所稱發展遲緩之特殊兒童，係指認知發展、生理發展、語言及溝通發展、心理社會發展或生活自理技能等方面有異常或可預期會有發展異常之情形，而需要接受早期療育之未滿六歲之特殊兒童。

第12條

本法第十三條第二款及第四十二條所稱早期療育服務，係指由社會福利、衛生、教育等專業人員以團隊合作方式，依發展遲緩之特殊兒童之個別需求，提供必要之服務。

第13條

從事與兒童業務有關之醫師、護士、社會工作員、臨床心理工作者、教育人員、保育人員、警察、司法人員及其他執行兒童福利業務人員，發現有疑似發展遲緩之特殊兒童，應通報當地直轄市、縣（市）主管機關。

直轄市、縣（市）政府為及早發現發展遲緩之特殊兒童，必要時，得移請當地有關機關辦理兒童身心發展檢查。

直轄市、縣（市）政府對於發展遲緩之特殊兒童，其父母、養父母或監護人，應予適當之諮詢與協助。該特殊兒童需要早期療育服務者，福利、衛生、教育機關（單位）應相互配合辦理。經早期療育服務後仍不能改善者，輔導其依障礙保護法相關規定申請障礙鑑定。

（三）身心障礙者保護法

第14條第1款

為適時提供療育與服務，衛生主管機關應建立疑似身心障礙六歲以下嬰幼兒早期發現通報系統。

第17條

中央衛生主管機關應整合全國醫療資源，辦理嬰幼兒健康檢查，提供身心障礙者適當之醫療復健及早期醫療等相關服務。各級衛生主管機關對於安置於學前療育機構、相關服務機構及學校之身心障礙者，應配合提供其所需要之醫療復健服務。

第24條

各級政府應設立及獎勵民間設立學前療育機構，並獎勵幼稚園、托兒所及其他學前療育機構，辦理身心障礙幼兒學前教育、托育服務及特殊訓練。

（四）特殊教育法

第3條第2項第11款

本法所稱身心障礙，係指因生理或心理之顯著障礙，致需特殊教育和相關特殊教育服務措施之協助者。本法所稱身心障礙，指具有下列情形之一者：智能障礙、視覺障礙、聽覺障礙、語言障礙、肢體障礙、身體病弱、嚴重情緒障礙、學習障礙、多重障礙、自閉症、發展遲緩、其他顯著障礙。

第5條

特殊教育之課程、教材及教法，應保持彈性，適合學生身心特性及需要；其辦法，由中央主管教育行政機關定之。

對身心障礙學生，應配合其需要，進行有關復健、訓練治療。

第7條第1款

特殊教育實施之學前教育階段，在醫院、家庭、幼稚園、托兒所、特殊幼稚園（班）、特殊教育學校幼稚部或其他適當場所實施。

第8條第1項

學前教育及國民教育階段之特殊教育，由直轄市或縣（市）主管教育行政機關辦理為原則。國民教育完成後之特殊教育，由各級主管教育行政機關辦理。

第9條第1項

各階段特殊教育之學生入學年齡及修業年限，對身心障礙國民，除依義務教育之年限規定辦理外，並應向下延伸至三歲，於本法公布施行六年內逐步完成。

第12條

直轄市及縣（市）主管教育行政機關應設特殊教育學生鑑定及就學輔導委員會，聘請衛生及有關機關代表、相關服務專業人員及學生家長代表為委員，處理有關鑑定、安置及輔導事宜。有關之學生家長並得列席。

第14條

為使就讀普通班之身心障礙兒童得到適當之安置與輔導，應訂定就讀普通班身心障礙學生之安置原則與輔導辦法，其辦法由各級主管教育行政機關訂定之。

為使普通班老師得以兼顧身心障礙學生與其他學生之需要，身心障礙學生就讀之普通班減少班級人數，其辦法由各級主管教育行政機關定之。

第17條第1項

為普及身心障礙兒童及青少年之學前教育、早期療育及職業教育，各級主管教育行政機關應妥當規劃加強推動師資培訓及在職訓練。

第25條

為提供身心障礙兒童及早接受療育之機會，各級政府應由醫療主管機關召集，結合醫療、教育、社政主管機關，共同規劃及辦理早期療育工作。

對於就讀幼兒教育機構者，得發給教育補助費。

第27條

各級學校應對每位身心障礙學生擬定個別化教育計畫，並邀請身心障礙學生家長參與其擬定及教育安置。

第31條

各級主管教育行政機關為促進特殊教育發展及處理各項權益申訴事宜，應聘請專家、學者、相關團體、機構及家長代表為諮詢委員，並定期召開會議。

為保障特殊教育學生教育權利，應提供申訴服務，其服務設施辦法，由中央主管教育行政機關定之。

（五）特殊教育法施行細則

第3條

本法第七條第一項第一款所稱特殊幼稚園，指為身心障礙或資賦優異者專設之幼稚園；所稱特殊幼稚班，指在幼稚園為身心障礙或資賦優異者專設之班。

第6條

為辦理本法第九條第一項身心障礙學生入學年齡向下延伸至三歲事項，直轄市、縣（市）政府應普設學前特殊教育設施，提供適當之相關服務。

直轄市、縣（市）政府對於前項接受學前特殊教育之身心障礙學生，應視實際需要提供教育補助費。

第7條

學前教育階段身心障礙兒童，應以與普通兒童一起就學為原則。

第9條

本法第十二條所稱特殊教育學生鑑定及就學輔導委員會（以下簡稱鑑輔會），應以綜合服務及團隊方式，辦理下列事項：

一、議決鑑定、安置及輔導之實施方法與程序。

二、建議專業團隊及特殊教育資源中心應遴聘之專業人員。

三、評估特殊教育工作績效。

四、執行鑑定、安置及輔導工作。

五、其他有關特殊教育鑑定、安置及輔導事項。

直轄市、縣（市）主管教育行政機關應從寬編列鑑輔會年度預算，必要時由中央主管教育行政機關補助之。

鑑輔會應置主任委員一人，由直轄市、縣（市）主管教育行政機關首長兼任之；並指定專任人員辦理鑑輔會事務。鑑輔會之組織及運作方式由直轄市、縣（市）主管教育行政機關定之。

第11條

鑑輔會依本法第十二條安置身心障礙學生，應於身心障礙學生教育安置會議七日前，將鑑定資料送交學生家長；家長得邀請教師、學者專家或相關專業人員陪同列席該會議。

鑑輔會應就前項會議所為安置決議，於身心障礙學生入學前，對安置機構以書面提出下列建議：

一、安置場所環境及設備之改良。

二、復健服務之提供。

三、教育輔助器材之準備。

四、生活協助之計畫。

前項安置決議，鑑輔會應依本法第十三條每年評估其適當性；必要時，得視實際狀況調整安置方式。

第12條

國民教育階段特殊教育學生之就學以就近入學為原則。但其學區無合適特殊教育場所可安置者，得經其主管鑑輔會鑑定後，安置於適當學區之特殊教育場所。

前項特殊教育學生屬身心障礙者，直轄市、縣（市）主管教育行政機關應依本法第十九條第三項規定，提供交通工具或補助其交通費。

第13條

依本法第十三條輔導特殊教育學生就讀普通學校相當班級時，該班級教師應參與特殊教育專業知能研習，且應接受特殊教育教師或相關專業人員所提供之諮詢服務。

本法第十三條所稱輔導就讀特殊教育學校（班），指下列就讀情形：

一、學生同時在普通班及資源班上課者。

二、學生同時在特殊教育班及普通班上課，且其在特殊教育班上課之時間超過其在校時間之二分之一者。

三、學生在校時間全部在特殊教育班上課者。

四、學生在特殊教育學校上課，且每日通學者。

五、學生在特殊教育學校上課，且在校住宿者。

申請在家教育之身心障礙學生，除依強迫入學條例第十三條規定程序辦理外，其接受安置之學校應邀請其家長參與該學生之個別化教育計畫之擬定；其計畫內應載明特殊教育教師或相關專業人員巡迴服務之項目及時間，並經其主管鑑輔會核准後實施。

第18條

本法第二十七條所稱個別化教育計畫，指運用專業團隊合作方式，針對身心障礙學生個別特性所擬定之特殊教育及相關服務

計畫，其內容應包括下列事項：

一、學生認知能力、溝通能力、行動能力、情緒、人際關
　　係、感官功能、健康狀況、生活自理能力、國文、數學
　　等學業能力之現況。

二、學生家庭狀況。

三、學生身心障礙狀況對其在普通班上課及生活之影響。

四、適合學生之評量方式。

五、學生因行為問題影響學習者，其行政支援及處理方式。

六、學年教育目標及學期教育目標。

七、學生所需要之特殊教育及相關專業服務。

八、學生能參與普通學校（班）之時間及項目。

九、學期教育目標是否達成之評量日期及標準。

十、學前教育大班、國小六年級、國中三年級及高中（職）
　　三年級學生之轉銜服務內容。

　　前項第十款所稱轉銜服務，應依據各教育階段之需要，包括
升學輔導、生活、就業、心理輔導、福利服務及其他相關專業服
務等項目。

　　參與擬定個別化教育計畫之人員，應包括學校行政人員、教
師、學生家長、相關專業人員等，並得邀請學生參與；必要時，
學生家長得邀請相關人員陪同。

第19條

　　前條個別化教育計畫，學校應於身心障礙學生開學後一個月
內訂定，每學期至少檢討一次。

　　從我國早期療育服務的法源基礎中，可以瞭解「兒童福利法
及其施行細則」為發展遲緩兒童早期療育服務最高的指導法令。
在兒童福利法及其施行細則中，明文規定各直轄市、縣（市）政

府得依法設立早期療育中心，並負責通報與療育服務的提供。對
於發展遲緩兒童、早期療育服務的界定，在法令中也有明確的定
義。在「身心障礙者保護法及其施行細則」中，針對衛生、社
政、教育三個主管機關，也都有明訂其在發展遲緩兒童早期療育
服務中應負責的業務內容。「特殊教育法及其施行細則」中，則
明訂發展遲緩兒童在學前教育階段的權責單位，及其該負責的業
務內容；此外，內政部社會司（2002）的「身心障礙者轉銜服務
整合實施方案」中，針對發展遲緩兒童從學前教育單位至國民教
育單位相關「轉銜」（transition）的工作，例如，鑑輔會、個別化
教育計畫的擬定等，在法令中也都有詳細的規定，以期藉由法令
的規定，保障發展遲緩兒童在接受早期特殊教育的就學權益。

早期療育的服務輸送流程與內容

依據內政部的「發展遲緩兒童早期療育服務實施方案」（內政
部社會司，1997），早期療育的服務流程與內容如圖2-1。

依據內政部所制訂的「發展遲緩兒童早期療育服務實施方
案」，早期療育服務的實施包含下列幾個階段：通報→轉介中心→
聯合評估→轉介中心→療育服務（內政部社會司，1997）。根據上
述流程，發現發展遲緩兒童早期療育服務的輸送，基本上包括：
通報、轉介、聯合評估、療育服務這四個流程。茲就這四個流程
所要執行的工作內容與實施現況敘述如下：

一、通報

早期療育服務的核心精神便在於「早期發現與早期治療」，因

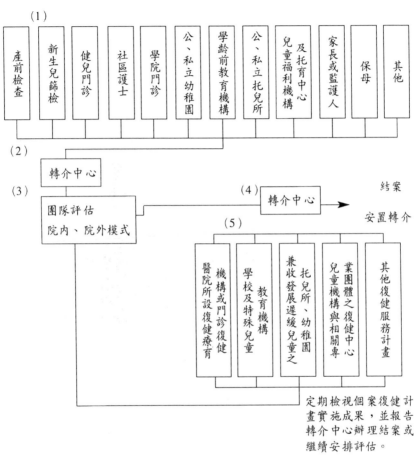

備註：

1.本流程按（1）、（2）、（3）、（4）、（5）順序進行，其中：

（1）為通報者

（2）為轉介中心，主要安排評估鑑定之轉介工作。

（3）為團隊評估，由醫療單位進行評估鑑定擬定個案療育計畫及建議。

（4）為轉介中心，主要安排療育安置之轉介工作，如無進一步安置需要則辦理結案。

（5）代表相關療育復健安置機構。

2.第（5）轉接點之各療育安置項目間互通。

圖2-1　發展遲緩兒童早期療育通報、轉介、評估暨安置辦理流程

資料來源：內政部社會司（1997）。

此發展遲緩兒童是否能及早接受早期療育服務，便成為決定該項服務是否具有成效的重要關鍵！經由通報的實施，社政體系便能掌握早期療育服務人口群的特質與需求，並藉由通報階段所建立的的個案基本資料，進行後續的轉介服務，如此便能協助發展遲緩兒童及其家庭接受較完整、一貫的服務，也能讓發展遲緩兒童及其家庭不至因為無法獲得資源，而耽誤了發展遲緩兒童的療育契機。因此通報這個階段，可以說是整個早期療育服務的樞紐，若通報功能無法發揮，則將會嚴重影響到後續服務的輸送與提供。

1993年新修訂的兒童福利法第十三條第二款中提到：「各直轄市、縣（市）政府應辦理對發展遲緩之特殊兒童建立早期通報系統並提供早期療育服務」。目前全國也有二十五個直轄市、縣（市）政府依法成立發展遲緩兒童早期療育服務通報轉介中心（內政部兒童局，2002a），通報轉介的業務，主要是由社政單位負責辦理。在「通報」這個服務階段中，由社會工作者提供下列服務內容：受理發展遲緩個案通報、蒐集並登錄個案資料、早期療育服務觀念的宣導、安排個案管理系統服務等工作（內政部社會司，1997；黃淑文、林雅雯，1999；內政部兒童局，2000b；朱鳳英，2000）。

二、轉介

在發現兒童有發展遲緩現象之後，除儘速通報之外，更重要的便是經由各地通報轉介中心的社會工作者，針對發展遲緩兒童與家庭的需要，運用個案管理（case management）的處置技巧，協助轉介至相關單位接受後續的療育服務，透過轉介服務能夠讓發展遲緩兒童暨其家庭得以運用適切的社會資源。

　　若是個案在通報之前並未接受任何醫療體系的評估，則由社會工作者轉介醫療體系進行評估鑑定，以瞭解個案的發展問題；若個案通報之前已接受醫療體系針對其發展狀況的評估，則社會工作者便需視個案遲緩的程度，選擇適合個案與其家庭的療育單位。因此轉介階段中，社會工作者的工作內容包括：案主的需求調查、需求評估、療育資源的評估、聯繫與協調、陪同案主至醫院接受評估鑑定、參與相關療育會議、定期追蹤服務等（內政部社會司，1997；葉淑文，1999；黃淑文、林雅雯，1999；朱鳳英，2000）。

三、聯合評估

　　發展遲緩兒童在初步篩檢若發現有疑似發展遲緩的現象，便要轉介至醫院進行醫療診斷的工作。目前國內發展遲緩兒童聯合評估的方式，包括聯合門診與一般門診，聯合門診的診斷方式，是經由醫療專業團隊聯合會診的方式進行，評估鑑定的科別包含小兒心智科（小兒精神科）、小兒神經科、耳鼻喉科與復健科，及後線的物理治療師、職能治療師、語言治療師、社會工作師、心理治療師、特教老師等，依每位發展遲緩兒童的狀況決定由哪些科別或治療師進行評估。

　　行政院衛生署自1997年起，截至2002年底，已補助台北市立婦幼綜合醫院、行政院衛生署基隆醫院、天主教羅東聖母醫院、財團法人長庚紀念醫院林口兒童分院、行政院衛生署新竹醫院、行政院國軍退除役官兵輔導委員會台中榮民總醫院、光田綜合醫院、財團法人中國醫藥學院附設醫院、財團法人彰化基督教醫院、天主教若瑟醫院、財團法人嘉義基督教醫院、財團法人奇美醫院、國立成功大學醫學院附設醫院、長庚紀念醫院高雄分院、

高雄醫學大學附設中和紀念醫院、財團法人屏東基督教醫院、財團法人佛教慈濟綜合醫院、行政院衛生署澎湖醫院、金門縣立金門醫院等十八家醫院，成立「發展遲緩兒童聯合評估中心」，以建立發展遲緩兒童聯合評估的完整醫療模式（內政部兒童局，2002b）。但仍有些許區域並沒有成立「發展遲緩兒童聯合評估中心」，只有提供門診的醫療服務。因此，發展遲緩兒童在進行評估工作時，除到聯合評估中心可以接受完整的診斷服務之外，若是經由一般門診進行評估診斷，則其他相關科別的評估診斷工作，便需要家長自行再依各醫院的服務流程，重複進行掛號、看診的步驟（假設一位兒童同時在動作、認知、心智狀況上有疑似遲緩的現象，家長若是掛醫院小兒神經科的一般門診，其他相關心理衡鑑、粗細動作等評量工作，則必須由家長再重新在醫院的復健科、小兒精神科等科別進行掛號、診斷的重複動作。）如此一來便增加發展遲緩兒童家長在就醫時的奔波之苦，也間接影響了家長帶孩子接受評估的意願。

在聯合評估階段需進行的工作內容包括：進行發展遲緩兒童的診斷、完整之症狀功能評估、處理計畫等工作，以便評估發展遲緩兒童各方面的發展狀況；並將評估報告提供各通報轉介中心，進行後續的療育安置計畫的參考；社會工作者則需進行發展遲緩兒童家庭在家庭功能、資源需求上的評估；針對心理層面進行個人與家族的治療、將醫療團隊的聯合評估或療育會議之結果，與家長協調溝通等（趙慈慧，2000；羅惠玲，2000）。

四、療育服務

在發展遲緩兒童接受醫療單位評估鑑定，確定發展遲緩的事實之後，便由各直轄市、縣（市）政府通報及轉介中心的社工員

依個案情況轉介適當的提供療育服務單位。提供療育服務的單位包括醫療、特殊教育單位、幼兒教育單位、兒童福利機構等（內政部社會司，1997）。療育服務的實施內容除視個案程度的不同之外，也必須評估各個療育單位所能提供的服務內容，才能協助發展遲緩兒童與其家庭得到最適切的療育服務。

　　目前國內的療育進行方式可以分為機構式、家庭式與中心、家庭混合式（黃淑文、林雅雯，1999；羅惠玲，2000），分別敘述如下：

1.機構式（中心式）：介入或學習的地點在學校、醫院或社會福利療育機構。
2.家庭式：由特教老師或專業團隊到家中提供訓練。
3.中心、家庭混合方式：一部分時間在家接受訓練，一部分時間在中心接受訓練。

　　不論是接受哪一種類型的療育服務，發展遲緩兒童家長本身都必須配合療育服務的進行，協助兒童進行療育，才能達成療育服務的成效。

我國早期療育服務實施現況之介紹

　　截至2002年6月為止，全國已有二十五個直轄市、縣（市）政府縣市依法成立發展遲緩兒童早期療育服務通報轉介中心，各地方政府因人口、行政區域與福利資源之不同，在早期療育服務的運作情況也不盡相同，有的地方政府是採取自行辦理的模式；有的地方政府則是以公設民營的方式委託民間團體辦理。且委託單位的屬性也相當不同：機構、協會、基金會與醫院等。因此，在

　　業務提供的模式上也相當迥異，此外，由於各地方的資源分布狀況也有不同，因此在轉介聯合評估與療育安置的服務上，也因為資源的狀況而出現城鄉差距極大的情況。各地方發展遲緩兒童早期療育服務通報轉介中心的成立時間、服務內容詳見表2-2、表2-3（內政部兒童局，2002a、2002c）。

一、成立時間

　　從表2-1、表2-2中可以看出，台北市、台中縣、高雄縣、花蓮縣、台南市在1997年接受內政部社會司的委託辦理「發展遲緩兒童通報轉介及個案管理服務計畫」，這五個縣市的「發展遲緩兒童早期療育服務通報轉介中心」也是最早成立的，後續各直轄市、縣（市）政府成立「發展遲緩兒童早期療育服務通報轉介中心」時，也都參考這五個縣市的辦理模式。由於各直轄市、縣（市）政府「發展遲緩兒童早期療育服務通報轉介中心」成立時間的不同，在其與所在區域相關資源的關係、對於早期療育通報轉介工作運作模式的認知、組織推動早期療育服務的經驗等也都會有所不同。

表2-2　各直轄市、縣（市）政府發展遲緩兒童早期療育服務通報
　　　　轉介中心之成立時間

縣市別	台北市	高雄市	台北縣	宜蘭縣	桃園縣	新竹縣	苗栗縣	台中縣	雲林縣	彰化縣	南投縣	嘉義縣	台南縣	高雄縣	屏東縣	台東縣	花蓮縣	澎湖縣	基隆市	新竹市	台中市	嘉義市	台南市	金門縣	連江縣
年	1996	1998	1998	1998	1998	2001	1999	1997	2000	1998	1999	2000	2000	1996	2000	2000	1995	2001	2000	1998	1998	2000	1997	2001	1999
月	10	06	08	04	03	07	06	12	10	09	01	02	03	08	03	12	07	11	01	07	09	04	07	05	09

資料來源：內政部兒童局（2002a）。

二、服務內容

（一）各直轄市、縣（市）政府發展遲緩兒童早期療育服務通報轉介中心之服務內容

若依各直轄市、縣（市）政府所成立的「發展遲緩兒童早期療育服務通報轉介中心」來看，不僅在名稱上有所不同（早期療育綜合服務中心、個案管理中心、早期療育服務通報轉介中心等），服務內容上也有很大的差異。在服務內容上，受理通報、個案諮詢、資源轉介與宣導服務此四項服務，則為最多地方政府的「發展遲緩兒童早期療育服務通報轉介中心」提供的服務。這與內政部社會司（1997）所擬定「發展遲緩兒童早期療育服務實施方案」中，所明訂發展遲緩兒童早期療育服務通報轉介中心應負責的工作內容一致。由於各地方政府承辦發展遲緩兒童早期療育服務通報轉介中心的單位性質不一，加上各地方資源與社區特色不同，所提供的服務也並不相同。全國各直轄市、縣（市）政府「發展遲緩兒童早期療育服務通報轉介中心」之服務內容如表2-3所示。

（二）各直轄市、縣（市）政府發展遲緩兒童早期療育服務個案管理中心之服務內容

截至2002年6月，全國除澎湖縣之外，各直轄市、縣（市）政府皆成立的「發展遲緩兒童早期療育服務個案管理中心」，以提供發展遲緩兒童與其家庭完整、適切的服務。在服務內容上，個案訪視、資源轉介、親職教育的提供、服務計畫的擬定、追蹤輔導、安排與陪同醫院評估等，則為最多地方政府的「發展緩遲兒童早期療育服務個案管理中心」提供的服務。全國各直轄市、縣

表2-3　各直轄市、縣（市）政府「發展遲緩兒童早期療育服務通報轉介中心」之服務內容

服務項目 ＼ 縣市別	台北市	高雄市	台北縣	宜蘭縣	桃園縣	新竹縣	苗栗縣	台中縣	雲林縣	彰化縣	南投縣	嘉義縣	台南縣	高雄縣	屏東縣	花蓮縣	澎湖縣	基隆市	新竹市	台中市	嘉義市	台東縣	台南市	金門縣	連江縣
受理通報	*	*	*	*	*	*	*	*	*	*	*	*	*	*	*	*	*	*	*	*	*	*	*	*	*
個案諮詢	*	*		*	*	*	*	*	*		*			*	*	*	*	*	*	*	*	*	*	*	*
宣導服務	*	*	*	*	*	*	*			*	*			*					*		*				*
資源轉介	*	*	*	*				*	*	*	*	*	*	*		*	*	*	*	*	*	*	*		*
協助評估				*	*		*	*					*						*						
親職教育	*	*																							*
成長團體	*																								
研習訓練	*	*			*					*	*				*				*	*					
費用補助				*																			*		
轉銜服務	*				*				*										*						
巡迴輔導													*							*					
家庭訪視				*											*								*		
個案初篩								*					*	*					*						
安置追蹤				*		*							*	*									*		
到宅服務	*																								
建立通報網絡				*																					
網頁與資料庫系統	*									*															
行政協調	*												*												
特教服務																									*

資料來源：內政部兒童局（2002a）。

（市）政府「發展遲緩兒童早期療育服務個案管理中心」之服務內容如表2-4所示。

三、業務辦理形式

在各縣市政府發展遲緩兒童早期療育通報轉介中心的業務辦理形式上，有公辦模式（社會局自行辦理）與委外模式（委託民間單位辦理）此兩種形式（詳見表2-5）。其中彰化縣政府將通報轉

表2-4　各直轄市、縣（市）政府「發展遲緩兒童早期療育服務個案管理中心」之服務內容

服務項目＼縣市別	台北市	高雄市	台北縣	宜蘭縣	桃園縣	新竹縣	苗栗縣	台中縣	雲林縣	彰化縣	南投縣	嘉義縣	台南縣	高雄縣	屏東縣	花蓮縣	基隆市	新竹市	台中市	嘉義市	台東縣	台南市	金門縣	連江縣
個案訪視（電訪、家訪）	＊	＊	＊	＊	＊	＊	＊	＊	＊	＊	＊	＊	＊	＊	＊	＊	＊	＊	＊	＊	＊	＊	＊	＊
安排與陪同醫療評估	＊	＊	＊		＊						＊	＊						＊	＊					
擬定服務計畫（IEP、IFSP等）	＊						＊	＊			＊		＊						＊					
需求評估							＊	＊			＊													
研習訓練						＊				＊				＊	＊									
資源轉介	＊	＊	＊	＊	＊	＊	＊				＊	＊	＊	＊	＊	＊	＊		＊	＊			＊	
親職教育	＊				＊	＊	＊			＊	＊	＊	＊											
初步評量																			＊					
追蹤輔導			＊	＊	＊	＊	＊		＊			＊	＊	＊	＊					＊	＊	＊		
轉銜服務	＊			＊					＊					＊										
諮詢服務	＊	＊												＊			＊	＊	＊					
宣導服務						＊				＊				＊										
巡迴輔導																					＊			
社區融合服務														＊			＊							
特教服務																								＊

資料來源：內政部兒童局（2002a）。

介中心的業務分做通報與轉介二個部分，通報專線設立在彰化縣政府社會局，轉介業務則委託彰化家庭扶助中心辦理，其餘縣市則區分為公辦模式與委外模式二種。這二種業務辦理形式各有其優缺點。最大的差異在於，通報轉介工作由公部門來執行較具強制性的公權力，至於公設民營的形式則較易掌握後續療育服務的安排與個案管理的追蹤。但是不論差異為何？如何能夠讓各直轄市與縣（市）政府的早期療育服務得以互相交流，並讓服務對象的服務品質不因戶籍所在地方的不同而有所不同，則是在早期療育制度規劃時必須進一步考量的。

表2-5　各直轄市、縣（市）政府「發展遲緩兒童早期療育服務通
　　　　報轉介中心」的設立型態

設立型態　縣　　市	公辦模式（社會局自行辦理）	委外模式（委託民間單位辦理）
	一、通報轉介 　　台北市、台北縣、新竹市、雲林縣、高雄市、台東縣、新竹縣、金門縣、連江縣、澎湖縣、宜蘭縣	一、通報轉介 　　基隆市、桃園縣、台中縣、台中市、南投縣、嘉義縣、嘉義市、台南市、台南縣、屏東縣、花蓮縣、高雄縣、苗栗縣
	二、通報 　　彰化縣	二、轉介 　　彰化縣
	三、個案管理 （一）委外一個民間單位辦理個管中心 　　宜蘭縣、台東縣、雲林縣、澎湖縣、連江縣	三、個案管理 （一）通報、個管皆委託同一民間單位 　　基隆市、桃園縣、台中縣、南投縣、嘉義縣、嘉義市、台南市、台南縣、花蓮縣、苗栗縣
	（二）委託二個以上民間單位辦理個管中心 　　台北市、台北縣、新竹市、高雄市、新竹縣、金門縣	（二）個管依區域委託不同民間單位 　　台中市、高雄縣、屏東縣

資料來源：中華民國發展遲緩兒童基金會（2000）；中華民國智障者家長總
　　　　　會（2002）；內政部兒童局（2002a）。

我國早期療育服務實施現況之討論

　　誠如前文所述，我國早期療育服務輸送共包括通報、轉介、聯合評估與療育服務四個流程。在早期療育服務的規劃中，期待各地方的發展遲緩兒童皆能透過「發展遲緩兒童早期療育服務通報轉介中心」來安排所需接受的服務。因此，一個疑似或確定爲發展遲緩兒童的個案，若能先經由通報，再由各地方通報轉介中心的工作人員，視個案的狀況與需求，轉介至適當的聯合評估中心或是療育服務單位接受後續的服務。經由通報轉介中心安排相關服務的個案，其在聯合評估中心、療育服務單位接受評估或服務的情況，都可經由早期療育服務輸送的流程，將資料回傳至通報轉介中心。這樣的服務輸送流程，除了能夠掌握發展遲緩兒童與其家庭接受服務的狀況之外；也能藉由通報轉介中心這個樞紐，控制個案在整個早期療育服務輸送流程中，接受服務的品質；並能使早期療育服務資源被適切地運用，不至於造成資源的重複使用浪費。可是，以目前我國早期療育服務輸送流程的運作現況來看，有許多的發展遲緩兒童並不是經由通報而進入早期療育服務的系統，可能是家長發現孩子的發展速度落後，先至附近的醫療院所進行診斷，確定爲發展遲緩兒童之後，該醫療院所若不是「發展遲緩兒童早期療育服務聯合評估中心」時，此個案資料不一定會回傳至通報轉介中心；此外，通報中心受理通報之後，視個案情況轉介至後續聯合評估或療育服務單位之後，後續的追蹤輔導與評估工作有無落實，也會影響到個案在接受早期療育服務時的品質。下文將針對我國早期療育服務目前各流程中可能發生的困境進行討論，期能作爲後續早期療育服務修正時的參

考。

一、通報

　　依據內政部兒童局（2000b）的統計發現，目前國內發展遲緩兒童被通報出來的比率只有十分之一，與推估的實際發展遲緩兒童人口數差異甚大。雖然在兒童福利法施行細則第十三條有明定針對疑似發展遲緩的兒童具有通報責任之人員包括：「從事與兒童業務有關之醫師、護士、社會工作員、臨床心理工作者、教育人員、保育人員、警察、司法人員及其他執行兒童服務業務人員，發現有疑似發展遲緩之特殊兒童，應通報當地直轄市、縣（市）主管機關。」雖然法令上對於通報責任者有清楚的界定，但並不能避免通報率仍然低落的現況。相關的研究與報告中指出（萬育維，1997；黃淑文、林雅雯，1999；內政部兒童局，2000b；內政部兒童局，2000c；朱鳳英，2000），發展遲緩兒童早期療育服務的通報階段在執行上有下列幾點困境：

（一）經費與人力的不足

1.經費與人力不足

　　各直轄市、縣（市）政府的通報轉介中心大都提出經費與人力不足的問題。

　　經費與實際運作情況有相關，但是多少的經費與人力才足夠？為什麼各直轄市、縣（市）政府通報轉介中心會有經費與人力不足的情況？在人力與經費配置上的相關議題上，中央主管機關應評估各地方政府在早期療育服務中，應具有的人力與經費配

置，並研擬客觀性的評估指標，才能避免因人力的不足，而無法提供專業的服務，影響服務對象的權益。

2.個案量沉重

由於早期療育服務跨教育、社政、衛生三個領域。因此，這三方面的專業知能是影響服務品質的重要因素。各縣市政府通報轉介中心工作人員的「質」與「量」的問題則必須再加以探討。「質」方面而言，如何藉由相關職前或在職訓練提昇工作人員的專業能力，「量」方面的考量，個案通報之後超過半年未追蹤訪視，每個工作人員平均的個案量為八十至一百個來說，這樣的個案量是否太多？個案處置的深度又是如何評估？針對現行早療服務專業人員在「質」方面的增進，應進行有關在職或職前教育訓練需求的調查與根據調查結果辦理相關訓練，以提供第一線實務工作者完整的專業教育與技術。

（二）運作的形式不一

1.各直轄市、縣（市）政府「發展遲緩兒童早期療育服務通報轉介中心」辦理的形式不一

目前各直轄市、縣（市）政府的「發展遲緩兒童早期療育服務通報轉介中心」辦理的形式不一，有社會局自行辦理，也有委託民間社會福利機構辦理，因此在整個通報制度上並沒有一致性的規劃，也沒有一致性的通報流程，也欠缺單一窗口的通報與資料建檔。

2.各直轄市、縣（市）政府「發展遲緩兒童早期療育服務通報轉介中心」定位不清楚

各直轄市、縣（市）政府「發展遲緩兒童早期療育服務通報

轉介中心」的定位不清楚。不僅在名稱上不同（早期療育服務綜合服務中心、早期療育通報轉介中心、早期療育個案管理中心等），服務內容也有很大差異。若各通報轉介中心統籌或辦理過多業務，卻忽略對於通報進來的發展遲緩兒童個案特質與需求的分析和掌握、潛在個案的發現、帶動與結合轄內相關資源單位的參與和合作等，則會模糊通報轉介中心最主要的功能。

（三）通報率低落

1.未通報的發展遲緩兒童比例高

在調查資料中，若對應零至六歲全國兒童總人口數，並以聯合國世界衛生組織所推估發展遲緩兒童的人口發生率約為兒童總人口數的6%～8%來看，大約只有10%的發展遲緩兒童被通報出來。為什麼通報率會如此低？除了考量以聯合國世界衛生組織的推估比率計算是否有合適目前國內的狀況之外，也必須進一步去探討各地方政府通報轉介中心的功能是否有效發揮？個案通報來源的管道是否侷限？亦或是早期療育服務的宣導不足？各地方通報轉介中心除了接受各通報管道通報而來的個案之外，如何結合其他系統的資源體系，例如，醫療體系的新生兒篩檢系統、公共衛生體系的新生兒體檢、教育體系的公、私立幼稚園、保母與村里幹事等系統，藉由個案通報管道的開拓，對於通報率的提昇可能會有幫助。

2.身心障礙兒童被通報的比率較發展遲緩兒童高

進入通報轉介管道的個案，以領有身心障礙手冊的兒童比率較發展遲緩兒童高，且通報個案的年齡普遍集中在三歲以上。但是早期療育服務強調愈早介入，成效愈佳，並且藉由早期療育服務的介入，可以降低發展遲緩兒童成為身心障礙兒童的比例，因

此，如何有效發現在社區中三歲以前的發展遲緩兒童個案？影響著早期療育服務實施的成效。

3.各領域的專業人員對通報制度的認知不同

發展遲緩兒童的個案有些會在醫院就診或新生兒門診時發現，但是醫療體系會向社政體系通報的比率極低，凸顯整個早期療育服務流程中，各領域的專業人員對於通報制度的瞭解與看法不一致。此外，雖然社政體系負責發展遲緩兒童的通報與轉介流程，但是在第一線受理通報的專業人員，對於現行通報制度的看法可能有歧異，因此影響到通報的意願。

4.社會大眾對於早期療育服務的概念並不清楚

由於發展遲緩兒童不像受虐兒童有明顯的外傷，其發展遲緩的現象也因個案而異，加上國人「大雞晚啼」的觀念，導致社會大眾容易忽視兒童發展遲緩的現象，等到發現時已錯過了療育的最佳契機，因此必須透過宣導才能建立國人對發展遲緩兒童的概念，才能提昇通報的比率。此外，通報之後，整個服務體系可以提供何種服務？也是通報者在做通報決定時一個重要的考量。因此，對於早期療育每一個流程的服務內容都必須充實其實質的功能，才能提高通報的意願。

5.未通報的罰則並未訂定

目前發展遲緩兒童的通報雖有法源依據，但不像兒童虐待的保護服務中的通報是屬於「責任通報制」，若專業人員不通報則會有法律責任，也有可能是影響通報意願的原因之一。

（四）個案處置

1.未詳盡做到對個案後續追蹤的服務

在發展遲緩兒童與其家庭的訪視工作與後續追蹤服務上，由於工作人力的不足，各地方政府的通報轉介中心便出現無法進行該項工作的狀況。但是對於具有多元化問題的案主而言，訪視與後續追蹤服務的提供，是相當重要的。因此，在個案處置上，各地方政府通報轉介中心的處置流程與重點也是影響服務成效的重要關鍵。如何有效管制是一大重點。

2.早期療育服務資源分配不均

各地療育、醫療資源分布不均，且相當不足。造成通報後的個案，在轉介階段中常需久候所需資源，延誤進行早期療育服務的最佳時機。

3.資源難以共同享用

由於早期療育服務領域跨社會福利、衛生、教育三大領域，但是以實施現況而言，各專業、機構之間溝通不足，並且缺乏資源整合與統籌的單位，使得資源難以共享。

綜合上述，可以瞭解目前國內在發展遲緩兒童早期療育服務的通報階段，仍有相當多的工作需要努力的進行，像是針對社會大眾、家長與其他具有通報責任的專業人員，進行「早期療育」、「發展遲緩」與「通報重要性」等概念的宣導；針對通報制度的規劃藉由目前的執行狀況，進行更深入的研究與評估，以修正現有通報制度的缺失；早期療育服務領域中各專業之間對通報制度、流程等相關理念的協調與溝通等，都是需要修正與努力的部分。

二、轉介

目前國內的實施現況，是將通報階段與轉介階段的工作，藉由各直轄市、縣（市）政府設置通報轉介中心來執行，目前全國

已有二十五個直轄市、縣（市）政府成立通報轉介中心，並有二十四個直轄市、縣（市）政府成立「發展遲緩兒童早期療育服務個案管理中心」，可以在個案一經通報之後，立刻藉由轉介與個案管理的工作，協助其進行聯合評估或療育服務的工作，以簡化服務的流程。早期療育服務中的轉介階段在執行上也有一些困境有待突破（朱鳳英，2000；楊玲芳，2000；內政部兒童局，2002b）：

（一）資源不足

　　各地療育、醫療資源分布不均，且相當不足。造成通報後的個案，在轉介階段中常需久候所需資源，延誤進行早期療育服務的最佳時機。

（二）專業、機構跨專業合作的理念難以執行

　　由於早期療育服務領域跨社會福利、衛生、教育三大領域，因此在進行轉介工作時，唯有透過各機構與專業之間放下身段，進行專業資源整合的工作，但是各專業、機構之間溝通不足，缺乏資源整合單位，使得資源難以共享。

（三）個案管理電腦系統尚未全國施行

　　內政部兒童局為掌握全國發展遲緩兒童之人口特質與接受服務之狀況，已於2001年開發完成「發展遲緩兒童早期療育通報轉介中心個案管理電腦系統」。

　　不過由於經費不足、電腦系統不足、人力資源不足等因素，仍有九個地方政府尚未安裝此電腦系統（內政部兒童局，2002b）。透過個案管理電腦系統的協助，將有助於通報轉介中心在發展遲緩兒童人口數、人口特質、接受服務狀況、資源運用情

形等方面的管理。因此，針對未安裝的各地方政府，中央主管機關應積極介入協助。

綜合上述，對於發展遲緩兒童與其家庭是否能接受到適切的資源與服務？深刻受到早期療育服務「轉介」階段的功能是否落實的影響，在轉介階段中，所面臨到資源不足、跨專業、機構的理念不同等困境，都有待克服，才能真正維護發展遲緩兒童與其家庭之權益。

三、聯合評估

目前國內在早期療育服務的聯合評估階段，仍有下列執行上的困境需要克服（內政部兒童局，2000b）：

（一）發展遲緩兒童早期療育服務聯合評估的資源不足且分配不均

由於經費與各地資源的考量，雖然各區域教學之醫院皆可為疑似發展遲緩兒童進行鑑定評估的工作，不過由行政院衛生署補助經費，真正能發揮各專業人員共同會診、聯合評估的工作，只有全國十八家的「發展遲緩兒童早期療育服務聯合評估中心」，且評估中心分布不均，在醫療的聯合評估資源上仍相當缺乏且分布不均。不過除了開發新資源之外，也可以將各區既有的資源加以結合，讓現有資源可以發揮更大的效益。

（二）聯合評估中心與通報轉介中心的合作模式尚未建立

聯合評估中心與通報轉介中心的合作模式尚未建立，使得通報轉介與聯合評估二個階段的服務流程會有接續不上的現象。醫療體系與社政體系如何透過更多、更深的互動與討論，才能建立

暢通的服務輸送流程。

四、療育服務

目前國內在療育服務的提供上仍有幾個方向需要再加強：

1.療育資源的不足與分配不均。

2.家長對於療育資源資訊尋求管道的缺乏。

3.早期療育服務政策配套措施不完善。

早期療育服務政策相關的配套措施仍嫌不完善。例如，接受非醫療體系療育服務的療育補助津貼；或是雙親照顧人力的不足、經濟的負擔（需要雙親一人辭去工作陪同孩子進行療育服務）、療育資源的開發與品質的控管等。上述這些執行上的困境，都在在影響到發展遲緩兒童在療育服務階段的成效。

第三章

各國早期療育服務的介紹

◆香港的早期療育服務

◆日本的早期療育服務

◆美國的早期療育服務

◆我國與其他國家早期療育服務之比較

　　早期療育服務在我國實施已七年，在制度規劃與執行上都仍在起步的階段。由於早期療育服務在其他國家已行之有年，若是透過對於其他國家在早期療育制度規劃與實務推動上的探討，則可以整理出這些國家在提供早期療育服務上可供我國參考的作法。因此，本章將探討香港、日本與美國的早期療育服務制度，比較我國與這些國家在早期療育服務上的異同之處，提供我國在目前早期療育服務上可供改善與參考之建議。

香港的早期療育服務

　　香港之早期療育服務乃根據1977年「康復服務白皮書」而制定，並據此擬訂康復計畫方案掌握康復服務整體情況。香港早期療育服務由布政司所屬之衛生署、社會福利署與教育署提供服務規劃與推動事宜，因三單位事權統一，所以服務提供與合作協調事宜較為順暢，而政府與民間合作無間。香港早期療育服務的主管機關權責劃分、服務對象與內容說明如下（萬育維，1994；葉淑文，1999，中華民國發展遲緩兒童基金會，2000；林惠芳，2000；邱吳麗端，2000）：

一、主管機關權責劃分

（一）衛生署

　　負責嬰幼兒的健康診斷（設立母嬰健康院）、兒童評估鑑定中心（設立兒童體能智力測驗中心）、負責弱能兒童的照顧、教育與訓練服務。

（二）社會福利署

負責弱能兒童與其家庭所需服務與資源的連結與轉介（轉介中心）、弱能兒童的學齡前服務（早期教育與訓練中心、特殊兒童照顧中心、兼收弱能兒童的幼兒中心）。

（三）教育署

負責弱能兒童的學齡前服務（兼收弱能兒童的幼稚園、特殊學校的學前預備班等）。

二、服務對象

零至六歲弱能之兒童與其家庭。

三、服務內容

香港的早期療育服務是由醫管局所管轄的「母嬰健康院」所負責。若是發現發展障礙或疑似障礙者，則轉介至「兒童體能智力測驗中心」及「學前弱能兒童中央轉介系統」（Central Referral System Preschool Service，簡稱CRSPS），由專業團隊人員進行診斷與評估，視評估的結果，安排轉介至特殊教育組進行後續的療育服務。香港早期療育服務分成預防、評估與康復三個階段，每一階段的服務內容簡述如下：

（一）預防階段

旨在預防弱能兒童的產生，其目標為減低弱能兒童之發生率。

1.實施健康教育——實施婚前健康檢查、產前檢查、嬰幼兒觀察計畫。
2.檢查服務——新生兒篩檢（遺傳、新陳代謝異常篩檢，必須於出生二十四小時內完成）、產前護理與嬰幼兒觀察計畫。
3.推行免疫注射——結核病、小兒麻痺、麻疹、破傷風等預防性注射。
4.意外傷害避免。
5.醫藥諮詢。

（二）發現與評估階段

香港嬰幼兒一出生之後，即由「母嬰健康院」提供發展評估，或經小兒科診所或其他方式進行身心上之檢查服務，若是發現有疑似發展遲緩現象時則會轉介至「兒童體能智力測驗中心」進一步評估，在這個階段中，所提供的服務如下：

1.綜合兒童體能智力觀察計畫

由母嬰健康院在兒童出生第十週、九個月及三歲時給予三次發展評估（初篩），目的在儘早發現兒童發育過程中之異狀，如經評估後有問題時即轉介至兒童體能智力測驗中心、相關專科診所或特殊教育服務中心。

2.兒童體能智力測驗中心

經初篩發現有疑似發展遲緩兒童，透過專業團隊評估方式，提供零至未滿十二歲兒童體能、官感、心理及社交能力等之全面性發展評估。

3.特殊教育服務中心

提供學前及學齡個案進一步之特殊教育評估與處置，轉介來源包含綜合兒童體能智力觀察計畫、家長或受補助服務單位。

4.聯合評估服務

主要針對中重度障礙評估以及高危險群學習與溝通問題評估之校園追蹤。

(三) 康復階段

1.學前弱能兒童中央轉介系統 (CRSPS)

經由兒童體能智力測驗中心評估有問題之兒童即轉介至此中心，由中心作資料之建檔及轉介療育安置之工作。學前弱能兒童中央轉介系統於1987年成立，1988年正式運作，轉介系統的制度化，是香港早期療育服務一個很大的特色。除了可藉由中央轉介系統公平正確的提供弱能兒童所需的服務資源之外，此外尚包括下列幾項服務：

(1) 確保有需要之兒童能獲得所需之服務，並發現安置困難的個案。

(2) 確保服務之順利轉銜與延續性。

(3) 彙整統計資料的回覆、聯繫與整理，以掌握服務的輸送，並透過對於服務人口群數量、特質與需求的掌握，設計合適的服務方案。

(4) 管理及宣導政府部門及受補助單位資源選用情形，與輪候學前服務者之管理。

2.弱能兒童學齡前早期療育服務

此項服務分別由政府以及受政府補助之服務單位提供，目的在協助零至六歲弱能兒童及高危險群兒童為入學做好準備。其服務提供的信念在於藉由早期療育服務的提供，協助弱能兒童可以發展潛能，擁有與一般兒童公平的機會參與日常活動，並能協助他們的家庭可以瞭解弱能兒童的特殊需求。其服務內容包含評

估、醫療、教育訓練，以及教養服務等。分別由早期教育及訓練中心、日間特殊幼兒中心、特殊幼兒中心暫住服務、自閉症兒童就讀特殊幼兒中心特別計畫、幼兒園兼收弱能兒童計畫、幼稚園兼收弱能兒童計畫、特殊學校學前預備班、聽障兒童學前輔助訓練服務、醫院班級指導、學前中心的巡迴支持服務、弱能兒童暫托服務、居家訓練，以及家長資源中心等提供弱能人士學前教育服務。

日本的早期療育服務

　　日本之早期療育服務體系是以全面實施嬰幼兒健診開始，經由健診發現障礙或疑似障礙之高危險群嬰幼兒，轉介至必要之療育服務；而早期發現制度配合社區化服務，提供福利服務資源網，給予家有障礙兒童之家庭必要之協助。日本的早期療育服務相當重視障礙兒童的預防，從婚前健康檢查、婚後懷孕指導、檢查，都有一系列完整的預防對策，且所有費用都由政府支付（王本榮，1995；葉淑文，1999），以下為其作法（萬育維，1994；王本榮，1995；葉淑文，1999；中華民國發展遲緩兒童基金會，2000；林惠芳，2000）：

一、預防與發現階段

　　日本實施全面性的先天性代謝異常篩檢，並整合社區的資源，加強對於孕婦與家庭的指導和訪問，提供多元化、地區性的服務，並透過新生兒篩檢、健康診斷等方法發現發展障礙、遲緩兒童。

1.婚前對策：包含婚前健康檢查及受胎調解指導。

2.妊振對策：提供母子手冊及妊振健檢。

3.產婦對策：保健指導、訪問指導、營養諮詢，以及媽媽教室
等措施。

4.高危險群的妊娠前診斷：如羊水檢查及超音波檢查。

5.新生兒篩檢：嬰兒出生五至七日內就先天性代謝異常症狀做
六至八項篩檢，檢查後如有發現症狀，即尋找治療方法追蹤
治療。

6.嬰幼兒健診：在嬰幼兒三個月、七個月、十個月、十二個
月、十八個月、二十四個月與三歲時進行健診，由社區化之
保健所以及保健中心負責。

二、評估

在評估階段，是由專業團隊人員共同進行評估，以設計後續
的療育服務，並且視發展遲緩兒童之父母為專業團隊中的一員，
重視其對於評估與後續服務的意見。

（一）臨床療育諮詢

兒童諮詢中心會安排專業醫師及父母親共同針對兒童療育問
題進行討論。

（二）幼兒心理諮詢

當健診時發現兒童有障礙或疑似障礙時，公衛護士需與家庭
兒童諮商室聯絡，共同進行心理諮詢與深度諮詢。

（三）母子登記、療育手冊鑑定

兒童經評估確認為障礙者時，先與兒童諮詢室聯繫，然後至醫療福利中心辦理母子登記，及療育手冊之鑑定服務。

（四）發展診斷

三、療育服務

日本早期療育服務是由社工師、保母、心理師、公衛護士、物理、職能治療師等專業人員組成團隊來提供，並將發展遲緩兒童安排至各兒童中心、醫療單位接受相關的療育服務，如保健中心親子教室、母子遊戲廣場、保育園（托兒所）、母子通園及通園設施、融合收托等單位來提供學齡前的療育服務。此外，針對發展遲緩兒童在入幼稚園、小學方面，也提供「教育諮詢」的服務，協同教育委員會之就學指導委員會中教育諮詢部及就學指導部，給予適合就學安置之指導，以利轉銜的進行。

四、家庭支持

日本的早期療育服務中也相當重視發展遲緩兒童其家庭的支持，有設置負責當發展遲緩兒童進入各種療育機構或托兒所的轉介聯繫與溝通、療育資源整合與轉介的「家庭兒童諮商室」，並設置特別兒童扶養津貼、殘障兒福利津貼等補助，以協助家庭可以透過這些支持系統，解決在教養發展遲緩兒童的困難與相關的支持。

美國的早期療育服務

　　美國聯邦政府於1991年通過的「個別化障礙者教育方案」中，將需要接受早期療育的對象分作零至二歲（三歲以下）與三至五歲（六歲以下）兩個年齡層，其中用C法案（Part C）定義三歲以下兒童接受早期介入的相關規定，此部分著重在「個別化家庭服務計畫」的實施，強調針對兒童與家庭提供一連串的服務是這時期早期介入的重點。五歲以下需要早期療育的兒童則由B法案（Part B）來擬定相關的服務，此年齡階段的兒童則以進入學前教育階段，因此屬於學前幼兒教育的部分，所有的早期療育服務是當地地區學校的責任，此法案並強調以免費、合適與最少限制的概念提供早期療育服務，並強調「個別化教育計畫」的擬定與實施（周文麗，2000；Silverstein, 2000）。

　　茲將早期介入（C法案）與學前幼兒教育（B法案）之間的各級政府之角色、服務對象、服務內容做以下的介紹（萬育維，1994；黃淑文、林雅雯，1999；中華民國發展遲緩兒童基金會，2000；林惠芳，2000；周文麗，2000；Silverstein, 2000）：

一、各級政府之角色

（一）聯邦政府

　　聯邦政府設置學前教育激勵基金，由美國教育委員會核准基金對各州政府之申請補助，並監督各州政府之運作是否符合聯邦政府之規定。

（二）州政府

　　制定相關法令規定，如接受早期療育之資格與提供服務人員之資格，並對發展遲緩提出解釋……等，建立通報系統、對聯邦政府回報接受服務之人數與服務狀況，成立州政府跨機構協調委員會，來監督服務執行機關。

（三）地方政府

　　各地方政府除向聯邦或州政府的基金中申請補助，也需自編經費，規劃並執行各種學前特殊教育方案。

二、服務對象

（一）早期介入

　　各州根據診斷情形，對二歲以下身心障礙、發展遲緩、高危險群或社經地位低且有實際需要服務之幼兒及其家庭，提供早期介入服務。

（二）學前幼兒教育

　　對三至五足歲之身心障礙、發展遲緩幼兒提供特殊教育，但此規定不適用於高危險群幼兒，必須有明顯需要早期療育才得以接受服務。

三、服務內容

　　美國早期療育服務的提供因各州法律的不同，而有不同的服務流程與內容。但大都依循著經由篩檢、專業團隊評估、轉介、

設計服務方案、提供服務方案與資源、再評估、追蹤等步驟進行。在服務內容上，則依據美國聯邦政府在1991年修訂通過的「個別化障礙者教育方案」來進行。

（一）早期介入

依規定撰寫「個別化家庭服務計畫」（IFSP），以提供發展遲緩兒童與其家庭相關的服務，強調藉由自然的環境來提供服務，可由不同的機構或醫院來提供服務。此部分的服務內容著重於兒童遲緩部分的治療、家庭功能的支持、家長對於早期介入與發展遲緩知能的訓練等部分，服務項目家長必須自行付費。

（二）學前特殊教育

此部分是針對發展遲緩兒童學齡前特殊教育的服務提供，所有的服務是由地區學校來負責提供，各學校需依規定撰寫「個別化教育計畫」（IEP），服務的提供以兒童為主，並且所有服務皆免費，並提供交通及其他發展上需要矯治或支援之服務，包括物理與職能治療、語言治療、聽能訓練、社工服務、心理諮商……等相關支持性服務。

我國與其他國家早期療育服務之比較

在本書第二章中，已簡單介紹我國在早期療育服務的實施現況。本節將針對我國早期療育服務之主管機關權責劃分、服務對象與服務內容，與其他國家的早期療育服務作比較，並提出一些可供參考的建議。雖然每一個國家的文化、國情並不相同，在移植其他國家對於早期療育服務的規劃時，也必須思考目前國內各

項資源環境與國人習性，才能加以運用。但是希望透過與其他國家在早期療育服務規劃及實施經驗的探討，可以進一步思考其他國家在早期療育服務上一些值得我國參考的作法。

一、主管機關權責劃分

我國的早期療育服務是由社政、衛生、教育三個單位共同統籌。其中社政單位的中央主管機關為內政部兒童局、衛生單位則為行政院衛生署、教育單位則為教育部，這三個主管機關可以說是三個職權平行的單位。目前國內的早期療育服務雖然三個單位皆有互相合作的機會，但由於職權的相等，因此在相關的業務辦理上無法有一個統籌並具有合法權威的最高主管機關。本章所探討的香港、美國與日本在早期療育服務的主管機關上皆有相當清楚的權責劃分，並且香港也有布政司統籌管理所屬衛生署、社會福利署與教育署在早期療育服務上的提供，因為三個署的事權統一，因此有利於服務的合作與協調；美國則有聯邦政府負責各州政府在早期療育服務上的執行。我國雖然由社政、衛生與教育三個單位分別提供相關專業的服務，但是由於三個單位屬於平行單位，加上專業領域並不相同，因此，三個單位由誰負責整體早期療育服務在執行過程上的統籌與協調？則對於早期療育服務中水平與垂直服務的聯繫與輸送有很大的影響。此外，若是三個主管單位無法協調，則無法具體落實早期療育服務並且跨單位、跨專業與跨機構的專業團隊合作模式。

二、服務對象

我國的早期療育服務對象為零至六歲發展遲緩或身心障礙的

兒童與其家庭，在服務對象的年齡上與香港、美國、日本都相同。然而我國的早期療育服務對象並未如此三個國家一樣，相當強調高危險群、社經地位低兒童與其家庭的介入，尤其是日本針對障礙兒童的預防，從婚前健康檢查起便開始早期療育的服務，若是能有效介入高危險群的兒童與家庭（早產兒等）、因為社經地位低而使兒童喪失學習機會所導致遲緩的家庭，是我國在早期療育服務的提供上可以再進一步落實的。此外，美國將零至六歲的發展遲緩兒童區分作零至二歲與三至五歲，並藉由早期介入與學前特殊教育二種服務方式來提供，也值得我國在服務對象上依年齡區隔來設計、提供早期療育服務上一個參考的方向，並且美國將三至五歲的發展遲緩、身心障礙兒童所接受的學前特殊教育視作其應得的服務，尊重這些兒童應有的受教權的態度，也是我國在規劃、推動早期療育時一個相當重要、值得仿效的服務信念。

三、服務內容

依據內政部社會司（1997）所制定的「發展遲緩兒童早期療育服務方案」，我國早期療育服務的內容包括通報、轉介、聯合評估與療育服務這幾個部分，下文將就四個部分與上述三個國家的早期療育服務內容作比較：

（一）通報

這個階段中，我國的作法是將醫療人員、社工、心理師、教師等專業人員都規定為法定通報者，並在發現發展遲緩或疑似發展遲緩的兒童時，皆能向各地方政府的發展遲緩兒童通報轉介中心通報。不過由於國人習性，對於發展較慢的孩子仍有「大雞晚啼」的觀念，加上對於向政府單位通報、主動尋求服務的態度是

較被動、消極的。因此在通報這個服務階段中，應該強調由專業人員透過社區宣導、外展（out-reach）服務與衛生體系新生兒篩檢系統、新生兒健診系統合作的方式會較適當。以日本爲例，其在個案的發現上相當強調與醫療衛生體系的合作，再加上公共衛生護士的宣導、家訪，對於發現隱藏在社區的發展遲緩兒童相當有助益。

（二）轉介

我國現在已有二十五個直轄市、縣（市）政府成立發展遲緩兒童早期療育通報轉介中心，並有個案管理中心負責通報轉介進來的發展遲緩個案與其家庭進行資源與服務的提供。不過由於國內早期療育資源的有限，加上各地方政府通報轉介中心所有的發展遲緩個案資料並未相互交流，因此容易產生資源不足、個案重複使用資源、轉換戶籍之個案服務追蹤不易、發展遲緩兒童人數、特質與需求的數據無法建立等問題。這個部分可以參照香港的「學前弱能兒童中央轉介系統」（CRSPS）的運作方式，所有個案資料皆會進入CRSPS，便可以掌握個案相關服務與統計資料，以利規劃符合這個服務人口群的制度。國內內政部兒童局也在2001年開發出「發展遲緩兒童早期療育服務個案管理電腦系統」，在全國二十五個地方政府中，目前仍有九個地方政府因爲電腦系統、人力經費等問題尚未設置完成（內政部兒童局，2002b）。此個案管理電腦系統可以協助各通報轉介中心、個案管理中心進行服務對象資料的建檔與整理，並具有網路連結的功能，可以使已再接受服務的個案不會重複使用資源；也期待日後可以發揮相關數據的統計功能。不過在執行時，仍須考量除了由各直轄市、縣（市）政府通報轉介中心向內政部兒童局提供轄區內發展遲緩兒童的相關統計資料之外，中央主管機關如何發揮類似香港CRSPS的

功能？電腦系統中該有的表格、該如何連結與呈報、個案隱私權的維護等則是後續執行時必須討論的議題。

（三）聯合評估

在發展遲緩兒童的診斷與評估上，我國與香港、日本、美國一樣都強調要以專業團隊的方式進行。但是以國內的實施情況而言，除了行政院衛生署所設立的「聯合評估中心」可以稍微實現專業團隊評估的理念之外，其餘提供發展遲緩兒童評估服務的醫療院所恐怕很難達到。因此，我國必須參考其他國家是如何成立、整合並運作專業團隊、其經費與人力的配置的規劃等，才能進一步設計出相關配套措施（如經費的補助、專業團隊成立概念與執行的輔導等），來落實由專業團隊來提供早期療育服務的目標。

（四）療育服務

發展遲緩兒童可以得到適切的療育與安置是早期療育服務最主要的目標。在療育安置方面，除了通報轉介中心必須有效掌握療育服務的資源之外，也必須做好適切的評估並且開發不足的療育資源。日本在療育安置上強調以社區化來提供服務，並注重發展遲緩兒童其家長的意見，將發展遲緩兒童家長也視為接受療育服務的對象等；香港則著重於發展遲緩兒童入幼稚園或入小學的轉銜服務；美國在零至二歲發展遲緩兒童的早期介入服務上，著重IFSP的擬定與執行，並由家長負擔部分費用，在三至五歲發展遲緩兒童的學前特殊教育上，則強調IEP的擬定與執行，並且以免費的方式提供服務。我國在療育安置這部分，若參考這三個國家的作法，可以在下列這些部分作修正與改善：

1.療育費用補助標準的擬定

發展遲緩兒童在國內並不像領有身心障礙手冊的兒童，可以享有一些明訂的教養與療育補助。每一個不同年齡層的發展遲緩兒童在接受療育服務時需要的花費分別是多少？可由中央主管機關委託專家學者進行相關研究，在花費的金額大致確立之後，便可依據政府財政、社會資源的多寡、發展遲緩兒童本身家庭的財務狀況等方面進行療育費用補助標準的擬定。

2.療育服務機構的評鑑

發展遲緩兒童所接受的療育服務是否適切，對於其發展影響甚鉅，基於服務提供責信（accountability）的觀念，中央主管機關應該針對國內提供療育服務的機構進行相關的考核與評鑑，才能保障發展遲緩兒童的權益。

3.療育服務的追蹤

經由轉介中心或個案管理中心轉介出去的個案，其接受療育服務的狀況為何？必須進行追蹤。若發現其接受療育服務的成效不彰，甚至出現被拒絕接受服務的情況，則必須重新進行療育安置。

4.轉銜服務的重視

當發展遲緩兒童在接受早期療育服務之後，其面臨到入幼稚園或小學等生涯重要階段時，專業團隊人員則必須進行轉銜的安排與服務，讓發展遲緩兒童可以透過此項服務順利與下一階段的學習歷程銜接。

第四章

早期療育的服務型態與整合模式

◆早期療育的服務型態

◆早期療育專業整合之模式

◆早期療育服務整合之模式

◆我國早期療育服務模式之探討

　　早期療育是指運用治療、教育、訓練、家庭支持等服務方案的介入，協助發展遲緩兒童與其家庭可以解決因為孩子遲緩的狀況所引發的各種問題。早期療育要能有效的實施必須運用相關的服務方案，並由提供早期療育之機構、醫院等單位來實施方案內容。因此，本章第一節將以提供早期療育服務的場所與方案服務的對象，探討早期療育的服務型態。其次，由於早期療育是一項重視團隊工作的服務領域，加上發展遲緩兒童與其家庭之多元的需求，除了需要依靠不同的專業領域的人員來提供服務外，也必須透過不同機構來提供服務。因為發展遲緩兒童與其家庭的需求是整體的，若是因為科層體系的分工，而切割成醫療、社政、教育等類別，忽略對彼此之間的配合與協調，將使得其所獲得的服務可能是片斷的、被切割的，而不是整體、一貫性的服務（彭懷真，1995；萬育維，1996；朱美珍，1998；郭靜晃、曾華源，2000）。因此，如何藉由整合的概念與技巧協調不同專業、不同機構的服務，則是影響早期療育能否執行與發揮成效的重要因素。所以本章也將探討整合的意義與概念、早期療育領域中可以運用的專業整合與服務整合模式，並針對國內早期療育服務模式進行探討，以提供早期療育服務領域在進行專業整合與服務整合上可供參考的方式。

早期療育的服務型態

一、以服務場所劃分

　　若以服務場所來區分早期療育的服務型態，歸納學者的意

見，大致上可以分為下列三種服務型態（孫淑柔，1993；王國羽，1996；蔣明珊、沈慶盈，2000）：

（一）以中心為主的方式

以中心為主的方式（center-based）服務型態係指由兒童與家長定期前往提供早期療育服務的中心、社福機構、醫院等單位接受訓練與教育。這種方式是以兒童為主，主要是希望透過這些單位中的專業人員或設備，協助發展遲緩兒童進行訓練與教育。除此之外，有些針對兒童的訓練方案，也會要求家長一同參與。

（二）以家庭為主的方式

以家庭為主（home-based）的服務型態是指由受過訓練的護士、治療師、諮商員等專業人員，定期前往發展遲緩兒童的家庭訪視。除了可以定期追蹤兒童遲緩的情況之外，更重視家庭的需要，由專業人員親自到案家指導家長或保母等照顧兒童的人員，學習早期療育的相關教養技能，也協助家庭成員瞭解兒童的成長情況與需要。

（三）混合式

此種服務型態是早期療育服務的提供場所以中心和家庭混合使用的方式。最常見的便是強調訓練必須同時在提供早期療育的單位與家庭中同時進行。此外，也是在兒童年幼時（零至二歲）先在家中進行教育、訓練，待兒童達到某一年齡（三至五歲）階段後，學會基本的生活自理或是其他技能之後，再由家長送至合適的單位接受訓練。

這三種服務型態各有其優缺點（孫淑柔，1993；王國羽，1996；蔣明珊、沈慶盈，2000），茲由表4-1來詳加說明：

表4-1　以中心為主、以家庭為主、混合式早期療育服務型態優缺
　　　　點之比較

優缺點＼服務型態	以中心為主	以家庭為主	混合式
優　　點	1.服務較專業並且較集中，可以同時獲得多項服務。 2.專業設備較齊全。 3.發展遲緩兒童彼此有互動機會，可以增加社會技能。 4.發展遲緩兒童家長彼此也可以交換教養經驗、情緒支持，拓展社會支持網絡。	1.服務直接到家，可以節省接送的時間、金錢。 2.可以增加家長與家庭成員與兒童的互動機會，並能增進兒童的發展與家庭成員對發展遲緩兒童的瞭解。 3.經由專業人員的協助，增加家庭在教養發展遲緩兒童時的能力與信心。	同時包含以中心為主、以家庭為主二種服務型態的優點，服務提供較彈性，較能配合發展遲緩兒童與其家庭的需求。
缺　　點	1.交通往返所花費的時間與金錢較多。 2.家長自身的工作必須配合中心的服務時間調整或是放棄。	1.由於在家中進行訓練與教育，因此兒童減少了與其他小朋友互動的機會。 2.沒有特殊儀器設備的協助。 3.不易監督實際訓練的進度。 4.家長的動機、能力對於兒童發展的進度影響很大。 5.家中環境對兒童而言是熟悉的，因此所獲得的訓練成效不一定能類化至學校、社會等不同情境。	兼有以中心為主、以家庭為主二種服務型態的缺點，不過較為輕微，也較有改善的空間。

資料來源：王國羽（1996）；蔣明珊、沈慶盈（2000）。

二、以方案服務的對象劃分

早期療育方案最開始是以促進障礙與發展遲緩兒童的發展為主要的理論依據，近年來逐漸轉以強調支持家庭的能力、權力與需求為主要導向（蔣明珊、沈慶盈，2000）。因此，早期療育方案的服務對象應包含發展遲緩兒童、家庭與兩者之間的互動。若以早期療育方案的服務對象來區分，早期療育的服務型態可以分為下列三種（王國羽，1996；蔣明珊、沈慶盈，2000）：

（一）以兒童為焦點

以兒童為焦點（child-focused）服務型態主要是以兒童行為與發展的相關理論為基礎。強調藉由專業人員扮演治療者的角色，透過行為、感官的訓練改善兒童在生理上的遲緩現象。不過此種服務型態忽略了家長的角色，並且也忽視兒童在與家庭、社區等環境之間的動態因素。

（二）以家庭為焦點

以家庭為焦點（family-focused）的服務型態主要是以發展遲緩兒童其家庭的正式與非正式的互動關係、家庭成員對發展遲緩兒童的瞭解、接受度與互動模式等都會直接、間接影響發展遲緩兒童的發展狀況為理論依據。學者Marfo和Kysela（1985）也提出此種服務型態應致力於達成下列幾項目標：

1. 以家庭為方案的介入焦點，可以減少家長因發展遲緩兒童的出現所產生挫折、罪惡等負向情緒感受。
2. 藉由此種服務模式的提供，可以讓發展遲緩兒童之家長瞭解孩子遲緩的狀況、未來需要接受的治療，提高家長配合的意

願。

3.提供發展遲緩兒童家長相關的教養技巧。

4.預防發展遲緩兒童家長不當的行為退縮反應。

5.協助父母運用早期療育相關的知識與社區資源。

此種服務型態強調家長應扮演主動的角色，致力於協助發展遲緩兒童其家庭在接受服務的過程中累積解決問題的能力，並進一步促使發展緩兒童與其家長皆能發展出掌握環境與生活的權力，在這個過程中專業人員只是扮演協助者、支持者的角色。

（三）以照顧者和幼兒的互動為焦點

以照顧者和幼兒的互動為焦點（interaction-focused）服務型態的介入焦點更集中，其強調注意照顧者（母親、保母等）與孩子之間的互動行為，而不是考量整個家庭的影響。因為照顧者對兒童的反應與互動會影響兒童的發展，例如，語言發展、行為發展等等，此種服務型態與以家庭為焦點的服務方式相似，只是介入的焦點與實施的範圍有所不同。

若以此三種早期療育服務的型態來討論時，「以家庭為焦點」的服務型態，與早期療育服務強調將發展遲緩兒童之家庭列為服務對象的信念是相同的。此外，社會工作專業強調以人、環境作為服務介入時的雙重焦點。因此，早期療育社會工作者在提供發展遲緩兒童與其家庭相關的服務方案時，「以家庭為焦點」此服務型態所強調的觀念，應是社會工作者著重的焦點。不過，由於時代的變遷，現在所謂的「家庭」已不侷限在所謂的「原生家庭」，因此，即使社會工作專業採取「以家庭為焦點」的概念來提供早期療育服務時，也必須同時注意「主要照顧者」的服務，有部分的發展遲緩兒童可能與保母或其他主要照顧者的接觸，較其

親生父母爲頻繁。此時，所謂的「家庭」介入，就必須考慮與發展遲緩兒童接觸較頻繁的主要照顧者。

早期療育專業整合之模式

一、專業整合的定義

專業的分化是社會發展必然的趨勢之一（萬育維，1997），此種專精的走向唯有依賴可供實務運作的專業整合模式，才能避免需要接受整體性服務的服務對象，因爲專業的無法整合，而使得其需求無法滿足。早期療育是一個需要依靠社政、衛生與教育等不同專業團隊合作才能達到成效的服務，此外，爲滿足發展遲緩兒童與其家庭多元的需求，也不能只仰賴某一專業來提供服務。所謂的專業整合可以解釋爲：由具有不同技能的專業所組合的團體，其共同的目標是希望透過團隊的合作來提供發展遲緩兒童與其家庭的服務，專業團隊的成員除了包括社工師、醫師、護士、教師等專業人員之外，也應該包括發展遲緩兒童之父母（蕭夙娟，1996; Morsink, 1991）。

二、專業整合的模式

若以專業人員間合作互動層次來看，則專業人員提供發展遲緩兒童相關服務專業整合模式，大致可分三種（Brimer, 1990; Effgen, 1994，引自廖華芳，1998）：

（一）多專業團隊整合模式

多專業團隊整合模式（multi-disciplinary model）的各專業人員獨立作業，個別提供發展遲緩兒童與家庭之相關服務。雖然相關專業人員彼此知道對方的存在，但成員各做各的，少有關連或互動，合作的關係較表面化，雖然各專業間會不定期召開會議，討論個案情況，但彼此間並不分享資料。此種模式由於各專業人員分開作業，因此專業間治療內容可能重複甚或衝突，會產生令發展遲緩兒童與其家長難以選擇，不知所從的情況。此種方式雖同時提供障礙兒童各種服務，但整合層面低。適合運用在不同專業之間已有相當共識，且書面資料齊全的狀況下使用。

（二）專業間團隊整合模式

專業間團隊整合模式（inter-disciplinary model）是指各專業人員間運作達成一共識，彼此分工並分享資料，定期針對個案召開研討會議，惟仍與多專業團隊模式一樣，專業人員是個別對發展遲緩兒童與其家長負責。

（三）跨專業團隊整合模式

在早期療育服務中，由於發展遲緩兒童的年齡較小，各方面的發展問題也較單純，所以較適用跨專業團隊整合模式（trans-disciplinary model）（萬育維，1997；廖華芳，1998）。此模式是以機構與家庭為中心，由機構安排合適的工作者或是個案管理者，為發展遲緩兒童與其家庭協調不同專業進行評估、處置計畫與相關資訊及資源之提供，除了面對發展遲緩兒童與其家庭之外，此工作者也必須擔任不同專業之間的溝通與協調者，整合各個專業的服務目標，提供服務對象整合性的服務。

　　三種專業整合模式的差異整理如表4-2（Brimer, 1990; Effgen, 1994，引自廖華芳，1998）：

表4-2　多專業團隊、專業間團隊、跨專業團隊三種專業整合模式之比較

專業整合模式 項目	多專業團隊	專業間團隊	跨專業團隊
評估	各小組成員分別做評估	各小組成員分別做評估，但各小組成員會就評估結果作意見交換	小組成員與家庭共同為兒童做一發展性評估
家長參與	小組成員各自與家長會談	家長與整個小組或小組代表會談	家長為整個小組中主動、全程參與一份子
服務計畫之擬定	小組成員各自撰寫擬定自己專業領域內之目標	小組成員須彼此分享各自所擬之目標	小組成員及家長，依家庭之需求及資源擬定服務計畫
計畫實施者	小組成員各自實施屬於自己專業所研擬之服務計畫	小組成員各自實施屬於自己專業研擬之計畫，但在計畫中也會融入其他專業之目標	整個小組選定一個固定負責人（個案管理者）實施專業團隊共同研擬之服務計畫
責任歸屬	小組成員應負責屬於自己專業之目標	小組成員負責屬於自己專業之目標，但彼此交換訊息	整個小組應為其選定主要實施負責人之實施及結果負責
成員間溝通管道	非正式	定期個案討論會	定期小組會議，交換資訊及專業技巧
哲學理論	每位小組成員承認其他專業之貢獻	小組成員願意並能擬定、分享及實施個別化教育計畫中的服務內容	小組成員彼此承諾彼此應跨專業界限，彼此相互教導、學習及共同合作，以實施該統整性之服務方案
人員訓練	各自在自己專業領域內受訓	各自做領域內或跨領域之進修	藉小組會議，做跨領域之學習，並改善團隊運作方式

資料來源：Brimer（1990）；Effgen（1994）；引自廖華芳（1998）。

早期療育服務整合之模式

一、服務整合的定義

　　由於早期療育服務必須依靠不同專業、不同機構之間的合作，才能滿足發展遲緩兒童與其家庭多元的需求，因此，如何協調整合不同機構之間的服務資源，便成為早期療育領域中一個相當重要並且急切的議題。Lucas、Heald和Voged（1975）定義服務整合（service integration）為一種革新的組織嘗試和努力，藉以協調或結合現有福利機構所推動的各種社會福利服務活動，期能達到提高綜合性福利服務的效果、效率和連續性（施教裕，1995）。此一改革的手段包含對現行服務方案的協調與整合，也包括積極的建立新的服務體系，因此，服務整合並不是由某一個問題、某一個特殊團體或某一種服務項目的需要，而是由整個供給面衡量服務體系的需要，或由需求面考量案主整體不同的需要（施教裕，1995）。因此，服務整合最主要是以服務對象的需求為主要考量，並透過某一統整性的服務方案或是成立新的服務輸送體系與機構，進行服務資源的協調與整合。

二、服務整合的必要條件

　　針對上文對於服務整合的定義，學者Agranoff（1983）進一步提出服務整合若要成功，社會福利輸送體系中的各個公私部門都應具備政策規劃與執行之能力，才能達到服務整合的三項必要條件：

（一）規劃綜合性或連續性的服務方案

此服務方案，如內政部社會司（1997）所研擬的「發展遲緩兒童早期療育服務實施方案」中，便包含針對發展遲緩兒童與其家庭在醫療、教育與社會福利上所需服務綜合性的規劃方案。

（二）建立一個周延或整合的服務輸送系統

因為發展遲緩兒童與其家庭的需求，絕不是由一個機構或一個方案就能提供。因此，在早期療育的服務輸送流程中，便設立了轉介中心與個案管理中心，負責服務資源的統籌與轉介。

（三）建立一個整合的服務輸送系統所需要的組織架構

由於國內早期療育的中央主管機關包括內政部兒童局、教育部與行政院衛生署，此三個主管機關分別針對社政、教育與衛生三個早期療育服務體系進行管理與統籌。但是目前並沒有一個集權和整合的組織，來統籌這三個領域的行政與服務資源，因此，整個早期療育的服務輸送體系並未達到真正的服務整合狀態。

由此可知，國內的早期療育在綜合性服務方案與服務輸送體系的規劃上都符合了進行服務整合的先決條件，但缺乏一個統籌整個早期療育服務輸送體系的服務組織。此外，雖然規劃上相當符合早期療育服務的精神，但是在實務執行上仍有一些困難亟待克服，下節將探討目前早期療育服務整合的問題與困境。

三、服務整合的模式

服務整合因整合對象、時間、背景等條件不同而有不同形式出現，並非一成不變。Lawson和Hooper-Briar（1994）針對Kagan

（1991）所提服務整合模式，發展出五種以資源取得來源為考量的服務整合模式（Morgan, 1995），下文將針對此五種服務整合模式作探討，以供國內早期療育領域進行服務整合時之參考：

（一）以案主為中心的整合模式

此種整合的模式是以案主的需求為中心的考量，與「個案管理」的工作理念是十分相近的。例如，在考量建立發展遲緩兒童與其家庭之社會福利資源網絡時，這種整合模式會先思考：「發展遲緩兒童與其家庭對社會福利的需求是什麼？」，再針對其需求整合相關的社會福利資源，建立社會福利資源的網絡。事實上這種社會福利資源整合的策略，其考量點相當符合社會工作以案主利益優先的中心價值。因此，此種整合的策略其具有符合案主需求的優勢，但是在運用此種資源整合的策略時也必須考量政策與組織的支持、執行的成本、不同需求如何界定等。

（二）以服務供給者為中心的整合模式

此種服務整合模式是以專業之間的合作關係為考量，以服務供給者為中心做資源的整合與連結。這種資源整合的策略除了思考案主的需求之外，也考量服務供給者在資源整合上的限制。但是也同時具有對案主需求錯誤評估的可能性。例如，由某一個提供早期療育服務的組織設計一個服務方案，這個服務方案可能需要社區中不同的機構共同來執行，但在整合服務的考量上，雖然也會考量發展遲緩兒童與其家庭之需求，不過在進行服務整合時，可能會優先考慮提供服務的組織與社區中哪些組織有密切的合作關係？而成為該組織在進行服務整合時的最主要考量。

（三）以方案爲中心的整合模式

這種資源整合的模式是利用相關方案的實施，整合相關機構的資源。例如，由某早期療育通報轉介中心設計「早期療育社會宣導方案」，以此方案爲中心，協調社區內有意願的早期療育服務組織成立據點共同來執行，如此一來，以方案爲中心作爲服務資源整合的模式也可以建構一個社會福利的資源網絡。

（四）以組織爲中心的整合模式

此種服務整合的模式是從組織的結構與文化作爲考量。因此以組織爲中心的服務整合策略，會考量組織本身的結構，例如，組織的規模、組織的服務宗旨、組織的服務範圍等。因此，此種資源的整合策略可以建構出符合組織的結構與文化，而不會產生所建構的社會福利資源網絡中，組織資源差異甚大的情形，也可以兼顧網絡中所有組織運用社會福利資源的公平性。例如，在早期療育領域中，有些組織屬於資源充足、累積多年早期療育服務經驗且大型的機構；有些組織則是屬於新成立的小型機構，在進行服務整合時，則必須考量不同組織之間資源與文化等差異性問題。不過以組織爲中心的整合策略，若各個組織只強調自己的專業和自主而忽略相互合作的重要，便會出現分散、不連續、沒有專業可信度以及可及性等缺失（楊金滿，1996）。此外，這樣的整合策略也可能會排擠一些具有獨特特色的組織加入網絡中。

（五）以政策爲中心的整合模式

此種服務資源整合的模式是以社會福利政策爲中心爲出發。以國內的「發展遲緩兒童早期療育政策」爲例，在1993年新修訂通過的兒童福利法施行細則第十二條中便界定：「早期療育服

務，係指由社會福利、衛生、教育等專業人員以團隊合作的方式，依發展遲緩之特殊兒童之個別需求，提供必要之服務。」因此，在進行早期療育服務整合的過程中，從政策中就可以瞭解必須要整合社政、衛政與教育三個領域的資源。以政策爲中心的服務資源整合策略具有政策的支持，也比較明確，但是必須考量在制定政策時是以哪一種角度作規劃？如果政策在制定時就有瑕疵，以政策爲中心的資源整合策略在運用時就會有偏頗。

我國早期療育服務模式之探討

　　雖然我國早期療育服務發展自1995年內政部社會司擬定並施行「發展遲緩兒童早期療育服務轉介中心實驗計畫」，至2002年已有七年的歷史。但是在早期療育服務的規劃與提供上，仍依提供服務單位的性質，而有不同的服務型態與模式。本節將針對前文中所探討的早期療育專業與服務整合模式在執定時所遭受的困難進行探討，並提出建議以供我國在規劃早期療育服務模式時參考。

一、專業整合實施問題、困境與解決方式

（一）專業整合實施問題與困境

　　誠如前文所述專業整合的模式可以分爲多專業團隊整合、專業間團隊整合、跨專業團隊整合三種模式。其中由於發展遲緩兒童的年齡較小，各方面的問題較多，必須由不同專業領域的人員透過共同討論，以擬定適切的服務方案。因此，早期療育專業整

合中以「跨專業團隊整合模式」為最適合提供發展遲緩兒童與其家庭服務的方式。不過,目前國內早期療育服務的提供,除了台北市在早期療育服務的提供上,是以跨專業團隊合作的模式來進行之外,其餘各地方政府與單位大都仍以「多專業團隊」或「專業間團隊整合」的模式來提供早期療育服務(內政部兒童局,2000b)。使得發展遲緩兒童與其家庭所得到的服務仍是片斷、分離在各專業團隊合作上,學者Murphy(1995, 引自萬育維,1997)在其《團隊運作的理論與實務》一書中,特別指出專業之間有一些本質差異存在,大部分的專業還是以自己的服務方式為主,通常仍持有本位主義,而不是以團隊精神為出發點,這些不同差異情形及無法合作的阻礙包含:

1.專業對服務提供的焦點不同

每個不同的專業由於其所受專業養成教育的不同,會影響其對參與早期療育時抱持不同的觀點與介入方式。例如,在早期療育領域中,小兒科醫師會以醫療、健康的觀點去看早期療育應有的介入模式;特教老師則會著重在兒童不同時期的發展,應搭配的學前教育等教育觀點的課題;社會工作者或社會福利專家則會強調對於發展遲緩兒童與其家庭在社會資源、家庭增權、相關福利政策之擬定、經費的運用等課題。因此,若是在早期療育領域中,各專業若不瞭解彼此的角色功能,專業間的合作模式則很難建立。

2.專業角色不同的差異

雖然早期療育強調專業合作的觀點,但是各個專業在執行相關服務時,所面臨的壓力與該發揮的功能,有時候是不容易讓另一個專業所瞭解,因此,也增加了在專業合作整合上的困難性。

3.對於對方專業的刻板印象

專業團隊合作體系中的人員，若缺乏對不同專業人員在角色、工作觀點等瞭解，則很容易以自身的想像與刻板印象去預測其他專業人員的想法，因此，在專業溝通時很容易形成選擇性傾聽的現象，阻礙了專業之間的溝通與瞭解。

4.工作項目的優先順序不同

雖然在早期療育領域中，所有專業都認同必須同時兼顧發展遲緩兒童的療育與家庭支持等兩個面向，但在工作項目的優先順序尚可能會有差異，例如，醫療人員可能會將發展遲緩兒童的評估、治療部分放在通報的前面，不同專業對每一個工作項目優先順序的排列，自然也是影響專業之間有效整合的重要因素之一。

5.缺乏專業間的共同訓練

每個專業為了能夠擁有足夠的專業知識來為服務對象提供服務，都會舉辦相關的在職訓練。但是早期療育是一項需要依靠專業團隊合作才能實施的服務，因此除了各專業本身的專業訓練外，像是專業之間的溝通技巧、團隊合作的方法等共同訓練課程也必須有系統的規劃與執行，才能提昇各專業人員對專業團隊合作的認識。

6.不同專業間的結構與權力

由於各個專業都有其自身的權力結構，但是在不同專業合作時，其所呈現的權力結構便會有差異。例如，在醫院中，醫師與心理師都屬於早期療育專業團隊中的專業人員，但是在專業合作時，醫師的權力可能就比心理師大，這樣不同的權力結構自然對專業整合的成效會產生影響。

7.專業間溝通使用專業用語之差異

在早期療育服務的流程中，聯合評估中心在針對發展遲緩兒童進行評估之後，應該連同評估單轉至通報轉介中心作彙整與後續服務的安排。但是醫師的評估報告包含著許多醫療專業的術語，通報轉介中心的社工員是否有能力瞭解並為家長解釋？如果不同專業間溝通上的表格、專有名詞若無法簡單化、統一化，對於專業間的合作則會有很大的影響。

以上所敘述專業在整合時可能遭遇的問題，除了專業團隊本身的組成之外，外在環境的配合也會影響到專業是否能有效整合，所謂外在環境包括有：早期療育理念的宣導、法令的支持、各主管機關與公司部門之間權責的劃分、機構行政的配合、經費的充裕程度、專業人員是否足夠……等（陳明賢，2000；楊玲芳，2000），也是影響專業整合的重要因素。

（二）解決專業整合困境的方式

誠如以上所敘述，專業整合會受到專業團隊本身組成因素與外在環境的影響，而產生許多的問題與困境。針對這些困境，作者整理相關文獻之後（Bailey, 1989, 引自萬育維，1997；廖華芳，1998），提出下列幾項在進行早期療育專業整合時可供參考的方式：

1.專業團隊本身組成因素部分

（1）明確擬定早期療育服務中各流程的具體原則與實施步驟之優先順序。

（2）透過個案研討、聯繫會報、定期會議、共同的在職訓練與研習等方式，增加各專業間互相瞭解與溝通的機會，建立專業團隊之間的共識。

（3）評估表格、相關專業術語之使用中文與統一化。醫療界常以英文撰寫病歷表與相關評估表格，但是專業合作之間首重專業溝通用語的一致性，因此需要透過以中文方式、經過專業間協調的共通專業用語撰寫評估表、病歷，才能讓早期療育專業團隊的成員都能瞭解個案評估之後的結果。

（4）不同專業領域委員會的成立。透過委員會的成立，溝通不同專業之間的意見，並且研擬早期療育相關制度與訓練，將有助於專業間的整合。

（5）各專業人員應將專業團隊視作一個團體，在團體中沒有誰大誰小（Moore, 1992, 引自萬育維，1997）。在進行專業整合時，應放棄原先專業或機構中的權力結構，各專業應以發展遲緩兒童與其家庭的權益為最優先的考量，以平等的權力來提供服務。

2.外在環境因素部分

（1）中央主管機關應考量早期療育各級執行單位在實務運作上的需求，研擬經費與人員配置的指標，給予充足的經費與人員的編制。

（2）除了透過在職訓練培訓早期療育各領域的專業人才之外，也必須與教育界合作，使學校課程中也能增列早期療育各專業所需之相關課程，才能改善目前早期療育專業人才缺乏的情況。

（3）透過政策法令的規定，建立教育、醫療與社會福利部門三個主管機關的定期聯繫管道，並釐清不同主管機關的權責劃分。此外，公司部門在資源協調上法定權威與合作模式上，也應該透過專家學者進一步的研究，設計更

好的服務分工模式。

二、服務整合實施問題、困境與解決途徑

(一)服務整合實施問題與困境

本書第二章針對國內早期療育的實施現況作初步的探討中，可以發現早期療育各機構之間在服務協調、資源共享的理念上仍是無法跨越本位主義。因此，在服務整合上也很難具體落實。作者歸納多位專家學者（潘才學，1983；蔡明哲，1986；林碧惠，1992；施教裕，1995；萬育維，1997）對於影響服務整合的因素的探討，便從這些因素中整理國內早期療育在服務整合上可能遭遇的問題：

1.專業之分化

專業分化容易形成不同專業領域的人群服務組織，也將服務資源加以分散。早期療育中社會福利、教育與衛生專業的分化，也增加了在服務整合的困難性。除此之外，專業與非專業的分化，也使得服務在輸送時可能因為成本的差異而形成整合的困難。

2.組織服務目標的差異

每一個提供早期療育的組織，可能因為其組織的文化、服務宗旨、服務目標的不同，而在服務提供上有不同的觀點和取向，例如，有些組織著重於對服務對象的責信，因此在服務上重視專業的介入與紀錄的完整管理；有些組織則重視成本的效益，因此，在提供服務上可能會考量兒童遲緩的程度，挑選容易進步並能節省組織服務成本的個案為服務對象。組織不同的服務目標，

當然會影響其與其他組織進行服務整合的意願。

3.經費與人力的限制

在內政部兒童局（2000c）針對全國十一個發展遲緩兒童早期療育通報轉介中心的訪視報告中，呈現各通報轉介中心皆提出經費與人力不足的問題。經費與人力的缺乏易讓組織結構產生不穩定、服務提供難以持續、服務品質無法保障等情況，因此，對於服務資源的運用則產生支離破碎的情況，即使進行服務整合，該組織也不能提供服務對象充足適切的資源與服務。

4.本位主義的干擾

早期療育服務的經費有限，加上可以提供此項服務的組織很多，加上每個組織的服務信念可能差異很大，因此容易形成各個組織之間的競爭心態與本位主義，組織之間不願意將手邊資源釋出，而又要去爭取其他組織的資源，忽略了提供服務對象最好的服務才是每一個組織的終極目標，自然形成在進行服務整合時最大的阻礙。

5.溝通困難

組織中個人或是組織本身協調合作溝通不足、方式不當或技術欠佳，皆可能阻礙協調進行，影響服務的整合。

（二）服務整合的途徑

學者Agranoff（1983）依據服務整合在美國過去實務發展經驗，就其著手或切入的連結點、協調層次和運作方式，歸納為五種服務整合的途徑，下文作者將針對此五種服務整合的途徑作探討，並提供國內早期療育在進行服務整合時可以參考的策略與方式。

1.非正式合作

指各機構之間雖尚未建立制度性的服務網絡關係，但確有若干服務整合的連結和運作，其運作的方式亦有不同的類型。例如，有關於發展遲緩兒童與其家庭所需要的發展評估、物理復健與諮詢服務，可以藉由各鄉鎮衛生所、社區心理衛生中心等組織來一併提供。

2.服務系統的協調

服務系統的協調係指在進行服務整合之前，應先識別社區中發展遲緩兒童與其家庭的需求；並由社區成員組成決策組織，發展評估個人與家庭需求的工具；運用個案管理者來進行資源的點存、開發、服務的評估等，以便在服務決策與執行之間順利運作無礙。

3.重組獨立自主的機構及方案

國內早期療育服務為有效掌握發展遲緩兒童與統籌管理資源，因此在各地方政府成立「發展遲緩兒童早期療育通報轉介中心」，藉由此中心的成立，來統整相關的服務資源，並發展遲緩兒童早期療育個案管理中心，內政部兒童局並進一步規劃全國通用的個案管理電腦系統，以便有效掌握全國發展遲緩兒童相關服務資料，並達到有效控制、追蹤服務流程的目的。

4.設置新的行政機構

設置新的行政機構乃為承擔統籌規劃和政策管理的角色和功能，新的行政機構較能呈現出服務整合的風貌以及整體規劃和管理的能力。誠如前文所述，目前早期療育領域之中央主管機關：內政部兒童局、教育部、行政院衛生署都屬於職權平行之單位，因此，早期療育的整體服務並沒有一個集權的管理單位，加上各

縣市所通報的發展遲緩個案，雖有各縣市的通報轉介中心負責後續的服務的規劃與提供，但仍缺乏一個集權、統籌服務整合的行政機構。因此，早期療育領域可以思考設置由一個公部門或委託民間福利組織所成立的新的行政機構，推動負責整合服務資源的事宜。

5.發展新的服務系統

在服務整合的途徑上，若是現有的服務系統對於服務整合有困難，則應該思考發展新的服務系統來進行服務整合。例如，國內目前早期療育服務系統都依循著通報轉介、聯合評估、療育安置等流程來進行，但若在實務運作的過程中發現到通報這個服務系統若能與聯合評估系統作連結，連結之後由醫療單位來統籌管理，便能有效整合新生兒篩檢體系、公共衛生體系、社區護理體系等服務系統，進一步提高發展遲緩兒童的發現比率，使早期療育服務輸送體系更加順暢時，則必須採取發展新的服務系統之途徑來進行服務整合。

第五章

早期療育社會工作的理論基礎

◆心理暨社會學派

◆生態系統觀點

◆任務中心取向

◆增強權能觀點

　　早期療育社會工作是運用社會工作知識與技術，協助發展遲緩兒童與家庭，使其可以獲得資源的協助，來處理家中有發展遲緩、障礙兒童所延伸出的相關問題。透過早期療育社會工作的介入，可以使得發展遲緩兒童能夠藉由早期療育服務的提供，讓其發展遲緩的現象得以改善或控制，並可以藉由社會工作專業方法與發展遲緩兒童之家長一同努力，將孩子在接受療育服務過程中的阻礙因素有效排除，讓發展遲緩兒童可以享有應具備的教育權、公民權，並能和社會大眾享有相同的權力與能力（Silverstein, 2000）。因此，為了達到上述的目的，社會工作在介入早期療育領域中是有其參考的一些理論基礎，不同理論對於服務對象與其問題的看法並不相同，不同的理論觀點也會有著不一樣的處置方式。這些不同的理論觀點，並沒有優劣之分，而是其看待服務對象與其問題的角度並不相同，需視社會工作者在實務處置過程中，對服務對象問題進行評估之後，再選擇最合適的理論觀點進行處置。

　　本章試圖透過早期療育社會工作理論的介紹，提供社會工作者在協助發展遲緩兒童與其家庭時，能更有依據的設計相關的處置計畫，以確認透過社會工作的協助，可以提供發展遲緩兒童與其家庭更適切的協助。本章將先由心理暨社會學派（psychosocial approach）的探討，思考發展遲緩兒童在生理、心理與社會三方面的交互作用，對其成長過程可能會產生的影響，以作為早期療育在設計相關處置計畫的參考；此外，本章也將探討生態系統觀點（ecological system perspective），藉以瞭解發展遲緩兒童在接受療育的過程中，受到哪些系統的影響？早期療育處置的方式又該如何設計？此外，任務中心取向（task-centered approach）對於問題的界定、任務的確認與執行等特色，對於發展遲緩兒童與其家庭的處置上，也是社會工作可以運用的理論基礎，本章也將會作介

紹：最後以增強權能觀點（empowerment perspective）探討早期療育介入的方式，除了透過發展遲緩兒童本身的努力之外，透過增加整個家庭的參與能力，也是一個在進行社工處置時相當重要的思考方向。

心理暨社會學派

　　當孩子被診斷為發展遲緩兒童時，家長會經歷焦慮、擔心、無助等心理歷程，這樣的心理狀態可能會因為自身的調適、相關資源適時的介入與協助，而獲得調適而改善。但也有可能因為發展遲緩兒童的家長其自我（ego）功能的不足、個人過去生活經驗的影響、孩子遲緩的事實為自己與家庭帶來過大的壓力等原因，造成家長產生挫折、生氣、罪惡、厭惡等強烈負向的情緒感受，這樣的情況若不能及時的治療與改善，不僅延誤發展遲緩兒童接受早期療育的契機，也會使得家長與整個家庭在生活上產生極度不適應的情況，影響整個家庭健全功能的發揮。面對這樣的問題，便可以運用心理暨社會學派的概念，針對發展遲緩兒童家長個人生活經驗、人格特質與心理狀態、家庭環境與家庭心理動力等方面進行心理暨社會診斷，並運用心理治療、家族治療、環境改善等技術，協助發展遲緩兒童其家長與家庭洞察過去生活情境對於目前問題的影響，使其改善內在情緒的平衡力量、強化自我功能與獲得成長滿足與生活、社會適應的能力。

一、理論觀點

　　心理暨社會學派認為：人的成長過程與發展乃受到生物的、

心理的與社會的三方面因素的影響，以及其三者交互作用的影響。因此，該學派強調對於個人的瞭解必須從「人在情境中」（person in the situation）著手，強調人的行為是由個人的內在心理世界與外在的社會因素所形成（廖榮利，1987）。心理暨社會學派對於「情境」的界定，並不是指對目前案主所處環境的評估與瞭解，而是指社會工作者透過會談與資料蒐集，對可能形成案主目前問題的過去情境、早年生活經驗作瞭解，所以此學派所指稱的情境較偏向於個人過去的生活經驗，並且包含案主在意識與下意識層面對於此過去經驗的感受（廖榮利，1987）。因此，此學派相當重視個人過去經驗對於目前行為的影響，其強調唯有透過社會工作者協助案主洞察自身過去生活經驗，對於目前問題的影響，並以心理暨社會診斷的方式作為治療案主目前問題的依據，才能經由個人洞察自己過去經驗如何影響自己的行為，進而進一步解決所遇到的問題。

此學派對人類行為的基本假設（basic assumptions）有七點（Hollis, 1964, 1972; Woods & Hollis, 1981, 1990；引自曾華源，2002b）：

1.要瞭解和預測人的行為必須瞭解個人與整個形態中所有人的互動

社會工作者在協助發展遲緩兒童與其家庭時，除了瞭解兒童與家庭本身之外，也必須注意發展遲緩兒童與其家庭相關的外在環境，及其與外在環境的互動關係。

2.人類所生活的環境為一個系統，系統內的成員彼此交互反應和相互影響

若將發展遲緩兒童的家庭視為一個系統，則由於孩子的發展遲緩，可能對家庭中其他成員的日常生活、社會適應等層面產生

影響：家庭成員對於發展遲緩兒童的接納與支持程度，也會影響其在接受早期療育服務時的成效。

3.個人行為反應來自他對環境之知覺、認知和內在心理感受

發展遲緩兒童與其家庭在與社會環境接觸，若是採取逃避的態度時，社會工作者除了應該注意案家的外在表現之外，也必須重視案家對於外在環境的認知經驗是什麼？是否因為社會大眾對其孩子與家庭所抱持的排斥態度，才形成案家以逃避的態度來面對與其他人的接觸？

4.人格與個人社會生活功能息息相關

人格的發展受到內在驅力和自我成熟度，以及個人與環境之交互作用所影響，其中隨個人不同成長階段，內在需要驅力的強弱會有差異。因此，人不僅是具有獨特生物特質，也深受環境影響，個人常依其所處環境而決定需求。社會工作者在協助發展遲緩兒童與其家庭時，必須注意隨著發展遲緩兒童發展的不同階段，兒童本身、家長或是家庭的所處的環境狀況為何？需求又是什麼？才能設計出符合發展遲緩兒童與其家庭需求之服務方案。

5.個人對環境的認知是個人對環境的期望與事實二部分的整合

在瞭解個人目前的行為時，必須瞭解此人過去生活歷史經驗，個人未必會知道自己的生活歷史與目前個人內在因素是影響其目前行為的原因。像是家長對於自己的孩子經評估為發展遲緩兒童時，可能會產生一些負面的情緒，例如，罪惡感、忽視、打孩子出氣等，社會工作者在協助這些家長時，則必須從其過去的生活經驗，加上目前的內心感受，去探究其形成目前行為的原因。

6.人之所以會發生適應問題是來自社會適應失敗

人之所以會陷入社會適應之困境是來自三方面：

（1）個人早年嬰兒時期未被滿足需要與內驅力未被滿足。

（2）目前所處的社會環境壓力過大，以致使其早年的情緒問題被掀起而產生偏激的反應。

（3）個人錯誤的自我功能（faulty ego function）和錯誤的超我功能（faulty superego function）。

因此，社會工作者必須協助發展遲緩兒童之家長改善知覺與認知能力，增加分析思考與判斷能力，更實際地把握孩子與家庭目前的狀況，並能以成熟的情緒表現來處理，將使其社會生活功能有效發揮，並能面對與解決家庭因為孩子遲緩的現象所產生的種種問題。

7.案主的自我是可以改變和成長的

如果案主的人格成為一個開放的系統，亦即人與環境的互動可以促使個人內在的改變，並進而影響外在環境的互動關係。因此，解決問題必須從「人在情境中」著手，運用直接服務方法和環境改善，以協助案主解除內在和外在壓力，並增強案主自我功能，以解決困難或脫離困境。

二、處置流程與技巧

心理暨社會學派強調以診斷的方式，蒐集對案主社會情境與人格特質方面相關的資料，以作為後續治療的依據（廖榮利，1987）。其中心理暨社會診斷，除了針對案主目前適應上之社會、情境因素的探討之外，也進一步運用精神分析理論來診斷案主人格、心理等方面，以作為後續治療處置計畫的依據，其處置流程

如下（廖榮利，1987；周玟琪、葉琇珊等譯，1995；曾華源，2002b）：

（一）初期會談

在此流程中，需注意案主的問題是什麼？其負面的情緒有哪些？案主所需要的服務是否為機構所能提供的？工作的時間要有多長？社會工作者也必須瞭解案主對於其問題的看法為何？其解決問題動機的強弱？並在初次會談中，協助案主發掘並確認其要處置之真正問題。

（二）個案的心理與社會診斷

心理暨社會學派其診斷包括下列五大要項（廖榮利，1987）：

1. 對於案主目前所遭遇的問題及其形成因素之分析。
2. 對於案主家庭環境與動力之分析。
3. 案主個人生活經驗與人格特質。
4. 案主對於接受協助的意願與運用能力的評估。
5. 心理暨社會診斷摘要（將此部分所蒐集的資料，作系統性、具體化的分析報告）。

（三）處置目標的擬定

心理暨社會學派其治療的一般性目標為（黃維憲等人，1985）：

1. 滿足案主的需要。
2. 協助案主應付其所面對的困難情境或問題。
3. 增加案主的一般社會生活功能。

4.增加實現案主的目的及期望之機會與能力。

（四）處遇計畫的擬定與執行

經由心理暨社會診斷的結果，作為進行後續心理暨社會治療計畫的依據，其中治療計畫一般而言包括三個層次（廖榮利，1987）：

1.經由減除環境壓力的治療：運用環境改善等方式協助案主改善目前的環境，以減低其壓力，激發案主改變的動機。
2.對內在心理因素的治療：針對案主早年未滿足的經驗與未解決的心理衝突之治療。
3.對案主個人直接的治療：協助案主直接面對問題的治療方式。

針對案主個人直接的治療技術共有四個主要型式：

1.支持性的技術（sustaining procedures）：即意圖給予案主情感的支持，有時是談到關於支持性的方法與技巧。包括：工作者方面的行動，如積極性的傾聽、接納、再保證及鼓勵……等。
2.直接影響的技術（procedures of direct influence）：包括忠告、建議、強調、堅持、積極說服及實際干涉……等。
3.探討、描述與宣洩的技術：「探討」（exploration）與「描述」（description）是會談中的一種最基本而常用的技術，主要目的在於引出案主描述或解釋的資料，及鼓勵在會談中將閉塞的感受與富高度情緒的回憶傾吐出來。
4.反映性討論的技術（procedures of reflective discussion of the person-situation configuration）：是以發展或增進案主的洞

察力（insight）為目的，可以再分為人與情境的反映性討論
（person-situation reflection discussion）、型態－動力因素的
反映性討論（pattern-dynamic reflection discussion）和人格
發展因素的反映性討論（development reflection discussion）
三種。

　　除了直接治療技術之外，間接處置程序（indirect treatment
procedures）也是心理暨社會學派處置時的重點，間接處置程序是
針對案主的環境做改善或修正。環境修正（environmental
modification）所指的是工作者考慮案主利益後，直接採取行動，
改變環境的步驟。其中工作者主要的技術是針對可能產生改變的
資源，以及可以影響人際情境，以使環境較符合案主利益。主要
技術包括運用直接處遇技巧影響案主環境中有關係的重要他人
（significant others）、重要系統（systems）及重要環境方面的工
作。

　　運用何種技巧處置問題受處置目標影響，如果處置以改善環
境為標的，那麼外在反映（extra-reflection）或環境處置就會是主
軸；如果是個人失功能，則直接的治療技術就是處置的主軸。

（五）結案

　　由於心理暨社會學派強調以診斷、治療的方式來協助有問題
的個人，因此，個人在治療關係中，容易產生依賴社會工作者的
情形。所以，在結案時，社會工作者必須特別注意案主對於結案
的情緒反應；此外，也必須協助案主瞭解在整個治療過程中，自
己的改變，並進行治療的回饋；在結案後，若要將案主轉介至其
他機構時，也必須妥善協助案主建立與新接案者的關係等，才能
協助案主順利完成結案的程序。

生態系統觀點

　　早期療育服務係針對發展遲緩兒童、有明顯障礙兒童與高危險群兒童、社經地位低的兒童及其家庭，以預防性的觀點提供服務。在早期療育的服務中，必須透過不同專業間的協調與合作，才能給予服務對象最完整的服務。其中發展遲緩兒童家庭的配合與支持、社區資源的開拓與配合、不同領域專業的協調與合作都是影響早期療育服務是否具有成效的關鍵！因此，早期療育服務不僅是提供發展遲緩兒童療育的服務，其工作對象也必須包括其家庭、社區、團體及社會所在之文化等等社會系統，這種強調人與環境之間的服務理念，正好與社會工作專業注重「人在情境中」的基本價值是相同的。社會工作中生態系統觀點的運用對於早期療育服務的提供也是一個很重要的觀點。

一、理論觀點

　　生態系統觀點強調以自然的方式，達到生物與環境之間的平衡，這個概念和社會工作中，強調讓人與環境達到最和諧的狀態的專業目標不謀而合（吳秀禎，2000）。正因為如此，生態系統觀點在社會工作各個領域中是經常被運用的觀點之一。生態系統觀點的看法由生物學界發源，其重視生物棲息地考量，若將生態系統觀點運用在社會工作專業上，則圍繞在一個中心觀念：社會工作服務是需在某一種文化或次文化的脈絡中，同時考量個人權利需求、能力與人生目標，也必須探討當時他的社會及物質環境所有質量的相容性（周玟琪、葉琇珊等譯，1995；馮燕，1997）。

Bronfenbrenner（1979）特別強調多重環境對於人類行為與發展的影響，並將環境分成四個次系統：一、微視系統（microsystem）：與個人互動交流最直接的系統，例如，學校、家庭等；二、外部系統（exosystem）：雖然與個人沒有直接扮演的角色，但卻影響個人的發展，例如，學校行政單位、社區等；三、鉅視系統（macrosystem）：例如，意識型態、社會文化價值觀等；四、居間系統（mesosystem）：是指各個系統之間的互動關係，互動關係的好壞影響個人發展的品質。因此，由生態系統觀點來檢視案主的問題時，不僅應著重在個人問題的診斷，而應同時進行案主所在各系統的評量工作（周玟琪、葉琇珊等譯，1995；周月清，1998）。協助案主與其所在的社會系統同時做改變，才能達到解決問題的目的。

生態系統觀點的核心概念有下列幾項（馮燕，1999；Greene & Ephress, 1991; 引自鄭麗珍，2002a）：

（一）棲息地與定位

棲息地（habitat）指的是個人所在文化脈絡下的物理與社會情境（settings）；定位（niche）指的是個人在所處的社區中，所占有的位置。

（二）環境

從個體發展面來瞭解環境（environment），指的是個體生命開始之後，其生存空間中所有可能對其發生影響的一切因素。這些因素可以內環境和外環境來說明。內環境指個體內在一切生理的與心理的變化與功能；外環境為個人由生到死所處的自然和社會環境。

（三）交流

在一個人與其環境的形成過程中，不斷地會有人與環境間互換交流（transactions）產生，每次交流的累積，使人與環境得以相互模塑、互爲改變或互爲影響。

（四）勝任能力

當個人與環境之間的交流經驗是成功的，使得個人發展出有效掌握環境的能力，此種能力稱爲勝任能力（competence）。

（五）適應

適應（adaptation）指個人與環境的交流過程中，個人與環境之間相互影響和反應以達最佳的調和度。

（六）人際關聯

人際關聯（relatedness）指個人擁有與他人連結而建立關係的能力。

（七）生命週期

生命週期（life course）指影響個人發展的相關結構或歷史變遷之生活事件（life events），對個人生活產生意義，因此可運用時間線（time lines）的方法，重現案主所經歷的集體歷史事件可能。

（八）應對

指人對於生活壓力的應對（coping），共包括兩種過程，即內在情緒的處理與解決實際的問題，兩者都需要外在環境資源的協

助，因此，更凸顯人與環境的雙向循環交流的重要性。若是應對成功，代表對生活壓力的控制或消失；反之則會形成個人在生活、情緒與社會適應上的壓力。

二、處置重點與流程

（一）處置重點

　　就生態系統觀點而言，發展遲緩兒童的問題不單只是一個因素造成的，而是必須考量其周圍的環境因素。所以在提供早期療育服務時，社會工作者應考量兒童、家庭、環境三者之間的關係，運用適切的方法和技術，增進案主各系統彼此之間的良好的互動關係，才能藉由良好的居間系統推進案主的發展，並且除了必須注意個人的需求之外，也需要開拓環境的資源，使需求和資源可以配合、協調，以減少生活上種種壓力的產生（馮燕，1999；葉淑文，1999；吳秀禎，2000；Bronfenbrenner, 1979）。若將生態系統觀點運用至早期療育領域中，其重點有三（吳秀禎，2000）：一、著重對於發展遲緩兒童、家庭、團體的個別化服務；二、針對目前早期療育領域缺乏的資源，著重於改進環境的社會行動；三、重視發展遲緩兒童的發展，也要注重環境阻礙因素的去除，使兩者可以有效結合，使發展遲緩兒童可以達成每個發展階段任務的要求，順利的發展。

（二）處置流程

　　生態系統觀點在實務工作中的處置流程如下（周玫琪、葉琇珊等譯，1995；馮燕，1997；鄭麗珍，2002a）：

1.界定案主問題

以生態系統觀點來界定案主問題時，通常將問題界定為「人與環境之間不良的交流，進而產生生活壓力與問題」。因此，在界定問題階段，可以運用生態系統觀點的各個核心觀點（即棲息地與定位、環境、交流、勝任能力、適應、人際關聯、生命週期、應對）來檢視案主的問題。

2.生態評量

所謂的生態評量（ecological assessment）係指運用生態圖的工具描繪出個人與其所處環境交流的互動關係與強弱，並根據兩者之間交流的調和度進行研判分析與決策（鄭麗珍，2002）。Hartman（1983）認為「生態圖能生動地呈現一個生態系統，也就是一個人或家庭所處之全部生活空間的範圍」。它是對一個人或家庭與其他系統（如學校、醫院、教會、社會服務單位）之間無論是有益身心或是衝突疊起之主要連結的寫照，生態圖也可用來評量案主生活體系的變化。若能讓案主回顧他們過去與各樣系統之間的關係，再對照現在的情境，變化就可看到，因此也可當成做紀錄的工具。藉由生態評量的過程，可以找出案主的需求，並確定可以滿足此需求的資源提供；此外，透過生態評量，也可以找出個人需求與環境資源之間的互動障礙（Hartman, 1983）。

3.處置

運用生態系統觀點進行處置時，並沒有一個很明確的工作方法，但其強調案主不同階段的發展，是社會工作者選擇干預結構與方法最重要的考量（鄭麗珍，2002a。在經過生態評量的步驟之後，社會工作者可以與案主討論需要改變的生態的系統，透過協調、溝通與連結等方式，協助案主可以獲得改變生態系統的資源與支持，以達成改變的工作。由於生態系統是變動的，因此，在

進行處置時，社會工作者也應該針對行動計畫進行檢查、修正的工作。

4.評鑑

在評鑑階段，社會工作者可以運用結構式的工具（如問卷、相關測量表格等）來評估處置的成效，以確認行動計畫的執行，確實能達到案主生態系統的改變。

任務中心取向

發展遲緩兒童家庭所面臨的問題相當多元且複雜，加上其問題可能隨著兒童發展遲緩程度的不同或是階段的差異，而具有不同的形貌，因此發展遲緩兒童家庭在孩子發展的每一個階段中都會有不同的需求，針對這些需求不能或無法達成便產生了問題。因此，唯有在最短的時間內協助其階段性問題能夠有效解決，達成任務，發展遲緩兒童家庭才能有效解決問題並累積其問題解決的能力。針對發展遲緩兒童家庭所面臨的問題複雜與多元的特質，社會工作者若能有效運用任務中心取向，對於協助發展遲緩兒童家庭釐清問題的本質、設定解決問題的目標、進行案家問題解決的能力等會有具體的功效。

一、理論觀點

（一）基本概念

任務中心取向最早是由Reid與Epstein（1972）所提倡。這個取向整合了短期治療、問題解決學派、功能學派及危機干預法，

此取向重要的特徵是有明確時限的短期工作，排斥經由頓悟及支持性治療中對工作者與案主長期投入，集中力量於外顯問題而非內在肇因的處理。並顯示出比長期但無焦點的助人工作更有效。它重視案主的自決並尊重案主的看法，其主張社會工作者與案主是建立在一種合作關係上，強調要解決的問題是案主自己認知的問題。並強調其是一種短期性的、有組織的、有計畫的、有實務性為基礎，它不但符合社會工作專業的基本假設，且在社會工作者普遍個案量大的壓力下備受歡迎，也被用來做為家庭處置的引導方法。該取向對人類行為最基本的的假設是：人之所以有問題產生，並不是人缺乏解決問題的能力，其實人本身就具有適應與解決問題的能力，只不過在面對新的問題情境時，自己的能力暫時缺損無法處理，因而陷入問題情境。因此該取向強調的是運用專業的服務方法，協助案主界定問題類型，經由工作者與案主共同釐清問題，協助案主認清問題，再經由案主自我覺察而後自我決定，以解決問題、滿足需求，並協助案主學習新的問題處理技巧，內化問題處理取向，增進案主日後面對與解決問題的能力（廖榮利，1987；周玟琪、葉琇珊等譯，1995；Reid & Epstein，1972）。

　　因此，此取向認為人有解決問題的能力。問題的產生往往是由於個人能力之暫時的「缺損」現象所導致。透過專業服務的過程，可以增強個人解決問題的能力，並學習有效的解決問題方法（廖榮利，1987）。此取向認為問題之存在，包含個人生活中內在的心理因素及外在環境因素之交互作用。它對問題的認知是廣面性的，把重點放在問題類型之剖析與處理（廖榮利，1987）。因為人有適應問題之本能，人會想辦法調和生活上的問題，尤其是一旦問題成他們所熟悉的樣子時，他改變之驅力就會減弱。長期累積下來，會使他難以決定真正要的協助是什麼？當案主尋求協助

時，通常會指向的是問題的減除而非有效的根本改變。因此，建議針對少量之問題處理，不僅可以有效率的恢復案主之平衡，也會使他對進一步改變有興趣，結果可能影響個人承認他有嚴重問題。所以，案主的需求來自於問題無法有效的解決，但是案主應具有解決問題的能力，因此社會工作者必須和案主一起釐清問題，協助案主認清問題，經由案主自我覺察而後自我決定，以解決問題、滿足需求（廖榮利，1987；Reid & Epstein, 1972）。由此可見，任務中心取向的中心理念在於：案主自己對於問題的認知與界定，唯有透過案主對問題有清楚的認知與具備解決的動機，才能解決問題並累積正向的問題解決技巧。

（二）問題的界定與評估

由於每一個社會工作理論、模式與取向的知識基礎不同，因此在問題的界定與研判上也會有不同的方式與技巧。任務中心取向對於案主問題類型的界定與釐清是該取向在處置時重要的特色，茲就該取向對問題類型的界定、核心問題的判定、任務確立的指南做簡單的介紹。

1.問題類型的界定

對於問題類型的界定，該模式的創始人Reid將適合採用任務中心取向工作的問題類型歸納成八類（廖榮利，1987；周玟琪等譯，1995；Reid & Epstein, 1972）：

（1）人際衝突：是指個人與個人之間的不協調。

（2）社會關係中的不滿：社會關係的不滿意是來自於互動過程中，表現的太過積極或者是太過退縮，此現象常發生在個人本身而非二個人之間的問題。

（3）正式組織的問題：個人與特定組織或機構間的衝突。例

如，醫療糾紛。

（4）角色執行困難：個人在角色執行上會產生困難，可能的原因之一是因為「他如何正確執行他的角色」與「他比較可能執行的角色」二者之間產生差距。

（5）社會情況改變的問題：社會情況轉變的問題是指，從一種社會地位轉變至另一個社會地位或角色通常是人類問題的來源。

（6）反應性情緒壓力：所謂的反應性的情緒困擾，是指個人遭遇到問題時產生焦慮、沮喪、緊張或挫折等現象。

（7）不當的資源或資源不足的問題：個人缺乏具體資源，大多數指金錢、糧食、住宅或工作。

（8）其他問題：未被歸類的心理及行為問題，但符合此取向對問題的一般定義。

2.核心問題的判定

先判定案主的問題類型，再與案主討論出最主要想要解決的問題，也就是核心問題（target problem）。此模式並強調核心問題若是由案主所定義的，則案主會具有比較強的解決動機。因此，在核心問題的判定有下列三個依循原則（周玫琪等譯，1995；Reid & Epstein, 1972）：

（1）案主自行確定且表示願意處理的。不過這並不表示我們所處理之問題一定是案主所說的問題上。我們應範定我們所想的與案主所改變之問題相連接、協助案主澄清。

（2）案主所認定之問題是願意採用某種行動加以緩和的，且為雙方可利用現有資源來處理的。

（3）核心問題必須是明確具體，與其說夫妻溝通之問題，倒不如說夫妻雙方對子女管教態度不一致，可以再更明確

說孩子幾點鐘上床有不一致看法或沒有溝通之習慣。

3.任務確立的指南

在核心問題確定之後，此取向也強調：任務在確定時有一些依循的指南，透過作者與案主的討論，協助案主更加瞭解自己任務最佳的執行方向，以解決案主的困難（周玫琪等譯，1995；廖榮利，1987；Reid & Epstein, 1972），任務的確立指南如下：

（1）案主的動機。

（2）任務的可行性。

（3）任務的價值。

（4）次要任務和聯合任務。

（5）開放性任務和封閉性任務。

（6）任務的形成。

這六個的重要指南不僅在使用任務中心取向的社會工作者，作者認為在案主從求助到案主問題獲得解決，是需要以上之條件，因為明確的目標擬定是可以動員案主的優點及能量，支持案主運用這些能量，並協助其達成改變的承諾，這是社會工作專業關係的主要功能之一。所有的社會工作者與案主之間的協議過程是可以增加案主對問題的瞭解以及激發自我解決的能力。

二、處置流程、策略與技巧

（一）處置流程

根據任務中心取向對於問題與案主需求的假設，並配合處置策略，可列出任務中心取向的處置流程，其處置流程如下（周月清，1994；周玫琪、葉琇珊等譯，1995；張秀玉，2000；曾華

源，2002a；Reid & Epstein, 1972）：

1.問題的探索與具體化

在此步驟中，最重要的便是協助案主界定問題類型並將問題具體化，以便後續問題的處置。對於問題類型的界定，社會工作者可以運用根據任務中心取向所界定的八大類型問題，所設計的問題類型表（見表5-1）（Judith & O'Byrne, 1998），經由案主自行勾選，再和工作者討論，如此的處置方式可以讓案主思考自己的問題，社會工作者也可以發揮協助者的角色。

2.契約的形成

簽訂契約的目的是在更清楚地顯現案主與實務工作者共同同意要解決的問題，包括：如何解決、由誰來解決、什麼時候達成等。簽約的功能是提供案主與實務工作者彼此清楚雙方應該如何共同努力，去達成他們期待要有的改變（Reid, 1978；引自周玟琪、葉琇珊等譯，1995）。任務中心取向強調短期處置與問題解

表5-1 任務中心取向的八大問題類型

問題嚴重性 問題類型	無	很低	一些	很多	嚴重
人際衝突					
社會關係中的不滿					
正式組織的問題					
角色執行困難					
社會情況改變的問題					
反應性情緒壓力					
不當的資源或資源不足的問題					
其他問題					

資料來源：Judith & O'Byrne (1998).

決，因此必須透過簽約的程序，社會工作者與案主共同界定處置
的期限與問題的處置程度，以明確協調雙方彼此期待的差距。

3.任務計畫與執行

在此步驟中，社會工作者應該與案主共同擬定任務計畫，討
論該如何進行任務？並與案主討論各項任務的處置優先順序，以
達成任務執行的共識。

4.任務探索

這個步驟的工作重點是提供機會給案主模擬解決問題，以增
加其面對問題解決的能力，並分析達到目標的障礙，及該如何解
決障礙。

5.結案

在結案的步驟中，社會工作者必須評估處置過程與結果達到
原先設定目標的成果。並協助案主檢視自己在處遇的過程中，對
於問題是否有效解決？自己的問題解決能力有沒有有效的增加？
對於後續問題處理是否要延長處遇期限？或是應轉介至其他機構
持續處遇？這些方面都是在結案階段，案主和社會工作者應該一
起討論、協調的。

（二）處置策略

任務中心取向強調的是：改變的媒介是案主，而不是社會工
作者（周玟琪等譯，1995；Reid & Epstein, 1972）。運用該取向進
行處置的社會工作者可運用的基本策略有（Reid & Epstein,
1972）：

1.大都為認知改變的策略，著重案主之感受、行為與情境上之
　解釋與說明。

2.重視關係維持，並視之爲有正向治療性。

3.大都是「談話」方式進行。

4.社會工作者所要處理問題常涉及多人之協調聯繫。

因此，該取向認爲案主問題的產生是因爲其對於所遇到問題，因缺乏解決問題的經驗與能力所以產生的挫折與失衡狀況。所以社會工作者在運用任務中心取向進行處置時，重要的是協助案主釐清問題的本質，改變其對所遇問題的認知，進而解決目前的問題。

（三）處置技巧

社會工作者應具備下列幾項處置技巧（Reid & Epstein, 1972）：

1.探索：指引出及分類案主的問題，並檢驗「任務」之可行性。其目的在提供社會工作者所需之資料且把溝通放在有關主題上，探索會帶來案主之改變。

2.結構化（structuring）：指建構工作，包括雙方互動中的溝通架構及方向，包括目標和治療性之說明問題、任務、時間性等組織清楚，明確指出著重在與任務有關內容上之反應等。所以結構化指對目標與處置之說明，此一技巧有助於案主之合作與行動。

3.改變導向之技巧（change-oriented techniques）

（1）增強覺知（awareness）：不只是洞察（insight）而已，目的在增進覺知還是要透過協助案主達成任務，其溝通應有系統，與案主任務無關的覺知沒價值。

（2）鼓勵（encouragement）：指社會工作者對案主要採取之行動表示贊同或正向反應或對案主之態度贊同，以期

待他有某個特性行動。此舉在刺激或強化案主朝目標前
進。

(3) 指導（direction）：傳達社會工作者之忠告與建議案主
可能資源在何處，這是針對案主所不知或沒想到的可能
行動或思考，社會工作者應以同理心或暫時性方式提
出。

綜合上述，我們可以發現任務中心取向在社會工作者的處置
策略上，主要著重在指導性與協助性的角色，協助案主釐清自己
的問題並擬定改變的方向，重視正向的治療關係，將案主視為有
解決問題能力的人，而不是以病態的觀點面對案主的問題。

增強權能觀點

發展遲緩兒童由於生理與心理上功能的缺乏或喪失，需要家
庭成員的照顧。若以家庭系統的觀點來探討，則可以瞭解家庭中
任一成員的狀況都會影響其他成員，家庭的狀況會影響發展遲緩
兒童的發展，發展遲緩兒童的特殊性狀況，也是家庭必須持續面
對的狀態與挑戰（周玟琪、葉琇珊等譯，1995；施怡廷，1998）。
但在這種照顧的過程中，家庭成員會感受到自己的孩子與其他孩
子是不相同的、在日常生活中也會感受到不方便，甚至對於孩子
未來的發展具有不確定的感受、懷疑自己是否具有照顧孩子能力
等等負面的自我評價，一個需要照顧六歲以下發展遲緩兒童的家
庭，在面對身心障礙兒童的療育與復健、家庭與外在環境（社
區、學校、醫療單位與社會福利單位等）的互動經驗，以及外在
環境對其使用資源的限制這三個面向上，常會有挫敗、擔心等無

力感（powerlessness）（張秀玉，2002b）。這些無力感也影響著這些家庭，使其無法對於家庭可能具有的力量、資源有所察覺，甚至缺乏正向、積極的解決動機。這樣的情況，使得這些家庭成為一個無助、無能力、無奈的受助者。社會工作增強權能觀點將案主視為一個具有解決問題、面對困境能力的人，透過增強權能觀點的介入，社會工作者可以發現發展遲緩兒童與其家庭的無力感是什麼？並透過力量觀點（strength perspective）對於案主能力與資源的研判過程，激發案主的動機、增強案主的能力，使其具有與一般人相同的機會和資源，過自己想要的生活。

一、理論觀點

（一）基本概念

社會工作的共同目標是協助案主發展力量，使其有能力發現和參與問題的解決，最後能有較佳的生活，故增強權能觀點受到相當程度的歡迎，在社會工作實務中已被運用在多種人口群上，如身心障礙者、小孩、婦女、家庭、AIDS病患等。在國內，部分的社會工作機構所提供的服務，也在近五年左右開始使用增強權能的觀點（趙善如，1999）。就社會工作專業價值來說，empower應是指個體發展、增加權力與能力；empowerment即是發展、增加權力與能力的過程（趙善如，1999）。因此透過增強權能的過程，可以讓個體改善無力感的情況，並能激發其根據自己的意念，達成抱負並提高其主動掌控生命與環境的能力（周玫琪、葉琇珊等人譯，1995；黃鈴翔、張意真譯，1999）。由此可知，「增強權能」不僅是一種協助的過程、技巧與方法，更是案主經過處置之後能夠達到的結果（趙善如，1999；趙善如等人譯，2001；Staples，

1990; Parsons, 1991）。Silverstein（2000）在針對美國身心障礙者法案（American with Disabilities Act，簡稱ADA法案）的探討中也提出，對於身心障礙者與其家庭而言，所謂的empowerment包含了下列幾項主要的概念：自我決定、自我倡導、在政策決策過程中能夠完全的參與、擁有足夠且眞實的訊息。

（二）對案主與其問題的界定

增強權能觀點相信人的潛能，其認爲實務工作者在處遇時，要提供適當的資源與機會讓案主瞭解自己的能力、自尊與價值，使案主可以爲自己做決定並採取行動（周玟琪、葉琇珊等人譯，1995；趙善如，1999；趙善如等人譯，2001；鄭麗珍，2002b; Staples, 1990）。發展遲緩兒童其家庭無力感的產生，是因爲孩子本身在生理與心理能力（ability）上的不足，或是家庭成員在教養孩子遲緩狀況時缺乏相關的能力，進一步讓發展遲緩兒童與其家庭喪失在生活、政治等層面之權力（power）。因此，社會工作者運用增強權能觀點協助發展遲緩兒童與其家庭時，必須先藉由相關的資源與訓練，協助發展遲緩兒童與其家庭在教養、社區、政策參與等能力上的提昇；並透過社會宣導與改革的過程，讓社會大眾能夠正確、清楚瞭解發展遲緩兒童與其家庭能力受限的原因及其需要的協助，如此才能進一步透過能力的提昇，使得身心障礙者獲得其在生活與政治參與等層面的權力（張秀玉，2002b）。該觀點認爲案主的問題是來自於無力感，無力感受到案主本身、社會環境、案主與社會環境之間的互動所影響，因此，實務工作者必須採取一個兼顧人與環境的觀點來研判案主的問題（周玟琪、葉琇珊等人譯，1995；趙善如，1999； 趙善如等人譯，2001；鄭麗珍，2002b；Solomon, 1976）。

（三）對於無力感的界定

減少與改善無力感是增強權能觀點在進行處置時針對的焦點。Solomon（1976）也將個人或社會團體的無力感定義為：缺乏管理情緒、技巧、知識和物質資源的能力，以至於無法有效扮演社會角色來達到個人滿足。此種無力感的產生，會使得個人或社會團體缺乏主動解決自己目前問題的意願。若以學習來的無助理論說明，當人們經歷努力學習之後卻仍不斷失敗時，他便會相信自己的行動是不能達到預期的結果，做了再多次也沒用，因此，其會慢慢失去改變與行動的動機、變得沮喪且缺乏行動力（周玟琪、葉琇珊等人譯，1995）。社會工作的基本價值之一是相信每個人都有其潛能存在，因此處置的目標，是希望能夠協助案主可以用自己的力量，處理本身的問題，也就是達到助人自助的目標。所以，減少及改善無力感的情形，是增強權能觀點在處遇時針對的焦點（趙善如，1999）。增強權能的目標便是要藉由社會中足以影響個人及社會團體的有力團體，用特殊的策略以減少、抵抗或扭轉由強勢團體所賦予的負向價值（周玟琪、葉琇珊等人譯，1995；趙善如，1999；趙善如等人譯，2001；鄭麗珍，2002b；Solomon, 1976）。

Solomon（1976）提出無力感的三個潛在來源：一、受壓迫者其負面自我評價的態度；二、受壓迫者與侵犯他們的外在系統之間的負面互動經驗；三、阻礙、否認無權力團體的較大環境體系，三者的任何一個或彼此之間的結合都會使人感到無力，並使個人產生自我責備的態度。Kieffer（1984）也曾提出個人所認知的無力感是來自個人與環境之間的互動，結合了自我責備的態度、對社會不信任的感受、與人群疏離的感覺，以及個人在社會政治抗爭的無力感受。綜合上述，個體無力感的產生有三個來

源：即個人本身（生活條件、情緒感受、負面的自我評價、資訊不足等）、社會環境（資源分配的不公平、對某族群與階級的歧視），以及個人與社會環境的互動（受到羞辱、不公平的對待等）（趙善如，1999）。因此，若要界定個體無力感的來源，則必須同時注意個人本身、社會環境與二者之間的互動情形，這也符合了生態系統理論在研判案主問題時的重點（周玟琪、葉琇珊等人譯，1995；Bronfenbrenner, 1979）。

（四）基本假設

以增強權能為取向的社會工作者，運用增強權能這個抽象的概念於其每日的實務工作中，增強權能的理念對社會工作者會產生一些影響，包括了社會工作者如何看待案主、專業關係的建立，及個人與政治資源的結合。以下的這些假設（DuBois & Miley, 1999; 2002），構成了社會工作增強權能的過程：

1. 增強權能是一個合作的過程，與案主及參與者一同工作，形成夥伴關係。
2. 視案主為有能力及可勝任的體系，能夠取得資源與機會。
3. 案主需視其為起因者，並能夠影響改變。
4. 能力是透過生活經驗來獲得、增強的，特別是從有成效的經驗來肯定自我的能力，而非從別人告訴我們該如何做的情境中而來。
5. 任何狀況皆受到多重因素的影響，因此有效的問題解決，需考慮多種可能的方法。
6. 非正式的社會網絡是支持的重要來源，可緩和所承受之壓力，並增強個人能力及可控制的感受。
7. 人們必須參與增強權能的過程，目的、方法及結果必須是自

行界定的。

8.在增強權能過程中，覺知是個重要的議題，訊息是產生改變的必要條件。

9.增強權能的過程包括了資源的取得，及有效使用這些資源的能力。

10.增強權能的過程是動態的、合成累積的、經常改變的及不斷發展的。

11.透過個人、政治及社會經濟發展併行的結構關係，增強權能是可落實的。

二、處置重點與流程

（一）處置重點

若依據增強權能觀點的理論觀點，在協助發展遲緩兒童與其家庭時，有幾個處置重點：

1.在研擬發展遲緩兒童的個別化教育方案（IEP）時，家長必須是會議的參與者，且其意見必須要被團隊所重視。

2.在擬定發展遲緩兒童與其家庭的相關服務方案時，家長必須是專業團隊的一員。

3.應提供發展遲緩兒童在求學上相關的軟體、硬體之輔助器具，使其可以摒除生理上的限制，擁有與一般兒童的受教育權。

4.必須提供發展遲緩兒童與其家庭在通報轉介、聯合評估、療育服務、安置等各階段服務流程中，眞實且足夠的資訊。使其不致因爲資訊不足而發生無法選擇適切服務的權力。

5.在早期療育相關政策的研擬上，所有委員會組織應有發展遲緩兒童之家長名額，使其可以為完全參與並維護自己的權益。

6.應協助發展遲緩兒童與家庭組織自助團體，以團體的力量爭取應有的權益。並積極在政策、法例制定與社會宣導中介紹「發展遲緩兒童與家庭的特質及所需的協助」、「早期療育的公民全理念」等，以修正並扭轉社會大眾對此一弱勢族群的負面印象。

（二）處置過程

增強權能是一種過程，可以使人變得更堅強去參與、分享與影響他們自己的生活。增強權能取向的實務工作不是一種社會服務輸送，因為它不是由一位「有權能社會工作者」賦予或給予「無力的案主」權力；相反地，增強權能取向的實務工作強調的是：案主與工作者建立夥伴關係，然後一起參與評估工作，並且代表案主團體與社會大眾，一起界定問題及解決問題。沒有人能賦予他人權能；工作者也只能促進一些教育案主的活動、鼓勵參與過程，以及使工作者和案主變得更具增強權能的實力，才利於採取行動（趙善如，2001）。

DuBois 和 Miley（1999; 2002）將增強權能取向的實務工作分作以下幾個過程：

1.對話階段（dialogue）：形成專業的協助關係

在增強權能取向中，影響專業關係建立的因素有下列幾項：

（1）服務對象參與協助的本質：社會工作者必須使用專業關係來提昇案主的動機和強化希望的感覺，不管環境帶給案主和社會工作者多大難題，有增強權能傾向的社會工

作者會努力建立具有生產力的工作關係以及和案主系統
建立夥伴關係。

（2）處理人際之間互動技巧：藉著達成案主情感、身體和人
際互動需求，社會工作者可以提昇有效專業關係的發
展，互信和自信在專業關係過程中是很重要的元素。

（3）清楚明瞭當前的挑戰：案主通常會因為某種原因而接受
社會工作服務，此種原因通常和案主想處理的問題、議
題和需求有關，清楚明瞭當前的挑戰是在與案主對話中
知道案主尋求協助的理由。為了更清楚確認所面臨之挑
戰，案主會描述事實、事件、反應，和他們先前對問題
的處理情形，社會工作者應該鼓勵案主表達對所遭遇情
況的感覺及所造成的影響。為了瞭解案主所面臨的挑
戰，社會工作者要發掘需求本質及範圍、確認相關資
訊、檢查服務的提供和資源考量，才能和案主共同面臨
問題的挑戰。

（4）界定服務工作的方向：界定服務工作方向是工作開始的
階段就要展開的，因為界定服務工作的方向可以確定案
主和社會工作者在共同活動上的目的。但是在界定服務
工作的方向時，有些前置作業是需要考慮的，例如，案
主有無立即性的危險需要處置。此外，社會工作者也需
要評估案主的問題與機構的服務宗旨是否符合，是否可
以順利取得相關的資源，若評估後覺得無法達成案主的
期待時，則需要進行轉介的程序。

2.發現階段（discovery）

（1）確認服務對象之力量與優點：增強權能取向將案主視為
有解決問題能力的人，在案主問題的研判上，其採取了

社會工作力量觀點的角度，從案主的力量與資源作為處置的切入點，如此，可以協助案主參與社會工作處置過程中，並將自己視為有能力解決困境的人。社會工作力量觀點在進行案主問題研判時，有其研判的架構，在圖5-1中，可以將社會工作力量觀點在研判案主問題時，分作個人與環境二個部分，其中個人的部分可以分為生理與心理二個部分。生理部分是指個人能夠執行日常生活的能力，像是發展遲緩兒童本身的遲緩程度與類別便會形成其生理力量的不同；心理部分則是指案主可以突破困境的心理動機。社會工作力量觀點便是從個人與環境二個部分其各自的力量與限制進行問題研判，這裡所謂的限制是指社會工作者在協助案主運用其力量去解決其困境時，可能遇到的個人或環境的障礙。社會工作力量觀點在進行案主問題研判時，較著重於向度一與向度二的力量研判。力量觀點在進行案主問題之研判時，必須同時注意案主本身生理、心理與環境的長處與限制，對於身心障礙兒童而言，其生理、心理部分雖然有部分功能失能，但社會工作者也必須和其他家庭成員一同思考，除了失能的部分之外，是否也有部分生理與心理的

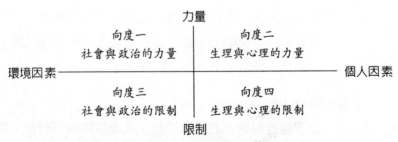

圖5-1　社會工作力量觀點的研判架構

資料來源：Cowger & Snively（2002）.

功能是仍然可以發揮功能並加以運用的；也必須依循一些實務的處置原則（Cowger, 1994）：

- 重視案主本身對於事實的瞭解。
- 相信案主，認為案主是值得信賴的。
- 發現與察覺案主需要的是什麼。
- 研判必須同時著重個人與環境的長處。
- 多面向的研判案主的力量。
- 利用研判發現案主的獨特性。
- 研判過程中需使用案主瞭解的語言。
- 使研判成為案主與社會工作者共同參與的活動。
- 社會工作者不能有秘密的研判。
- 避免責備案主與他人。
- 避免簡單因果關係的思考。
- 著重研判，而不是診斷。

（2）架構解決方法：社工員和案主要利用彼此的知識、技巧及資源共同解決問題。社工員要利用專業知識和技巧來解決問題，如人類行為與社會環境、服務輸送系統和實務工作的方法，架構解決方法是社工員和案主依據彼此的資源把其轉換為行動計畫的目的和目標之過程。

3. 發展階段（development）：執行完成行動計畫

（1）運用各種有用資源：運用各種資源，包括：用案主本身資源來增強案主系統之權能，和增加在所處生活環境資源取得的處置活動，社會工作者需協助案主連結有用的人際和機構資源，並做好資源的管理。

（2）創立聯盟：聯盟的成立是產生改變的重要資源，當中也包括與社區的結盟、機構之間網絡的連結等。社會工作

　　者與案主可運用聯盟倡導不合理政策的改變，以確保案
　　主本身的權益。

(3) 擴展各種機會：社會工作者連合案主一起擴展社會資源
　　和發展新的機會，並傳達社會的不平等，倡導權力和資
　　源的重新分配，以發展合適的社會政策。

(4) 服務成效的呈現：社會工作者必須透過經過驗證的理
　　論、符合科學程序的研究或評鑑方法等策略，來確認案
　　主所達成的成就和證明服務方案及政策的有效性。

(5) 整合收穫：結案過程中，社會工作者除了需要檢視自己
　　在實務工作中的收穫之外，也必須協助案主回顧在整個
　　專業協助的過程中，自己所獲得的經驗和處理問題的方
　　法，可以順利用於未來日常生活相關問題的處理。

第六章

早期療育社會工作者的角色

◆通才社會工作者的角色

◆社會工作者在協助發展遲緩兒童與其家庭的角色

◆社會工作者在早期療育專業團隊中的角色

◆社會工作者在早期療育服務輸送體系中的角色

　　早期療育服務所涉及的領域包含社政、醫療與教育三大體系，因此可以瞭解發展遲緩兒童與其家庭的問題，無法靠單一專業領域服務的提供，就能得到有效且全面性的解決。以社會工作生態系統觀點來探討，在協助發展遲緩兒童與其家庭時，人與其所處的情境是必須同時考量的重點。因此，就生態系統的觀點來檢視早期療育服務的提供，便可以瞭解提供早期療育服務的社會工作者必須扮演通才與多重性的角色。此外，由於發展遲緩兒童與其家庭的需求是多元的、早期療育本身具備重視團隊合作與將家庭視為處置的對象之特色、早期療育中通報、轉介、聯合評估、療育服務各個服務階段有不一樣的服務內容，因此，早期療育社會工作者也必須扮演多元的角色。因此，本章將先介紹通才社會工作者的角色，並探討社會工作者在協助發展遲緩兒童與其家庭時、早期療育專業團隊與服務輸送體系中應扮演的角色。

通才社會工作者的角色

　　所謂「通才社會工作者」是指擁有和個人、團體與社區一起處理問題的技巧，以反映出案主的實際需要（曾華源譯，1986）。因此，通才性的社會工作者其應扮演的角色如下（曾華源譯，1986）：

一、直接服務角色

　　指實務者以面對面接觸在需要情境的人。

（一）支持者

支持者（supporter）指以不含威脅或貶抑的方式，提供案主支持，並傳達給案主願意與其一起解決問題的意願。

（二）忠告者

忠告者（advisor）指在不會貶抑案主或損害其潛在自動自發的情況並經過評估，由社會工作者針對案主問題情境給予忠告。

（三）治療者

治療者（therapist）指協助案主瞭解過去生活經驗對其現在問題之影響，藉由對過去經驗的回溯、治療，解決案主目前的問題。

（四）照顧者

照顧者（caretaker）指提供關懷和保護易受傷害的個人或團體，或是變成社會控制的力量。

二、間接服務角色

社會工作者做為案主的代表，其工作在藉由改進或創新服務輸送的方式，來滿足案主的需求。

（一）行政者

行政者（administator）指實務工作的行政與福利行政，透過行政的管理讓社會工作者的工作更具效率。

（二）研究者

研究者（researcher）指社會工作者運用實務上的工作經驗，將與案主建立關係的方式、處置的技巧及其有效性、所扮演的角色等進行社會工作實務的研究。

（三）諮詢者

諮詢者（consultant）指擔任解釋社會工作與其所提供服務的角色。

三、合併服務角色

指無法清楚區分直接或間接服務特性的角色。

（一）使能者

使能者（enabler）指增進案主在面對問題與解決問題的能力。

（二）仲介者

仲介者（broker）指將案主與社會福利資源結合的能力。包括：對資源的瞭解、評估，與對案主需求的瞭解。

（三）調解者

調解者（mediator）指此角色的本質在於試圖增進衝突的雙方彼此互相瞭解。

（四）協調者

協調者（coordinator）指提供協助案主確認其問題與需求、提供既有的社會服務資料、解釋國家政策等。

（五）倡導者

倡導者（advocater）指協助案主創造出新資源，並以社會行動的方式針對現行政策不足之處做改變。

（六）教育者

教育者（educator）指將社會工作專業理念或服務，針對案主、公共教育、實習教育與專業社會工作教育等四個方面進行教育。

由於發展遲緩兒童與其家庭所面臨的問題類型相當多，早期療育服務又是一項跨專業的服務。因此，社會工作者必須具備能同時運用個人、團體、社區等處置技巧，擔任多重與通才的角色。下文中，作者將探討社會工作者在協助發展遲緩兒童與其家庭、早期療育專業團隊中、早期療育服務輸送體系中的角色。

社會工作者在協助發展遲緩兒童與其家庭的角色

一、從發展遲緩兒童與其家庭的需求探討社會工作者的角色任務

社會工作一向肯定每個人都有能力面對並處理其所處的逆

境，社會工作將「問題」界定為個人需求與外在環境資源不協調所致。因此，社會工作在協助發展遲緩兒童與其家庭時，也重視其需求是否能夠被滿足。所謂的「需求」，依據《社會學辭典》（Theodorson, 1972，引自施怡廷，1998）的解釋是「一個人所感到緊張或不滿的狀態，這種狀態使他有所行動，以達到他本身可以滿足這種衝動的目標」。Scissons（1980，引自施怡廷，1998）則認為需求的產生是因為個體意識到本身缺乏某些資源，且瞭解他對自己的重要性而產生求取的意願。因此需求是一種不足的狀態，且個人感受到這種不足的感受，而產生求取的意願。若以系統理論的觀點來看，家庭應有自己因應問題的資源，以滿足家庭的需求。但是有時候家庭可能因為本身的能力或資源的不足，無法應付所遭遇的問題，則這種不足的狀況並非家庭所能自行克服，問題並從個人問題轉至社會問題，甚至政策問題時，則成為福利服務干預的起點（施怡廷，1998）。若以家庭系統的觀點來探討發展遲緩兒童與其家庭的需求時，則可以瞭解家庭中任一成員的狀況都會影響其他成員，家庭的狀況會影響發展遲緩兒童的發展，因此發展遲緩兒童的特殊性狀況，也是家庭必須持續面對的狀態與挑戰（周玫琪、葉琇珊等譯，1995；施怡廷，1998）。

國內相關研究（林惠芳，1998；羅秀華，1998；林幸君，2000）指出發展遲緩兒童與其家庭所遇到的問題，除了來自於對孩子遲緩現象的擔憂、不瞭解之外，家庭中的生態系統也會因孩子的遲緩狀況而產生改變，出現家庭系統緊張、支持系統不足、早療服務帶來經濟壓力、父母心理壓力調適問題、早療服務需求與服務資源供給無法滿足、代際之間管教態度不一致等問題。因應上述問題，發展遲緩兒童家庭也會產生對早期療育相關資源訊息的瞭解、家庭壓力的紓解、親職教育、有更多可以進行療育的機構、經濟補助、諮詢支持等心理支持與工具性支持的需求（林

惠芳，1993；施怡廷，1998）。美國學者Guralnick（1997）則提出因發展遲緩兒童的特殊需求，其家庭可能產生的壓力包括：

1. 資訊需求：指有關兒童健康與發展的相關資訊，例如，如何理解孩子的行為、改進照顧者的行為、診斷的意義為何？
2. 人際與家庭的悲痛：因為孩子發展遲緩的現象，可能影響夫妻互動、引起高度緊張、家庭成員對於自己與孩子期望的重新評估，必須避免造成烙印、社會疏離與孤獨的狀況。
3. 資源需求：係指兒童狀況可能會對家庭的日常生活起居與親職照顧、義務與責任產生壓力，而家庭資源不足狀況也會影響到兒童發展所需的治療、教育和社會經驗，以及需要的花費。
4. 信心威脅：指對於現在與未來解決問題能力的懷疑。

若進一步去探討，早期療育服務專業團隊之中，社會工作者對於家庭的處置、資源的聯繫、整合、專業團隊之間的溝通、協調等專業處置能力，是相當突出且不容取代的（王國羽，1996；周月清，1998；林惠芳，1999；林幸君，2000；楊玲芳，2000）。因此，若對應上述對於發展遲緩兒童與其家庭需求的探討，可以瞭解社會工作者扮演著相當重要的角色。作者將依林惠芳（1993）的分類，將其需求分為：

1. 心理支持的需求：包括：家長對自身教養能力的信心不足、無法面對孩子發展遲緩的事實、家庭成員的互動緊張產生之心理壓力、社會疏離等需求。
2. 工具性支持的需求：這部分的需求是指針對孩子發展遲緩的現象，家庭對於服務、資訊、資源或提供相關支持系統的需求。

　　社會工作者可以藉由下列角色的扮演以滿足發展遲緩兒童與其家庭的需求，在「心理支持需求」的層面，社會工作者可以扮演：

1. 支持者：在家長對孩子接受療育的狀況不清楚而產生擔心時，應表達願意與其一同解決問題的看法，給予家長情緒上的支持。
2. 忠告者：遇到家長做出不符合專業判斷的療育服務選擇時，社會工作者應該協助家長瞭解目前所面臨的問題情境，並提出專業上的建議。
3. 使能者：協助家長主動學習在教養孩子上的相關知能，增加其解決問題的能力，降低信心的威脅。
4. 治療者：協助發展遲緩兒童家長或其他家人瞭解過去事件對目前情緒反應的影響，改變其因為壓力而產生的不良心理反應。

　　在「工具性支持需求」方面，社會工作者則必須扮演下列角色：

1. 行政者：社會工作者運用行政溝通、協調的技巧，協助案家可以更有效率的獲致其所需的資源與服務，並定期追蹤服務的狀況。
2. 諮詢者：當家長對於早期療育政策、法規不清楚時，應以專業知識耐心的為其說明，並提供相關的資訊。
3. 仲介者：將案家所需的資源加以確認，並協助媒介、連結。
4. 協調者：協助案家瞭解目前的問題，並協調從適合的單位獲取資源。
5. 調解者：當案家在使用資源時與機構產生衝突，社會工作者

則應該出面協助調解，減低案家在使用資源時的挫折。

6.倡導者：當案家無法爭取所需資源時，應挺身而出代表其爭取；針對與發展遲緩兒童及其家庭相關的政策與立法，應代表他們遊說相關單位；鼓勵家長組織自助團體，以爭取自己的權益。

藉由上文的探討，作者將社會工作者對發展遲緩兒童與其家庭之需求提供時應扮演的角色與任務整理如表6-1。

二、將發展遲緩兒童之家庭視為處置重點探討社會工作者的角色任務

依據相關研究指出（王國羽，1996；萬育維、莊鳳如，1995；Meisels, 1989; Savage & Culbert, 1989; Bailey & Wolery, 1992），由於發展遲緩兒童遲緩現象的改善，並不是短期的治療或教育可以達到效果，在這種需要長期療育的過程之中，發展遲緩兒童家庭支持度的高低，與發展遲緩兒童能否持續進行療育、能否達到療育服務預定的成效有著密切的關係。因此早期療育服務除了針對兒童本身在發展遲緩的情況提供療育服務之外，更需要將家庭的介入與支持，藉由社會工作專業協助發展遲緩兒童家庭處理，因為孩子的遲緩狀況所延伸出的需求與相關問題，才能有效結合家庭的力量，共同為孩子的療育、復健等工作努力，也才能發揮早期療育服務的功效。

將家庭視為處置的重點是早期療育服務中的一項重要特色。由於發展遲緩兒童特殊的生理狀況與幼小的年齡，因此在提供早期療育服務時若只注重孩子的療育，卻忽視家庭的介入與家長的處置計畫，則可預期所提供的服務成效必定低落。因此在研擬早

表6-1 社會工作者對發展遲緩兒童與其家庭之需求提供時應扮演的
角色與任務

發展遲緩兒童與其家庭之需求	社會工作者的角色	社會工作者的任務
心理支持上的需求 1.對孩子遲緩事實的抗拒與恐慌。 2.家長對自己教養能力上的不確定。 3.夫妻或代際之間管教的態度不一致，所產生的心理壓力。	支持者	在家長對孩子接受療育的狀況不清楚而產生擔心時，應表達願意與其一同解決問題的看法，給予家長情緒上的支持。
	使能者	協助家長主動學習在教養孩子上的相關知能，增加其解決問題的能力。
	治療者	協助發展遲緩兒童家長或其他家人瞭解過去事件對目前情緒反應的影響，改變其因為壓力而產生的不良心理反應。
	忠告者	遇到家長做出不符合專業判斷的療育服務選擇時，社會工作者應該協助家長瞭解目前所面臨的問題情境，並提出專業上的建議。
工具性支持的需求 1.對「發展遲緩」病理上與後續復健資訊的瞭解。 2.照顧人力不足，支持系統網絡的建立。 3.經濟的協助。 4.對現有早期療育服務資源的瞭解與運用。 5.有更多可接近、適切的早期療育資源。	仲介者	將案家所需的資源加以確認，並協助媒介、連結。
	協調者	協助案家瞭解目前的問題，並協調從適合的單位獲取資源。
	調解者	當案家在使用資源時與機構產生衝突，社會工作者則應該出面協助調解，減低案家在使用資源時的挫折。
	倡導者	當案家無法爭取所需資源時，應挺身而出代表其爭取；針對與發展遲緩兒童及其家庭相關的政策與立法，應代表他們遊說相關單位；鼓勵家長組織自助團體，以爭取自己的權益。
	行政者	社會工作者運用行政溝通、協調的技巧，協助案家可以更有效率的獲致其所需的資源與服務，並定期追蹤服務的狀況。
	諮詢者	當家長對於早期療育政策、法規不清楚時，應以專業知識耐心的為其解說，並提供相關的資訊。

資料來源：作者自製（2001）。

期療育服務方案時，或是提供相關服務時，都必須將發展遲緩兒童家庭列入考量。若是早期療育服務方案能以協助家庭的立場去考量，則可以達到下列幾項功效：

1. 降低父母因發展遲緩兒童出現的罪惡感、不安與情緒的混淆。
2. 能提供父母瞭解孩子的發長狀況，並且協助父母在心理上預備要接受各種的治療與增強父母配合的意願。
3. 藉由提昇父母相關的知識與技巧，可以有效提昇家庭解決問題的能力。
4. 孩子遲緩現象的進步或改善，也能帶給家中其他成員的信心，提高對發展遲緩孩子的接納度（陳昭儀，1991；王天苗，1996；Meisels, 1985; Marfo & Kysela, 1985）。

將發展遲緩兒童其家庭視為處置對象的理念上，社會工作者可以發揮下列幾項角色任務：

1. 忠告者：社會工作者應該針對案家所面臨的問題情境，提供專業上的建議。
2. 行政者：社會工作者運用行政協調的技巧，協助案家可以更迅速的獲得所需的服務與資源。
3. 諮詢者：當案家對早期療育政策、資源等方面不清楚而主動詢問時，應要耐心的為其解釋。
4. 仲介者：視案家的問題情境，協助案家媒合適合的資源。
5. 使能者：家庭的失功能乃因為社會結構問題與資源的不足，因此社會工作者需協助家庭提昇解決問題的能力。
6. 倡導者：針對現有不足的資源或不合理的政策，與案主一同為自己爭取應有的權益。

7.研究者：將實務上對發展遲緩兒童家庭處置之經驗，進行相關研究，並評估服務的成效，將研究結果作爲學術界與實務界的參考。

　　藉由上文的探討，作者將社會工作者將發展遲緩兒童之家庭視爲處置重點應扮演的角色任務整理如表6-2：

表6-2　社會工作者將發展遲緩兒童之家庭視為處置重點應扮演之角色與任務

社會工作者的角色	社會工作者的任務
忠告者	社會工作者應該視案家目前所面臨的問題情境，提供專業上的建議。
行政者	社會工作者運用行政協調的技巧，協助案家可以更迅速的獲得所需的服務與資源。
諮詢者	當案家對早期療育政策、資源等方面不清楚而主動詢問時，應要耐心的爲其解釋。
仲介者	視案家的問題情境，協助案家媒合適合的資源。
使能者	家庭的失功能乃因爲社會結構問題與資源的不足，因此社會工作者需協助家庭爭取協助的權力，經由協助提昇家庭解決問題的能力。
倡導者	針對現有不足的資源或不合理的政策，與案主一同爲自己爭取應有的權益。
研究者	將實務上對發展遲緩兒童家庭處置之經驗，進行相關研究，並評估服務的成效，將研究結果作爲學術界與實務界的參考。

資料來源：作者自製（2001）。

社會工作者在早期療育專業團隊中的角色

由於早期療育服務包含「治療」與「教育」兩個面向，因此除了社會福利領域對發展遲緩兒童與其家庭，在資源開發、聯繫轉介；家庭處置；政策倡導等面向的工作內容之外，更需要仰賴醫療領域對於孩子發展遲緩問題，進行診斷、評估與治療的工作；也需要特殊教育領域運用專業的教育方法，提供發展遲緩兒童在學前安置階段的服務。所以早期療育服務不是任何一個單一專業所能提供的，而必須依靠各專業之間的合作，才能提供發展遲緩兒童在早期療育服務領域中最完整的服務。也是因為早期療育服務有著上述主要的特色，1993年新修訂的兒童福利法施行細則第十二條，也將早期療育服務定義為：「係指由社會福利、衛生、教育等專業人員以團隊合作的方式，依發展遲緩兒童的個別需求，提供必要之服務。」因此，早期療育是一個重視團隊的工作，強調專業整合的理念。發展遲緩兒童的療育需求涉及社會福利、醫療、教育等領域，因此必須藉由專業團隊工作的模式來提供服務，才能真正達到早期療育的功效。

Golin與Ducanis（1981）提出專業團隊合作有三大要件，也是團隊工作的主要精神：

1. 不同專業間組成成員的溝通和領導。
2. 團隊功能發揮間接的影響機構內與機構外的運作。
3. 團隊工作本身是任務取向、案主的需求取向，而非機構取向。

若將團隊工作的概念運用至早期療育服務領域中，則具有下列幾項功能（楊玲芳，2000）：

1.機構與機構之間或不同專業之間彼此的支援與合作。

2.團隊中的各專業人員必須發揮專業特長，協助發展遲緩兒童與其家庭可以獲致最完整的服務。因此團隊工作在早期療育服務中是一個很重要的服務特色，當然在團隊合作的過程中，資源如何共享、機構間如何合作都是值得進一步思考的問題。

若依據團隊工作的理念，社會工作者應發揮的角色功能有下列幾項：

1.行政者：社會工作者應運用溝通、協調的技巧，使各專業團隊的工作流程可以更順暢。

2.諮詢者：當專業團隊中其他領域的專業人員對發展遲緩兒童與家庭有處置上的困難時，應以社會工作專業知識示範處置的技巧。

3.協調者：協調不同專業間或不同機構間的資源，使早期療育服務資源能夠共享。

4.調解者：在資源協調的過程中，若產生衝突，則社會工作者必須扮演調解者的角色。

5.教育者：將早期療育服務跨專業、跨機構的理念教育給社會大眾，或領域中的相關專業人員，使專業團隊合作的理念可以加以落實。

6.支持者：社會工作者可以協助專業團隊中專業人員度過情緒與工作上的挫折。

經由上文的探討，將社會工作者在早期療育專業團隊中應扮演的角色與任務整理如表6-3。

表6-3　社會工作者在早期療育專業團隊中應扮演的角色與任務

社會工作者的角色	社會工作者的任務
行政者	社會工作者應運用溝通、協調的技巧，使各專業團隊的工作流程可以更順暢。
諮詢者	當專業團隊中其他領域的專業人員對發展遲緩兒童與家庭有處置上的困難時，應以社會工作專業知識示範處置的技巧。
調解者	早期療育服務跨不同的領域，因此社會工作者在面對不同領域專業人員的衝突、案家本身衝突時都必須扮演調解者的角色。
協調者	協調不同專業間或不同機構間的資源，使早期療育服務資源能夠共享。
教育者	將早期療育服務跨專業、跨機構的理念教育給社會大眾，或領域中的相關專業人員，使專業團隊合作的理念可以加以落實。
支持者	社會工作者可以協助專業團隊中專業人員度過情緒與工作上的挫折。

資料來源：作者自製（2001）。

社會工作者在早期療育服務輸送體系中的角色

　　上文中除探討社會工作者在協助發展遲緩兒童與其家庭、早期療育專業團隊工作中應扮演的角色與任務之外，作者也將在下文中探討社會工作者在早期療育服務輸送體系中的角色功能。依據內政部社會司（1997）所制訂的發展遲緩兒童早期療育服務實施方案，發展遲緩兒童早期療育服務共包括：通報、轉介（含個案管理）、聯合評估、療育服務四個階段。本書第二章中已針對各階段的工作內容、實施現況做過介紹與討論，本章再進一步作歸納性的整理，並藉由各服務輸送體系的工作內容與實施現況的探討，整理社會工作者在每一個服務階段中應發揮的角色任務。

一、通報階段

　　早期療育服務的核心精神便在於「早期發現與早期治療」，因此發展遲緩兒童是否能夠及早接受療育服務，則是影響服務成效的關鍵。在早期療育服務中，通報階段可以說是整個服務輸送流程的樞紐，經由通報工作的進行，才能掌握服務人口群的特質與需求，便能協助通報進來的個案，進行後續相關服務的提供。

　　雖然通報階段的工作對於整個早期療育服務輸送體系相當重要，但是就如前文所述，目前發展遲緩兒童的通報率相當低，且也有下列幾項執行困境：

1. 整個通報制度並沒有一致的規劃，且缺乏全國統一的通報流程。
2. 由於醫療體系負責新生兒健檢與門診的工作，因此在發現疑似發展遲緩兒童的機率比其他專業體系大，但是醫療體系與通報中心的配合度不佳，來自醫療體系的通報個案比率甚低。
3. 早期療育領域中各專業人員對通報制度的看法歧異，影響通報意願。
4. 法令中對疑似發展遲緩兒童的通報責任者雖有明訂，但因缺少罰則，也可能影響通報率。
5. 社會大眾或其他專業領域人員，對於早期療育服務有不清楚或是錯誤的認知。

　　經由通報階段實施現況的討論，可以發現目前通報階段仍有相當多的工作需要進一步去修正或積極推動，社會工作者在這些工作上也可以藉由專業的處置發揮角色功能。根據前文所述，早期療育服務中的通報階段其工作重點包括：

1.受理發展遲緩個案通報：設置通報專線、通報單等通報工具，以受理相關人員所通報而來的疑似發展遲緩兒童個案。

2.蒐集並登錄個案資料：針對通報而來的個案，進行基本資料的登錄，以利後續的聯絡與服務提供。

3.早期療育服務觀念的宣導：通報階段中有一個相當重要的工作，便是由社會工作者針對社區、社會大眾等相關人員，進行「發展遲緩」、「早期療育」等觀念的宣導，才能增加社會大眾對早期療育的瞭解，有利於通報工作的執行。

4.安排個案管理系統服務：視案主與案家的情況，若屬於多重問題、家庭缺乏使用資源的基本能力，則必須在通報之後安排進入個案管理系統，協助其增強資源使用能力。

　　藉由通報階段的實施現況與工作重點的討論，我們可以整理出來社會工作者在「通報階段」，應該扮演下列幾種角色：

1.忠告者：社會工作者應該協助案家瞭解目前家庭所面臨的問題情境，並提供專業上的建議。

2.諮詢者：針對家長或社會大眾對通報階段相關政策、法令與工作內容因不清楚而詢問時，應詳細為其說明。

3.行政者：社會工作者應運用行政溝通與協調的技巧，讓進入通報階段的個案與案家可以迅速的得到服務。

4.教育者：將早期療育服務中「早期發現、早期治療」的精神，透過宣導的方式教育社會大眾，以增進社會大眾對於發展遲緩兒童的認識，進而提高通報比率。

5.使能者：家長在被通報或自行通報而來時，通常會懷疑自己是否有能力處理孩子的遲緩問題？因此社會工作者應該增強家長在解決問題上的信心和能力，以便預防家長因為害怕而放棄孩子接受療育的機會。

6.研究者：社會工作者也應該累積在通報階段的實務經驗，並進行研究以提供現有通報制度、與是否需要增列通報責任者罰則規定等修正之參考性建議。

7.協調者：瞭解並協調各專業人員對於通報制度的認知態度。

二、轉介階段

在發現兒童有發展遲緩現象之後，除儘速通報之外，更重要的便是經由各地通報轉介中心的社會工作者，針對發展遲緩兒童與家庭的需要，運用個案管理（case management）的處置技巧，協助轉介至相關單位接受後續的療育服務，透過轉介服務能夠讓發展遲緩兒童暨其家庭得以運用適切的社會資源。

轉介階段中，主要的工作重點是：

1.案主的需求調查、需求評估：針對進入轉介中心的個案，進行案主與案家的需求調查，藉由需求的瞭解，以研擬適切的轉介計畫。

2.療育資源的評估、聯繫與協調：發展遲緩兒童經由通報轉介的階段之後，最重要的便是協助案主轉介至適合的療育單位接受服務。社會工作者在轉介之前應進行療育資源的評估，並在轉介過程中與相關資源作聯繫與協調的工作。

3.其他工作：例如，陪同案主至醫院接受評估鑑定、參與相關療育會議、定期追蹤服務等。

早期療育服務在轉介階段的實施現況中，仍有一些執行上的困境：

1.資源不足：各地療育、醫療資源分布不均，且相當不足，造

成通報後的個案，在轉介階段中常需久候所需資源，延誤進行早期療育服務的最佳時機。

2.跨專業、機構的理念難以執行：由於早期療育服務領域跨社會福利、衛生、教育三大領域，因此在進行轉介工作時，必須透過各專業之間進行資源整合的工作，但是各專業、機構之間溝通不足，缺乏資源整合單位，使得資源難以共享。

針對轉介階段中工作重點與執行困境的探討，我們可以整理出社會工作者應該扮演下列的角色，才能使早期療育服務的轉介工作發揮應達到的成效。這些角色包括：

1.倡導者：針對在轉介階段中不足的資源，社會工作者應遊說相關立法、政策規劃單位協助開發資源，並鼓勵家長組織自助團體，爭取自己的權益。

2.仲介者：運用專業知識，協助案主媒合最合適的資源。

3.協調者：由於發展遲緩兒童的療育問題牽涉的資源體系很廣，因此社會工作者也必須協調各個資源體系，讓案主得到最好的服務。

4.調解者：由於資源體系的廣泛，因此在各資源體系產生衝突或是案主與資源之間產生糾紛時，社會工作者就必須扮演調解者的角色。

5.行政者：社會工作者應該運用行政協調的技巧，簡化轉介的流程，讓案主能迅速得到所需之資源，並追蹤服務提供的狀況。

6.個案管理者：在轉介階段，針對每一個個案所需要的服務，進行協調、調解等管理工作。

三、聯合評估階段

　　早期療育服務中通報之後的個案，若尚未接受醫療單位針對其發展遲緩進行診斷、評估時，則必須經由轉介中心加以轉介至「聯合評估」中心。聯合評估中心最主要的功能便是透過專業團隊（包括：醫師、護理人員、復健師、心理師、社工師等），針對孩子在認知發展、生理發展、語言及溝通發展、心理社會發展與生活技能等方面進行診斷、評估，並撰寫評估報告，以提供通報轉介中心與家長在後續療育安置的參考。

　　社會工作者在聯合評估階段的工作重點包括（趙慈慧，2000）：

1. 評估：針對案家主要照顧者在心理狀態、支持系統與相關資源等層面的評估。包括：主要照顧者評估、家庭功能評估。
2. 溝通：社會工作者與專業團隊人員及家長溝通孩子療育評估的結果，以作為後續療育安置的參考。
3. 治療：協助家庭處理與發展遲緩相關的各種問題與障礙，提供個別心理諮商、婚姻家庭諮商等服務。

目前國內在聯合評估階段所遭遇的困境包括：

1. 醫療資源的不足：全國只有十八家發展遲緩兒童聯合評估中心，且分布不均。
2. 醫療單位與社政通報轉介體系的搭配問題：醫療單位所發現的疑似發展遲緩個案，會通報至通報轉介中心的比率很低，因此在聯合評估階段，必須加強醫療專業團隊人員對於「通報轉介」與「早期療育服務」正確概念的認知。

藉由上述對於聯合評估階段的主要工作重點、執行困境的討

論，社會工作者在聯合評估階段應扮演下列幾種的角色：

1. 支持者：家長在得知孩子被診斷爲發展遲緩兒童時，一定會有驚慌失措的情緒，因此社會工作者此時應提供家長情緒上的支持，並陪伴其一同思考未來的療育方向。

2. 忠告者：當家長抗拒孩子接受後續的早期療育服務時，社會工作者應協助家長瞭解問題的情境，並提出專業上的建議。

3. 行政者：社會工作者應該運用行政溝通協調的技巧，協助各評估專業團隊簡化作業的流程，增加工作效率。

4. 諮詢者：向案家解釋社會工作者在評估專業團隊中所扮演的角色，並示範處置的技巧。

5. 協調者：協調聯合評估、通報轉介之間的資源管道，使二個流程中的服務可以接續進行。

6. 調解者：針對資源之間、家長與資源之間等資源使用的衝突現象加以調解。

7. 教育者：針對醫護人員或發展遲緩兒童家長不足或不正確的教養態度提供協助。

8. 倡導者：針對現有醫療資源分布不均，造成偏遠地區發展遲緩兒童與其家庭在醫療資源不足，甚至被剝奪的狀況，以案主代言人與辯護者的立場，協助一起爭取立法與政策上支持與改變。

四、療育服務階段

整個早期療育服務流程中的最後一個階段便是「療育服務」，目前提供療育服務的單位包括醫療單位、兒童福利機構、身心障礙福利機構、幼稚園、托兒所等，視個案發展遲緩情況的不同，由通報轉介中心的社會工作者經過評估之後，加以轉介。根據作

者在身心障礙福利機構的工作經驗中，社會工作者在療育服務階段的工作重點包括：

1. 機構內、外相關療育會議的召開、聯繫。
2. 與早期療育服務各階段的的社會工作者，針對案主與案家的狀況，進行溝通，並與特殊教育人員、醫療相關人員溝通協調發展遲緩兒童的個別化教育方案、個別化服務方案與其家庭的個別化家庭服務方案等。
3. 提供發展遲緩兒童家長相關的療育資訊。
4. 針對將進入幼稚園、托兒所或小學就讀的發展遲緩兒童個案，與學校老師針對個案狀況與早期療育知能的概念進行溝通，以協助個案在教育學程上能夠順利轉銜。
5. 爭取更多立法與政策上的支持，協助開拓發展遲緩兒童早期療育服務大環境的資源。

目前國內在療育服務的提供上仍有幾個方向需要再加強：

1. 療育資源的不足與分配不均。
2. 家長對於療育資源資訊尋求管道的缺乏。
3. 相關政策的配合，例如，接受非醫療體系療育服務的療育津貼補助；或是雙親照顧人力的不足、經濟的負擔（需要雙親一人辭去工作陪同孩子進行療育服務）等；療育資源的開發與品質的管控等。

經由上文的討論，我們可以整理出社會工作者在「療育服務」階段應發揮下列幾種的角色：

1. 忠告者：協助案家瞭解目前的問題的情境，並提出專業上的建議，以協助其選擇最適切的療育資源。

2.行政者：運用更有效率的行政方式，協助案家能儘速得到所需服務。

3.諮詢者：當案家對療育服務的資源不清楚而詢問時，應以專業知識為其詳細介紹與說明。

4.使能者：藉由相關親職教育資訊與教養知能的提供，增進家長在教養發展遲緩兒童上的能力。

5.協調者：針對發展遲緩兒童的相關服務方案，與其他專業領域人員進行協調與溝通。

6.調解者：調解資源之間或與服務對象之間的衝突。

7.教育者：提供各學前教育單位與發展遲緩兒童家長，與早期療育的相關資訊，藉由宣導教育的方式，協助其對於發展遲緩兒童與其家庭有較正面的認知，以提高其接納發展遲緩兒童接受療育或就學安置的意願。

8.倡導者：爭取更多立法與政策上的支持，協助開拓發展遲緩兒童早期療育服務大環境的資源。

藉由上述的探討，作者根據早期療育服務的實施流程，將社會工作者在早期療育服務輸送體系應扮演的角色和任務，整理如表6-4：

表6-4　社會工作者在早期療育服務輸送體系中應扮演的角色與任務

早期療育服務輸送流程	社會工作者的角色	社會工作者的任務
通　報	忠告者	社會工作者應該協助案家瞭解目前家庭所面臨的問題情境，並提供專業上的建議。
	教育者	協助早期療育服務理念的教育與宣導。
	使能者	協助發現處在隱藏角落的發展遲緩兒童，使其經由通報的工作，獲得應有的權力與能力。
	行政者	社會工作者應運用行政溝通與協調的技巧，讓進入通報階段的個案與案家可以迅速的得到服務。
	研究者	依據社會工作者的實務經驗與研究提供通報制度、與是否需在法令中增列通報責任者罰則規定等修正的參考。
	協調者	瞭解並協調各專業人員對於通報制度的認知態度。
	諮詢者	針對家長或社會大眾對通報階段相關政策、法令與工作內容因不清楚而詢問時，應詳細為其說明。
轉　介	倡導者	針對在轉介階段中不足的資源，社會工作者應遊說相關立法、政策規劃單位協助開發資源，並鼓勵家長組織自助團體，爭取自己的權益。
	仲介者	運用專業知識，協助案主媒合最合適的資源。
	協調者	社會工作者也必須協調各個資源體系，讓案主得到最好的服務。
	調解者	在各資源體系產生衝突或是案主與資源之間產生糾紛時，社會工作者就必須扮演調解者的角色。
	行政者	社會工作者應該運用行政協調的技巧，簡化轉介的流程，讓案主能迅速得到所需之資源，並追蹤服務提供的狀況。
	個案管理者	在轉介階段，針對每一個個案所需要的服務，進行協調、調解等管理工作。
聯合評估	忠告者	當家長抗拒孩子接受後續的早期療育服務時，社會工作者應協助家長瞭解問題的情境，並提出專業上的建議。
	支持者	家長在得知孩子被診斷為發展遲緩兒童時，一定會有驚慌失措的情緒，因此社會工作者此時應提供家長情緒上的支持，並陪伴其一同思考未來的療育方向。

（續）表6-4 社會工作者在早期療育服務輸送體系中應扮演的角色
與任務

早期療育服務 輸送流程	社會工作者 的角色	社會工作者的任務
聯合評估	行政者	社會工作者應該運用行政溝通協調的技巧，協助各評估專業團隊簡化作業的流程，增加工作效率。
	諮詢者	向案家解釋社會工作者在評估專業團隊中所扮演的角色，並示範處置的技巧。
	協調者	協調聯合評估、通報轉介之間的資源管道，使二個流程中的服務可以接續進行。
	調解者	針對資源之間、家長與資源之間等資源使用的衝突現象加以調解。
	教育者	針對醫護人員或發展遲緩兒童家長不足或不正確的教養態度提供協助。
	倡導者	針對現有醫療資源分布不均，造成偏遠地區發展遲緩兒童與其家庭在醫療資源不足，甚至被剝奪的狀況，以案主代言人與辯護者的立場，協助一起爭取立法與政策上支持與改變。
療育服務	忠告者	協助案家瞭解目前的問題的情境，並提出專業上的建議，以協助其選擇最適切的療育資源。
	行政者	運用更有效率的行政方式，協助案家能儘速得到所需服務。
	諮詢者	當案家對療育服務的資源不清楚而詢問時，應以專業知識為其詳細介紹與說明。
	使能者	藉由相關親職教育資訊與教養知能的提供，增進家長在教養發展遲緩兒童上的能力。
	協調者	針對發展遲緩兒童的相關服務方案，與其他專業領域人員進行協調與溝通。
	調解者	調解資源之間或與服務對象之間的衝突。
	教育者	提供各學前教育單位與發展遲緩兒童家長，與早期療育的相關資訊，藉由宣導教育的方式，協助其對於發展遲緩兒童與其家庭有較正面的認知，以提高其接納發展遲緩兒童接受療育或就學安置的意願。
	倡導者	爭取更多立法與政策上的支持，協助開拓發展遲緩兒童早期療育服務大環境的資源。

資料來源：作者自製（2001）。

第七章

早期療育社會工作直接服務方法

◆社會個案工作

◆社會團體工作

◆社會個案工作案例討論（一）

◆社會個案工作案例討論（二）

　　早期療育社會工作是指將社會工作的方法運用在早期療育領域，以協助發展遲緩兒童與其家庭增加自身解決問題的能力與資源。早期療育社會工作者除了需要具備社會工作之知識與技術之外，對於兒童在認知、生理、語言及溝通、心理社會與生活自理發展領域是否遲緩的初步篩檢、發展遲緩兒童與其家庭因為孩子遲緩現象所可能有的需求等面向上也必須有相當的認識，才能夠執行助人的任務。由於「早期療育社會工作」不論在學校、職前或在職訓練上，國內目前尚未有完整、一致性的規劃，社會工作者在進入此領域時也並未具有完整的專業知識。因此，本章將針對早期療育社會工作直接服務方法作簡單的介紹，以供對於早期療育領域有興趣的社會工作相關學系學生或是實務工作者作為參考。本章內容包括：社會個案工作、社會團體工作、社會個案工作二個案例討論。

社會個案工作

一、早期療育個案的來源

　　依據內政部社會司（1997）所訂定的「發展遲緩兒童早期療育服務實施方案」以及兒童福利法施行細則第十三條的規定，對於發展遲緩兒童具有通報責任者包括：從事與兒童業務有關之醫師、護士、社會工作員、臨床心理工作者、教育人員、保育人員、警察、司法人員及其他執行兒童福利業務人員。因此，早期療育個案的發現與通報大致有下列幾個途徑：

1.透過醫療領域相關的檢查：產前檢查、新生兒產檢、健兒門診、醫院門診，以及社區護士在社區進行衛教宣導時發現疑似發展遲緩兒童。

2.學前教育機構的通報：公私立托兒所、幼稚園、學齡前教育機構、兒童福利機構、身心障礙福利機構、托育中心等。

3.兒童的重要關係他人：家長、保母或是親戚鄰居等。

4.通報轉介中心的外展與宣導服務。

此外，透過各直轄市、縣（市）政府的通報轉介中心，定期辦理的社區宣導活動、篩檢園遊會等等也都是發現疑似發展遲緩兒童的來源之一。

發現發展遲緩兒童之後，通報者通常會以電話或是親自去當地的發展遲緩兒童早期療育服務通報轉介中心完成通報的工作，通報轉介中心的工作人員會協助通報者或通報者自己填寫「通報單」，通報程序完成後，工作人員再進行初步會談與篩檢的工作，以確認個案是否符合通報轉介中心服務申請的資格，確認資格之後，便依據早期療育個案工作的流程，提供服務對象相關的專業服務。

二、個案工作的過程

一般而言，社會個案工作的過程每個學者的分類並不相同。Perlman（1971, 引自黃維憲等人，1985）認為個案工作的過程是一種問題解決的過程，包括三個邏輯性步驟：

1.研究（事實發現）。

2.診斷（思考和組織事實，作一個有意義目標指向的說明）。

3.處置（對問題該有哪些行動，及如何採取行動等結論的執

行）。

Hepworth、Rooney 和 Larsen（1997；引自許臨高等人譯，1999）則將助人過程分為：

1.探索、定契約、評鑑、計畫。
2.實施與達成目標。
3.結案、擬定持續的行動策略與評估。

事實上，社會個案工作的基本過程，因為案主的問題與機構處置方式的不同，而有不同的設計，但依據社會個案工作助人的目標，其主要內涵都包括：接案、研判、處置計畫擬定與執行、評估與結案這幾個步驟。

在發展遲緩兒童早期療育通報轉介中心其服務流程大概包括（中華民國發展遲緩兒童基金會，2000）：個案通報、接案、安排或轉介評估、安排個案管理服務、召開療育會議與擬定個別家庭服務計畫、轉介療育資源、提供諮詢與相關資源、定期追蹤、轉銜與結案。台北市早期療育綜合服務中心之服務流程如圖7-1所示（中華民國發展遲緩兒童基金會，2000）。筆者將以接案（intake）、評估（assessment）、處置（intervention）、評鑑與結案（evaluation & termination）此四個過程，討論早期療育個案工作應有的工作內容。

（一）接案

接案的工作主要是社會工作者與案主的第一次會談，藉以瞭解案主尋求幫助的問題內容，並篩選或過濾以確定是否適合機構所提供的服務，以及提供服務時所要考慮的事項等，若是發現案主的問題性質並不符合機構的規定，則要有充分的社會資源的資

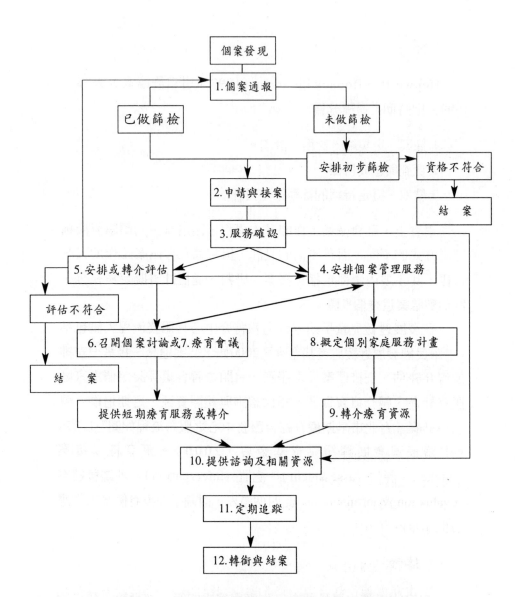

圖7-1　台北市早期療育綜合服務中心服務流程
資料來源：中華民國發展遲緩兒童基金會（2000）。

訊提供給案主，以轉介至能夠提供適當協助的其他相關機構。接案最主要的目的便是在透過對案主問題的初步研判，依據機構的功能與目的，或是其他方面的考慮，來決定案主是否能被服務（黃維憲等人，1985）。通常案主到機構尋求協助時，會有三種可能的結果（黃維憲等人，1985）：

1. 此時此刻並不需要協助：案主只想得到一些機構初步的資訊、非志願案主還停留在抗拒服務的階段。
2. 決定將案主轉介至其他社會福利機構，以尋求更適合之服務，轉介的原因：案主所需要的服務，機構並不提供、機構無能爲力提供服務。
3. 決定提供服務給案主。

因此，在接案階段中，社會工作者的工作內容應該包括（黃維憲等人，1985；許臨高等人譯，1999；中華民國發展遲緩兒童基金會，2000）：

1.事前的工作準備

在案主經由通報程序進入發展遲緩兒童早期療育通報轉介中心之後，社會工作者應先查閱案主基本資料或轉案資料、協助案主填寫相關申請表格、想像案主可能有的期待、會談環境的準備、審視自己的情緒與身體狀態等。

2.初步關係的建立

案主進入通報轉介中心時，對於自己即將接受早期療育服務的內容與順序並不清楚，加上求助者面對自我價值與環境的挑戰時，在情緒與行爲上也許會有擔心、恐懼與抗拒等行爲表現。此時，社會工作者必須運用個案工作中建立專業關係的相關會談技巧，與案主建立信賴的關係，以便後續服務的進行。

3.問題的探索與初步的研判

在接案過程中，社會工作者必須先進行對於案主的問題、案主的求助動機、案主的期待、機構的期待、機構的資源、案主即將接受到服務的模式、過程與負責的社會工作者是誰等初步研判的工作，以便進行服務確認的工作。

4.訂定契約關係

在整個服務進行之前，社會工作者應先與發展遲緩兒童之家長訂定相關的服務契約，以釐清雙方的權利與義務、確定案主問題可以被解決的程度。

5.轉介

若案主所需的服務是機構所不能提供時，社會工作者便需依據案主能力的不同，安排適當的轉介（referral）程序；若正式接案之個案，也必須視其在通報之前有無接受初步篩檢與聯合評估的工作，以決定轉介至相關聯合評估單位與個案管理中心，以進行後續的早期療育服務。

（二）評估

評估在社會工作中指的是對一種問題和需求研判的過程，是集合、分析、綜合以凸顯所蒐集資料的意義過程，而這過程適用有系統的陳述來完成情況的瞭解。其包含下列三個重點（謝秀芬，2002）：

1.評估是一個持續的過程。
2.評估是案主和工作者雙向互動的過程。
3.評估是多面向的。

早期療育個案工作可以藉由會談、家庭訪視與生態圖分析等

方式蒐集案主資料與分析案主與案家的資源。此外，也可以透過個案討論、療育會議等方式，研判案主與案家的需求及擬定適切的服務方案。在進行案主問題與需求研判時，社會工作者必須以生態系統的觀點進行多面向資料的蒐集，所蒐集的資料必須包括下列幾個部分（謝秀芬，2002）：

1.案主問題的性質。
2.案主與周邊成員與環境的關係。
3.案主與支持系統的互動情形。
4.案主解決問題的能力與資源。
5.案主解決問題的動機。

（三）處置

處置計畫的擬定必須依據問題的研判作為基礎，並且在擬定與執行處置計畫的過程中，發展遲緩兒童與其家庭成員應為相關療育會議的成員，如此才能擬定出符合案主與案家需求的處置計畫。早期療育個案工作中，個別化教育計畫（IEP）、個別化服務計畫（ISP）與個別化家庭服務計畫（IFSP）等處置計畫的擬定必須搭配相關教育與社會個案工作的理論來擬定，才能對案主與案家問題有更系統的分析與評估。此外，在處置計畫中，也應該詳細分析案家目前可以運用的相關資源、有待社會工作者與案家一同開發與連結的資源、案家在運用相關資源時的阻力與助力等，也都必須做詳細的評估，才能使計畫的執行可以達到所預設的處置目標。

（四）評鑑與結案

在評鑑過程中，早期療育社會工作者可以透過對於案主與案

家的定期追蹤服務，瞭解案主與案家目前接受服務的情況，若成
效不佳，社會工作者則必須進一步去瞭解原因或是安排案主轉介
至其他適合的療育機構，定期追蹤並可被視爲是早期療育個案工
作中「過程評鑑」（formative evaluation）的一種方式，透過此種
方式才能適時修正處置的方式，以保障案主服務的品質；此外，
社會工作者也可以運用個案紀錄、「單案實驗設計」（single-
system design）等方式進行處置計畫之「結果評鑑」（summative
evaluation）。在結案過程中，早期療育社會工作者除了必須注意案
主情緒的處理、專業關係的結束、協助案主回顧處置目標的達成
度以及回顧未來之外，也必須注意發展遲緩兒童結束學前教育，
進入小學時的轉銜相關議題。

社會團體工作

一、早期療育社會工作團體的類型

「社會團體工作」是一種社會工作的治療取向與方法，透過一
小群有共同興趣或問題的人頻繁的聚集，並且參與爲達成共同目
標而設計的活動，進而協助團體成員澄清自己對於生活、問題的
看法，或是想要做的改變，並能夠運用團體中所習得的經驗，增
進自己解決問題的能力並與外在環境做連結，讓自己的問題得到
有效的改善。因此社會團體工作是可以廣泛地運用在各個領域
中，並幫助成長中的個人獲致團體的生活經驗，並能透過團體的
力量以達到改善團體所在之社會環境的任務（呂勝瑛，1984；曾
華源，1995）。因此，所謂的社會團體工作除了著重於經由方案的

設計，以增進成員的自我瞭解與社會功能的提升之外，社會團體工作者如何透過團體與外在環境的運作，協助成員的行為產生改變，並協助成員運用團體中所習得的經驗與外在真實環境做連結，更是社會團體工作所欲達成的目標（楊蓓，1986；孫碧霞、劉曉春、邱方晞、曾華源譯，2000）。

社會團體工作具有下列幾項功能（呂勝瑛，1984；曾華源，1995；孫碧霞、劉曉春、邱方晞、曾華源譯，2000）：

1. 滿足心理之需求：對個人而言，團體中彼此相互協助力量和凝聚力，可以讓人參與團體時有歸屬感和安全感。團體活動不僅可以提供人們鬆弛身心、創造與表達自我的機會外，在團體互動中，成員彼此相互接納，也可以讓人有機會淨化情緒，給人希望。

2. 增強個人社會適應力：團體中除了可以獲得知識和技術外，也可以學習與他人合作，認識利他行為的重要，並學習為其行為負責。

3. 提高社會意識，培養民主情操：社會團體工作可以提供機會讓人關心社區事物，學習履行社會參與和社會責任，並在團體互動中，透過尊重個人表達意見權力，以及學習尊重人的方式表達意見，使民主生活方式可以從直接經驗中慢慢學習。

因此，社會團體工作透過團體領導者經由方案的設計，運用團體動力增進成員凝聚力與信任感，使得團體可以發揮：

1. 預防性：透過教育的過程專門對正常人、社會技巧不純熟的人給予教育，協助其社會化的過程。

2. 治療性：透過團體的互動方式，協助個人改善其負面對應問題的方式與情緒。

3.發展性：幫助個人發掘自己的長處與優點，進而肯定自己，
　　使自我獲得良好的發展。

　　運用社會團體工作協助發展遲緩兒童家庭時，主要是希望透過團體工作的介入，使得發展遲緩兒童之家長在團體中可以獲得相關的資訊、情緒支持與治療以及擴充人際網絡等協助，並透過團體的運作，使家長可以與其他具有相同問題的成員，彼此相互支持與資訊交換，而能夠產生自助（self-help）的力量，使其可以更能適應問題的情境與解決困難，此外，也能經由自助團體的力量，藉由爭取改善或改變目前政策與福利制度上的缺失，以爭取更多有利於發展遲緩兒童與其家庭的資源。在早期療育領域中，由於家長面對孩子發展遲緩的狀況時，可能會因為孩子遲緩的程度與類型的不同、發現孩子為遲緩兒童的時間不同、孩子目前發展階段的不同、家長或家庭基本特質（如教育背景、家庭支持度、家庭類型等）的不同等，而在需求與需要協助的類型上也會有相當大的差異。依據發展遲緩兒童與其家庭的需求以及上述所討論過的幾個變項，並包含團體工作應發揮之教育、治療與發展等功能，早期療育社會工作團體的類型可用下列分類方式來設計：

（一）依據孩子遲緩程度與類型的不同

　　因為孩子遲緩程度與類型的不同，家長或主要照顧者所需要學習的教養知能便不相同，因此，社會團體工作者可以依據孩子遲緩程度與類型的不同，設計相關開放式或封閉式團體，如自閉兒家長教養知能訓練團體、語言遲緩兒童家長情緒支持團體、動作發展遲緩兒童感覺統合認知訓練座談會等等。

（二）依據孩子發展階段的不同

依據兒童發展理論，每個孩子因為發展階段的不同，其本身與家庭所需要的協助也並不相同。因此，早期療育社會工作團體也可以依據發展遲緩兒童發展的階段不同來設計，如初期發現發展遲緩兒童之家長情緒支持團體、零至二歲發展遲緩兒童在家中療育技巧訓練團體，及將進入小學之發展遲緩兒童之轉銜準備成長團體等。

（三）依據家庭基本特質的不同

每個發展遲緩兒童其家庭特質的不同，其所需要的協助也不同。因此，社會團體工作者可以依據家庭的特質設計相關的團體，如發展遲緩兒童單親家長之情緒支持、教養知能訓練團體、非原生父母之主要照顧者相關團體或座談會等等。

二、社會團體工作的過程

社會團體工作的運作大致可以分為：團體開始前的準備階段、團體的開始階段、團體的工作階段、團體的結束階段，下文中將針對此四個階段應包含的工作內容加以介紹（呂勝瑛，1984；黃惠惠，1993；曾華源，1995；孫碧霞、劉曉春、邱方晞、曾華源譯，2000）：

（一）團體開始前的準備階段

社會團體工作要能運作，首先必須由社會團體工作者撰寫一份團體計畫書，以瞭解此團體的目標、該招募何種成員、如何招募、機構對於團體所提供的資源等等課題，其大該包括下列幾項

工作重點：

1.決定團體目標

（1）調查成員的需求：透過問卷、家庭訪視、個案會談的紀錄等方式，評估潛在的團體成員，可能他的需要是什麼？亦即團體的主要對象爲何？有何需要？成員想要的和需要之間有何差距？

（2）機構的配合度：瞭解機構本身對於團體工作的認同度與可以提供協助的方式與程度，以決定團體目標的擬定。

（3）團體想要達到的目的：團體想要達到的目的爲何？是要達到治療性、教育性或是預防性等功能？成員可透過團體的運作獲得那些東西？

2.團體的籌組

（1）選擇達到團體目標的對象：

‧成員之間的相似性：一、個人屬性：如年齡、職業、性別、種族、教育程度；二、行爲屬性：如問題型態、問題解決技巧。

‧成員間的差異性：成員間的差異性如果太大時，互動型態會受到影響，且成員團體外的活動會影響到團體活動內容的進行。

（2）團體的凝聚力：成員之相似性、差異性太一致可能會影響團體的活動團體是否有辦法解決相異的價值觀念，若觀念一致的話，會互相吸引。所以團體裡不要太相似，也不要完全不相似。不要讓團體成爲二個相對立派別。

（3）團體工作方案設計與團體組成之間的關係：團體工作方案一般說來，若由團體成員來做決定，有時不太容易。所以由團體領導者先考慮團體活動內容，再由成員決

定。因此，在設計團體工作方案時，團體工作者必須考慮團體的性質（開放式或封閉式）、目的（治療、教育或支持性）大小、時間、場地與次數等。

（二）團體的開始階段

當成員剛進入團體的時候，團體工作者應協助其認識團體與成員、瞭解團體目標等，是相當重要的工作內容。

1. 協助成員認識團體、工作者與其他成員。
2. 澄清團體目標：藉由團體目標的討論，協助成員釐清不合理的團體期待，並瞭解團體的工作目的與重點。
3. 擬定團體規範：可由團體成員自行擬定團體規範，如保密、準時等等。
4. 建立安全信任的親密關係：團體開始階段，工作者必須運用團體工作的技巧，如真誠、溫暖、同理等，協助成員能以自在、輕鬆與信任的方式在團體中參與互動。

（三）團體的工作階段

在此階段中，成員若是仍處在衝突階段，工作者則必須扮演協助者的角色，協助成員解決並面對衝突情境。若是順利進入團體工作階段，團體工作者的角色漸漸被成員取代，即成員透過本身的團體動力，達到成員個人與行為與環境改變之目的，其工作重點有：

1. 協助成員改變錯誤的認知結構。
2. 選擇改變的行動焦點：社會團體工作者透過團體達到成員改變可運用團體中的個人、次團體、整個團體、環境等四個行動焦點。每一個行動焦點中，社會團體工作者所必須注意的

事項、運用的技巧都會有所不同。

3.鼓勵成員嘗試運用與目前不同的方式解決問題。

(四) 團體的結束階段

團體結束階段主要的工作重點是協助成員學習行為與觀念上的鞏固，這可以有效促使團體效能的增加。其工作重點包括：

1.團體的結束工作

（1）瞭解和處理成員與團體的關係。

（2）維持團體經驗所帶來的影響。

（3）幫助成員在日益複雜的社會中運用在團體中所學習到的經驗及技巧。

（4）幫助有需要的成員去尋找新服務及運用新服務。程序要安排妥當。

（5）透過回饋增強成員改變的行為，並持續之。

（6）處理未完成之事。

（7）鼓勵成員表達正負向之情緒，並於團體處理之。當成員有激烈的情況，最好能個別的互動。

（8）鼓勵成員表達未來之行動計畫。

（9）提醒保密。

（10）提供諮詢或轉介服務。

（11）處理團體工作者自己的主要情緒。

2.團體的評鑑 (evaluation)

在評鑑團體上，可分為幾個主要的方式：

（1）團體工作者的主觀感受與意見。

（2）成員個人主觀感受與意見。

（3）詢問被服務者的意見與感受。

（4）請其他專家透過團體工作紀錄、錄影帶進行團體客觀的評估工作。

在評估團體的工具上，可以選用問卷、團體紀錄、自我評量、觀察、或是其他（如單案實驗研究）等方式，針對團體目標的達成度、成員行為的改變等進行團體效能之評估。

經由上文的討論，筆者將社會團體工作各個過程中的合理期待、情感表現與團體工作者之工作重點整理如表7-1。

社會個案工作案例討論（一）

由於發展遲緩兒童家庭所面臨的問題相當多元且複雜，加上其問題可能隨著兒童發展遲緩程度的不同或是階段的差異，而具有不同的形貌，因此發展遲緩兒童家庭在孩子發展的每一個階段中都會有不同的需求，針對這些需求不能或無法達成便產生了問題。因此唯有在最短的時間內協助其階段性問題能夠有效解決，達成任務，發展遲緩兒童家庭才能有效解決問題並累積其問題解決的能力。在社會工作針對家庭的處置方法中，「任務中心取向」屬於短期的社工處置取向之一，其在協助具有多元問題的案主界定問題的類型與本質、問題解決的規劃與執行上是最具特色的。因此，針對發展遲緩兒童家庭所面臨的問題複雜與多元的特質，社會工作者若能有效運用任務中心取向，對於協助發展遲緩兒童家庭釐清問題的本質、設定解決問題的目標、進行案家問題解決的能力等會有具體的功效。本節將以任務中心取向為基礎，進行初期發現發展遲緩兒童之家庭的處置。

表7-1 社會團體工作各過程合理期待、情感表現與團體工作者之
工作任務

團體的過程	合理期待	情感表現	工作重點
團體的準備與開始階段	成員對工作者 1.領導者可以親切、溫暖的對待我，能夠讓我瞭解參加這個團體將讓我經歷什麼事，有什麼收穫。 2.要求領導者可以重視自己的意見。 工作者對成員 1.要對團體有興趣並且願意一起參加。 2.不要一味抵抗或挑戰團體要求，也必須要體諒團體領導者的疏失。	成員 焦慮、沉默、依賴、抗拒、挑戰工作者。 工作者 緊張、害怕無能力解決衝突。	1.決定團體目標。 2.團體的籌組。 3.協助成員認識團體、工作者與其他成員。 4.澄清團體目標。 5.擬定團體規範。 6.建立安全信任的親密關係。
團體的工作階段	成員對工作者 希望能夠有效解決我缺乏自信的問題。 工作者對成員 積極參與團體活動，以便達到團體目標。	成員 願意主動關懷團體其他人、信任工作者。	1.協助成員改變錯誤的認知結構。 2.選擇改變的行動焦點。 3.鼓勵成員嘗試運用與目前不同的方式解決問題。
團體的結束階段	成員對工作者 告訴我在團體中的改變與出去後的注意事項。 工作者對成員 1.能夠分享在團體中的收穫與回饋。 2.達到所預定的團體目標。	成員 難過、擔心出去團體之後的適應、害怕、不捨。 工作者 不捨、擔心團體目標有無達成。	1.團體的結束工作。 2.團體的評估。

資料來源：作者自製（2002）。

一、發展遲緩兒童家庭之問題類型

誠如前文所述，發展遲緩兒童之家庭所面臨的問題是多元且複雜的，並且其問題因孩子發展階段與遲緩程度的不同，也會延伸不同的問題。任務中心取向對於問題類型的釐清與界定，並設計任務執行計畫，讓案主瞭解問題並改變認知等中心理念，對於發展遲緩兒童之家庭的協助是相當適切的。尤其是對於初期發現發展遲緩兒童之家庭，在面對以往生活中不曾遭遇過的問題，難免會出現恐懼、驚慌，加上對於發展遲緩的認知不足，在照顧之能上的缺乏是相當容易引起家庭生態改變。因此若不及早進行處置，家庭對於孩子療育的資源與支持度不足，則容易讓早期療育的結果大打折扣。茲將初期發現發展遲緩兒童之家庭可能遭遇的問題，運用任務中心模取向分類的八大類型問題來探討：

（一）人際衝突

家中有發展遲緩兒童，最常發生的狀況便是親友之間意見的不協調所造成的衝突，例如，父母之間因為教養問題不一致所產生的人際衝突、婆媳之間在照顧孩子上觀念不同所引發的衝突，甚至非發展遲緩孩子與父母或手足之間的衝突等，都是發展遲緩兒童家庭所可能面臨的問題。

（二）社會關係中的不滿

發展遲緩兒童的家長在面對孩子的身心狀況遲緩的現象時，可能會產生在社會關係中因為擔心或他人奇異的眼光，而產生社會關係過於消極的狀況。也有可能因為面對孩子發展遲緩的現象，在社會關係上表現的太過積極與主動，例如，積極與孩子相

關的教師、醫療人員建立關係等,而產生此方面的困擾。

(三) 正式組織的問題

發展遲緩兒童在進行早期療育時,涉及的領域相當廣,包括社福機構、學校及醫院等組織,因此發展遲緩兒童家庭常因孩子的狀況與正式組織產生衝突。例如,孩子因為發展遲緩的身心狀況遭受幼稚園拒收的情況時,家長可能會運用其他機制與幼稚園抗衡,產生衝突情況。

(四) 角色執行困難

當家中的孩子是發展遲緩兒童時,家長應有的教養職責可能除了單純的照顧之外,尚須包括對特殊教育知能的瞭解,才有可能擔任發展遲緩兒童的家長角色,但是在角色的執行上是需要學習與經驗的,因此針對剛發現發展遲緩兒童的家庭,家長在角色扮演與執行上一定會遭遇困難挫折的階段。

(五) 社會情況改變的問題

為了照顧發展遲緩兒童,父母一方可能必須將原有工作調整(離職或調職),面對生活重心與社會情況的改變,家庭的生態一定會有所改變,這樣的問題也必須調整或加以解決。

(六) 反應性情緒壓力

當家中有發展遲緩兒童時,家人都會有情緒上的壓力,這些壓力包括對孩子現在狀況的不瞭解、對未來狀況的擔心等,這些情緒壓力的來源大都是由於家人缺少對發展遲緩兒童照顧的能力或是對相關政策、知能的不瞭解等原因。

（七）不當的資源或資源不足的問題

　　發展遲緩兒童之家庭必須擁有足夠的資源才能解決所面臨的問題，例如，療育資源的瞭解、社會福利資源的相關補助等，因此若是在資源尋求上的管道不足或是缺乏相關協助資源，常會使發展遲緩兒童家庭陷入困境。

（八）其他問題

　　一些無法歸類到上述類別的問題。例如，對發展遲緩事實的抗拒、雙親照顧人力不足等。

二、案例介紹

（一）家庭生態圖

　　若以生態理論的觀點來看，家庭的壓力、問題不只源於家庭或只是單純的源於環境，而是源於兩者不協調所致（黃鈴翔、張意眞譯，1999）。所以下文中將先就案家的生態圖（見圖7-2）、問題陳述、資源評估和需求評估加以探討，再運用任務中心取向的處置流程進行處置。

（二）問題陳述

　　案女平時語言表現上便比一般同年齡的兒童遲緩，案主經友人建議將案女送至醫院接受醫師診斷，經醫師診斷後評定為語言發展遲緩兒童，必須進行相關的語言療育才能改善其語言遲緩的現象。案家經濟狀況小康，案夫為一家公司的職員，月收入約為50,000元，案主為小學教師，月收入約為45,000元。案女原由案母

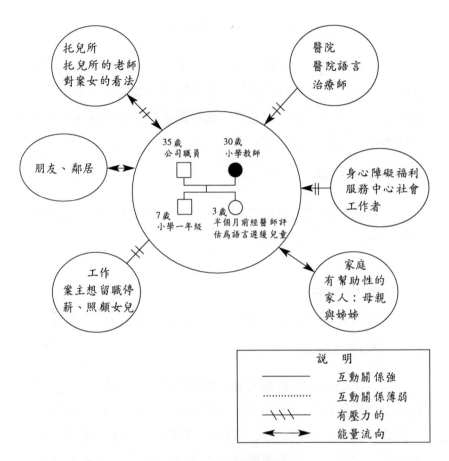

圖7-2　案家的生態圖

照顧，但經醫師評定有語言發展遲緩的現象之後，案主目前考慮
留職停薪，以便專心帶案女進行語言療育。因為案女的發展遲緩
狀況，案家整個生態系統產生了改變，案主夫妻也因為自己的工
作與孩子療育的取捨問題陷入兩難，加上對發展遲緩概念與早期
療育服務資源的不熟悉，案家頓時陷入焦慮、擔心的情境中，因
此案主尋求戶籍所在地的身心障礙福利服務中心社工組尋求協
助。

（三）資源評估

　　從案家的生態圖中可以發現，案家與擴展性家庭的家人與朋友鄰居有較積極且正向的互動，這二個資源是案家很重要的正向協助資源。此外案家與案女托兒所的教師、身心障礙福利服務中心的社會工作者也有單向接觸，但是這二個資源對於案家而言，都是具有壓力的。因為托兒所的教師對於案女語言遲緩的現象有些排拒、擔心，害怕影響到托兒所其他小朋友的學習，也擔心自己的特教知能不足無法協助孩子因語言遲緩而造成的學習落後。此外，身心障礙福利服務中心社會工作者和案家討論日後任務的執行，對於案家也是一個有助力但卻具有壓力的來源。醫院的語言治療師則是固定每週為案女進行語言治療，互動次數固定，但是屬於醫院單方向的能量提供，也是案家在經濟上、心理上的一個壓力來源。

　　在運用任務中心取向進行處置前透過案家生態資源的瞭解，將有利於社會工作者對案家問題的瞭解、任務計畫執行時的參考。因此社會工作者應有效運用與案家有接觸的資源體系，並協助案主面對具有壓力的資源，透過認知改變的處置策略與技巧，協助案主得以將有壓力的資源經由任務設計、執行，轉為有力的資源。必可透過這些原先具有的資源體系加以擴展，增加案家的資源以便能具備更佳解決問題的能力。

（四）需求評估

　　這個案例是屬於初期發現發展遲緩兒童的家庭，因此以任務中心取向的觀點來看，其處在問題發生的初期階段。由於家長屬於高知識分子，具有較佳的學習能力和問題處置能力。對於剛發現孩子的問題是過去所未曾經驗過的，對發展遲緩的概念與認識

都不足，難免會產生無助與焦慮。因此在問題發生初期，家長缺乏處理孩子發展遲緩的知能與資源，容易造成其對家中有發展遲緩兒童時，該做些什麼？能做些什麼？怎麼做？等問題模糊不清的狀況，而形成家庭危機。此時，案主家庭尋求協助與接受協助之動機最強。因此在剛發現家中有遲緩兒童的家庭其需求不外乎是：急欲尋求相關的醫療資源、社福資源、心理調適等相關資源，以便能夠藉由問題的解決讓家庭恢復平衡、孩子可以接受最佳的療育。

總括說來，案主父母具有較佳的經濟生活能力，學習能力與問題處置動機強，需求產生之主要影響因素在於缺乏醫療與復健的資源與資訊、調適父母照顧之角色、處置焦慮不安與無助之情緒、調整父母生活之方式。所以在協助初期發現發展遲緩兒童的家庭時，社會工作者可以運用任務中心取向協助家庭儘速釐清問題、界定問題類型、討論各項問題的優先處理順序，藉由任務的確立與安排，協助案家解決初期問題，並累積案家在日後解決問題的能力。

三、任務中心取向處置流程之運用

根據上文中的案例，社會工作者在先界定案主的任務階段之後，根據案主在該階段中具有的需求，運用任務中心取向的處置流程進行社工處置，讓讀者可以瞭解並熟悉任務中心取向在針對發展遲緩兒童家庭進行社工處置的步驟與方法。

（一）社會工作者與案主進行問題探索與討論

釐清案主最想要解決的問題，並界定問題類別，在此步驟中所界定的問題必須是案主所界定且想要解決的，社工員協助案主

敘述想要解決的問題，並訂出問題的優先順序。工作者可利用問題類型表（見表7-2）（Judith & O'Byrne, 1998），經由案主自行勾選，再和工作者討論，如此的處置方式可以讓案主思考自己的問題，工作者也可以發揮協助者而非指導者的假設。例如，此案例中，案主最想要解決的前三個核心問題依序是：

1.療育資源的尋求。

2.語言遲緩相關醫療、復健知能的認識。

3.案主工作的取捨。

在後續問題類型表的討論過程中，又可歸納出案主想要解決的次要問題是：

1.案主夫妻的心理情緒壓力。

2.案家的經濟支持問題。

表7-2 案家之問題與需求

問題嚴重性 問題類型	無	很低	一些	很多	嚴重
人際衝突 案主與案夫療育、照顧觀念不同		※			
社會關係中的不滿	※				
正式組織的問題	※				
角色執行困難 案主在照顧角色執行上的困難			※		
社會情況改變的問題 案主的工作取捨問題				※	
反應性情緒壓力 案主夫妻的心理情緒壓力			※		
不當的資源或資源不足問題 1.療育資源的尋求 2.語言遲緩相關醫療、復健知能的認識 3.案家的經濟支持問題			※	※	※
其他問題	※				

資料來源：Judith & O'Byrne(1998).

3.案主在照顧角色執行困難的問題。

4.案主與案夫療育、照顧觀念不同。

（二）簽約

列出要處理的任務，並與案主討論任務優先處理的順序、定出處置期限等。此步驟中，社工員應與案主討論要處理的任務有哪些？這些任務的優先處理順序為何？協調適合的處置期限，並討論每個問題處置所要達到的結果。例如，「尋求療育資源」，是要做到提供案主相關的療育機構名單？或是與案主討論各療育機構的優缺？還是必須做到協助案主與該療育機構接洽？服務想要達到的結果，可以利用契約以保障案主與社工員的權益。

（三）任務計畫與執行

社會工作者與案主討論如何執行任務？並和案主共同分析現有的資源有哪些？有哪些資源是可以再開發的。以上述案例為例：

1.療育資源的尋求：社會工作者與案主一同討論目前有提供語言治療的療育單位，並選擇最適合案家情況（交通、費用等）的療育單位。

2.語言遲緩相關醫療、復健知能的認識：社會工作者提供資訊並連結相關資源，例如，有關語言遲緩的家長知能研習會或親職教育課程、相關文獻資料等，並可以邀請案女托兒所的教師一起參加或提供語言遲緩的資訊，以降低教師的擔心疑慮，進而降低案主在此方面的壓力，解決案主的問題。

3.案主工作取捨的問題：社會工作者與案主討論目前的工作與孩子療育狀況，並討論留職停薪與否的優缺點、設計決定是否留職停薪之後該進行的職務計畫，若決定留職停薪則必須

和案主討論後續的療育安排，若決定繼續工作則必須解決照顧與由誰帶孩子進行療育的問題。

4.家庭生活作息與角色之調整。

5.夫妻照顧子女角色之配合。其中各項任務處置之優先順序應與案主夫妻共同研商。

（四）任務探索

這個流程的工作重點包括任務執行的演練、分析任務達成的阻礙因素與解決方法、社會工作者並可以安排相關的家庭作業讓案主執行任務並列入評估。以此案例為例，案主因為家中出現發展遲緩兒，使家庭原來平衡的生活系統出現改變之需要。焦慮與無助來自對養育子女的無知、責任之加重與如何改變較為適當的恐懼。自己母親的角色除了單純的照顧之外，也必須擔負孩子療育的責任，因為在不熟悉與不瞭解的狀況下，產生了角色執行困難的情況。在此社會工作者可與案主一同討論並設計相關角色扮演模擬的機會，例如，協助案主參加發展遲緩兒童父母之成長團體，在團體中模擬並學習其他家長的角色扮演。或是藉由家庭作業的安排，讓案主每次回家練習與角色相關的工作，在和社會工作者討論執行的困難或收穫，讓其角色執行能力逐步提昇。

（五）結案

在結案的步驟中，社工員必須評估在任務執行過程中，所進行處置的成效。並檢視每一個過程中案主在家庭作業的學習與成長，進而協助案主檢視自己在處遇的過程中，對於問題是否有效解決？自己的問題解決能力有沒有有效的增加？對於後續問題處理是否要延長處遇期限？或是應轉介至其他機構持續處置？這些方面都是在結案階段，案主和社會工作者應該一起討論、協調

的。例如，此案例中，案主的療育情況不樂觀，案主與社工員討論後的結果，發現是案女的語言發展遲緩的現象並不適合在此機構進行，此時社工員可能就要協助案主協調原有療育機構的療育方式，或是轉介其他合適的機構。

社會個案工作案例討論（二）

　　家庭在照顧發展遲緩兒童的過程中，家庭成員會感受到自己的孩子與其他孩子是不相同的、在日常生活中也會感受到不方便，甚至對於未來孩子的發展具有不確定的感受、懷疑自己是否具有照顧孩子能力等等負面的自我評價。此外，一個需要照顧發展遲緩兒童的家庭，在面對身心障礙兒童的療育與復健、家庭與外在環境（社區、學校、醫療單位與社會福利單位等）的互動經驗，以及外在環境對其使用資源的限制這三個面向上，常會有挫敗、擔心等無力感，這些無力感受也影響著這些家庭，使其無法對於家庭可能具有的力量、資源無法察覺，甚至缺乏正向、積極的解決動機。這樣的情況，使得這些家庭成為一個無助、無能力、無奈的受助者。社會工作增強權能觀點將服務對象視為一個具有解決問題、面對困境能力的人，透過增強權能觀點的介入，社會工作者可以發現發展遲緩兒童與其家庭的無力感是什麼？並透過力量觀點對於案家能力與資源的研判過程，激發案家的動機、增強案家的能力，使其具有與一般人相同的機會和資源，過自己想要的生活。

一、案例介紹

　　王太太為一個聽覺障礙者，其與同為聽覺障礙者的先生結婚之後，生下一位聽力發展遲緩的孩子，目前孩子已經三歲。在孩子二歲經醫師診斷為聽力發展遲緩時，王太太便積極的尋找療育資源，目前孩子在台北市一家提供聽語訓練的社會福利機構接受每天三小時的早期療育服務。由於王太太與先生同為聽覺障礙者，因此，孩子在機構接受訓練之後，回到家中並沒有與其他孩子相同的語言學習環境（因為王太太與先生都是以手語作為溝通工具），孩子學習的進度比一般孩子慢，為此王太太相當焦慮，也不知道該如何處理？因此，尋求機構的社會工作者加以協助。

二、增強權能觀點處置流程之運用

（一）對話階段

　　在此階段中，社會工作者以建立專業關係相關的技巧，協助王太太釐清自己目前焦慮形成的原因，以及未來想要達到的處置目標，依據這些處置目標，社會工作者與王太太一同討論可以運用的資源有哪些？在運用這些資源時可能有的助力與阻力又是什麼？社會工作者並在此階段中，瞭解王太太與其家庭對於孩子回家後的聽力及語言療育復健上的「無力感」是什麼？這些無力感的形成又是來自於哪些原因？協助王太太看到自己所面臨的挑戰與問題是什麼？社會工作者也必須在此階段中界定王太太的問題，是否為機構可以提供協助的？若不能則必須提供相關的轉介服務。

（二）發現階段

　　增強權能觀點強調藉由發掘案主無力感形成的原因之後，進而運用社會工作力量觀點協助案主除了看到自己的不足及限制之外，更能發現自己的資源與優點，藉由這種不同於以問題作為處置焦點的方式，協助案主發現另一種解決問題的可能。在此階段，社會工作者可以運用在本書第五章所探討的「社會工作力量觀點的研判架構」，進行案主問題的研判。

　　以王太太的情況而言，他與先生同為手語系統的聽覺障礙者，在協助孩子進行聽力與語言的復健時，本來就會遭受到生理上的限制，這種限制也成為王太太在教養孩子時最大的無力感來源。但若透過力量觀點對於案主問題的研判時，我們發現王太太本身具有樂觀、熱心的人格特質，在機構中也常常犧牲自己的時間，協助其他無法前來機構陪同孩子進行療育的家長，照顧他們的孩子，因此，機構中其他的家長對於王太太日常的幫助都相當的感謝；加上，王太太與機構中一位林太太是鄰居，此外，王太太的妹妹是一位幼教老師，並住在王太太隔壁的社區；因此，社會工作者發現了王太太個人與環境二部分皆有相當有利的資源。所以，社會工作者就可以依據這些資源，與王太太一同討論，進一步去協調林太太與王太太之妹妹，在一星期中可以以輪流的方式，在晚上協助王太太的孩子進行日間療育課程之複習，解除王太太與其先生在生理部分無力的感受。此外，也可以徵詢機構聽語訓練師的意見，協助王太太設計一些不需要運用到聽力，也可以協助孩子複習的方案，以增加王太太在教養孩子上的著力點與建立信心。

（三）發展階段

　　在發展階段中，社會工作者除了協助王太太可以運用其個人與環境中有利的資源之外；也可以進一步聯合機構中接受早期療育服務的家長，組成自助的網絡，讓家長依據本身的能力、時間進行分工，除了可以有效整合既有家長互助的資源之外，更可以整合家長的力量，為發展遲緩兒童所需相關的早期療育服務與政策，進行倡導的工作。

第八章

早期療育社會工作間接服務方法

◆社會資源網絡的建構

◆志願工作者的招募與管理

◆社會工作督導

◆社會工作研究

　　在早期療育服務領域中，社會工作者除了運用個案、團體等直接服務方法提供發展遲緩兒童與其家庭相關的服務之外；針對社會資源網絡的建構、志願工作者的招募與管理、早期療育社會工作督導與早期療育社會工作研究等間接服務方法，也是社會工作者在創造發展遲緩兒童與其家庭無障礙環境時，不可缺少的工作方法。本章將針對上述幾項間接服務方法，做簡單的介紹。

社會資源網絡的建構

　　發展遲緩兒童由於其生理、心理上功能的限制，除了需要相關醫療單位提供早期治療之外，也需要學前教育單位提供其早期教育的資源，此外，發展遲緩兒童與其家庭也需要社會行政單位在早期療育服務政策制訂與計畫執行的協助；社會福利機構提供其所需的社會資源、個人與家庭服務等協助。由上文中可知，發展遲緩兒童與其家庭因為具有多元問題與需求的特質，其所涉及的資源體系相當的多；加上目前國內早期療育服務的資源因為區域的不同，可能出現資源型態不一或資源分配不均的狀況；甚至出現資源不足或是缺乏服務對象所需資源的情況。因此，在早期療育領域中，可以透過社會資源網絡的建構，進行早期療育資源的整合與規劃，使發展遲緩兒童與其家庭可以較有效率的獲得其所需要的服務與資源。

一、社會資源的類型

　　凡為了因應社會需要、滿足社會需求，所有足以轉化具體服務內涵的一切，皆可稱為社會資源（黃維憲等人，1985；曾華

源，2000）。具體而言，它包括了物力、財力、活動空間及天然資源等「有形的物質資源」；人力資源、專業技術、社會意識、社會關係、組織結構等「無形的精神資源」（黃維憲等人，1985；曾華源，2000）。若以服務對象使用資源的角度來看，可將資源分為內在資源與外在資源（張英陣、朱小綺，2000）：

（一）內在資源

內在資源通常指服務對象本身與其家庭所具有的能力、正向、積極等面對問題時的正向特質等優點，足以協助服務使用者解決部分問題及滿足需求。像是發展遲緩兒童之家庭成員的凝聚力、彼此相互支持的力量、較高的社經地位、較廣的人際資源網絡、家長本身具有樂觀、積極的人格特質等，都是早期療育社會工作者在提供服務時，可以運用的服務對象的內在資源。

（二）外在資源

外在資源係指提供服務對象必要之服務的個人或組織，外在資源可分為正式資源與非正式資源。

1.正式資源

正式資源通常是指相關行政單位與組織所提供依照某些政策與規定所制訂的服務，服務對象必須依據該單位的規定提出服務申請，若符合申請資格方能接受服務。正式資源可分為公部門資源與私部門資源。

　　（1）公部門資源：像是社政單位、衛政單位、民政單位、警
　　　　　政單位及公立學校所提供的服務皆屬於公部門資源。早
　　　　　期療育領域中有關於通報轉介中心所提供的通報、初步
　　　　　篩檢、轉介等服務工作都是屬於各直轄市、縣（市）政

府社會局自行或委託民間機構所提供的公部門正式資源。

(2) 私部門資源：私部門主要是由非營利組織與營利組織所提供的服務，非營利組織的服務可能提供免費的服務，亦可能需服務使用者付費；營利組織的服務大都需使用者支付費用，或由第三者（如政府或保險公司）付費，當然亦可能是營利組織提供公益贊助，如財團法人、其他社團法人，甚至地方的善會、愛心會、企業團體等。

2.非正式資源

學者Bennett和Deluca（1996）的研究中發現，家中有發展遲緩兒童的家庭有下列幾項重要的非正式資源包括：

(1) 親朋好友：如發展遲緩兒童其家庭成員的親戚、鄰居、社區居民、好朋友等。

(2) 家長團體：發展遲緩兒童之家長若有參加相關的家長成長團體，或是有參加定期與不定期的發展遲緩兒童之家長聚會，這些團體與聚會也是相當重要的非正式資源。

(3) 目前已成為朋友的專業人員：即使目前發展遲緩兒童與其家庭在接受一些單位的專業人員協助，在進入此單位之前，該家庭可能在之前的受助經驗中，有持續聯絡的專業人員，也可以成為此家庭的非正式資源。

(4) 宗教信仰：若家庭有屬於自己的宗教信仰，則能提供其在面對孩子遲緩情況時，所需的心理支持。

二、社會資源網絡建構的定義與思考要項

（一）社會資源網絡建構的定義

社會資源網絡是指凡為了因應社會需要、滿足社會需求，所有足以轉化具體服務內涵的組織，彼此相互協調合作，以便共同有效的滿足被服務者的需求（黃維憲等人，1985；曾華源，2000）。所謂「建構」指提供服務的單位具有相同理念或是具有需要分配服務資源者，形成有系統和明確分工的過程，使服務能透過網絡來進行協調與合作而有效完成（曾華源，2000）。例如，一位戶籍在台中縣的發展遲緩兒童，經由通報程序進入「台中縣發展遲緩兒童早期療育通報轉介中心」時，可能需要醫療體系、教育體系與社會福利體系的介入，此時，在台中縣內相關的單位因為具有相同的理念（提供此位發展遲緩兒童與其家庭最適切的服務），以及具有需要分配服務資源的特性（哪一個機構該做什麼？提供什麼？向誰負責？下一步需要轉介至哪一個機構？），則便可以著手進行台中縣內有關早期療育社會資源網絡的建構。

（二）社會資源網絡建構前的思考要項

網絡的形成與維繫源自於網絡中的各個分子的策略選擇；通常每個機構或個人都有本身做事情的原則和預期，除了決定計畫的可行性或是此網絡對於機構或服務對象本身的優缺點為何？決定要不要和其他機構合作，最重要的考量因素是過去合作經驗的印象、當事人從他自己的網絡得到什麼訊息，以便判定彼此合作過程中是否會帶給服務對象或機構無法承受的不利，或是否可以達成機構與服務對象的期望（曾華源，2000）。在早期療育社會資

源的整合與機構合作的過程中，具有下列幾項問題（朱鳳英，
2000；楊玲芳，2000；內政部兒童局，2002b）：

1. 資源不足：各地療育、醫療資源分布不均，且相當不足。造
   成通報後的個案，在轉介階段中常需久候所需資源，延誤進
   行早期療育服務的最佳時機。
2. 專業、機構跨專業合作的理念難以執行：由於早期療育服務
   領域跨社會福利、衛生、教育三大領域，因此在進行轉介工
   作時，唯有透過各機構與專業之間放下身段，進行專業資源
   整合的工作，但是各專業、機構之間溝通不足，缺乏資源整
   合單位，使得資源難以共享。由此看來，建構社會資源網絡
   可說是有效「媒合需要與服務提供」的過程（曾華源，
   2000），需要透過網絡內不同專業與機構相互合作，開發、
   整合網絡內的社會資源，當然這是一個不容易的工程與過
   程。

　　要建構社會資源網絡並不容易，因此早期療育社會工作者在
結合社會資源與建構社會資源網絡之前，必須先思考下列幾個問
題（黃維憲等人，1985；曾華源，2000），以利進行社會資源網絡
的建構：

1. 需求的確認
   先探究服務對象與網絡內各機構的需求是什麼？

2. 需求滿足方式的選擇
   有哪些方式或計畫來滿足這些需求？

3. 資源的確認
   （1）運作這個計畫需要哪些資源？資源的性質與類別是什
   麼？貢獻與投注的資源是時間、精力、金錢、社會關係

　　或是其他資源？

（2）有哪些現有的資源存在？

（3）需要發掘新的資源嗎？或是只需要將現有資源加以協調
　　整合即可？

4.目前資源整合情形的評估

（1）目前區域內公部門、私人企業、公益社團與財團法人、
　　社區與家庭，在人力、資金、資訊……等之間如何聯繫
　　與整合？有沒有資源重複與浪費的情形？

（2）這些資源可能彼此相互配合嗎？彼此之間是否有良好的
　　溝通管道及網絡？有什麼困難存在其間？應該怎麼進行
　　處理比較好？

（3）有沒有必要設立專責機構與網絡系統，以整合人力、方
　　案、資訊、諮詢……等？

（4）網絡內各機構的人力、財務、計畫設計與執行的能力、
　　與其他單位互動的經驗等條件也必須考量。

5.專責機構的選擇

　　如果要建構社會資源網絡，必須選擇一個專責機構來負責，
這個機構需要重新設立或是在原有網絡的機構中挑選？這個機構
挑選的原則有哪些？

三、社會資源網絡建構的方法

　　一般實務工作者在建構社會資源網絡時，可以有下列幾個主
要的方法（張英陣、朱小綺，2000）：

（一）確認服務對象的問題與需求

　　建構社會資源網絡的第一步便是確認服務對象的問題與需求，在此步驟中，可以運用社會調查法、訪談法、公聽會、焦點團體法等需求評估的方式，瞭解發展遲緩兒童與其家庭的問題與需求。

（二）社會資源分析

　　確認發展遲緩兒童與其家庭的問題與需求之後，可以進一步分析若要滿足這些需求，需要哪些有形、無形、內在與外在的資源，可設計方便機構工作者使用的資源辨別表格（包括需要的資源、現有的資源、缺少的資源、取得資源的方式、誰需要此項資源？找到此項資源要怎麼用？此項資源在服務的社區中是否存在？需不需要與其他單位一起合作？若使用此社會資源對機構或個人而言在獲得與付出上的平衡關係是什麼？等要項）。

（三）確認資源特徵、建立資源溝通管道

　　進行資源分析之後，必須確認資源的特徵、建立資源的溝通管道，在這部分可以考量下列方法：

1. 查閱現存社區中提供早期療育服務單位的簡介，以獲悉現存資源的類別和獲取資源之有關程序。
2. 設計一份早期療育資源的詳細目錄，以供員工與機構運用。
3. 主動與資源擁有者接觸與討論（社區領袖的拜訪、機構服務宗旨與使命的說明、機構的聯盟）。

（四）需求與服務資源的連結

　　在需求與服務資源的連結上，有相當多的方法可以運用，在

早期療育領域中，可以運用方案資源連結的方式來進行社會資源網絡的建構（梁偉康，1990；梁偉康、黃玉明，1994）。所謂的「方案資源」（program resources）係指由網絡內社會福利機構針對服務對象的需求，所提供的重要服務與服務方案。網絡內各單位所規劃的方案資源必須互相連結，才能滿足發展遲緩兒童與其家庭的需求，透過方案交換與合作的方式，達到機構與機構間的合作與資源的交流，其可以運用的方式有（梁偉康，1990；梁偉康、黃玉明，1994）：

1.方案連結

透過網絡內各機構所辦理的個案會議、聯繫會報、聯合接案、資訊交換、教育訓練、出版刊物等方式，使網絡內每一個提供早期療育服務的單位，可以參與其他單位所辦理的活動，並能加強組織的聯繫與交流。

2.職員連結

機構之間相互交換員工接受訓練、不同機構派遣人力組成「任務小組」，共同完成某項特別服務等。例如，早期療育領域中某些單位人力較少或專業知能較不足，便可以與網絡內人力資源較充足的單位合作，將人員送至該單位接受訓練；或是各個單位合作執行某一個早期療育服務方案，視單位性質與專業人員的不同，提供不同的人力，例如，若要執行一項《發展遲緩兒童與其家庭需求的調查性研究》，可以由機構A的社工師、機構B的醫師、機構C的心理師等一起參與該項研究。

3.行政連結

向別間機構提供技術性的援助和諮詢、共同設計工作的標準或指引、服務設施的共享等。例如，中華民國發展遲緩兒童基金會受內政部兒童局委託，所出版的《發展遲緩兒童早期療育工作

手冊》，便可以提供全國發展遲緩兒童早期療育通報轉介中心在執行工作上的參考。

4.財政連結

服務購買（由A機構代表案主向B機構購買服務）、聯合財政預算（例如，設置早療中心，A機構負責硬體、B機構負責人事、C機構提供場地等）等。

（五）倡導

早期療育社會工作者在協助發展遲緩兒童與其家庭連結資源之後，必須定期追蹤，以掌握其所接受服務的品質，若發現該服務資源無法提供服務對象適切的服務時，則必須進行調整或轉介。若是發現在網絡中，某些資源不足甚至缺乏，並且影響到發展遲緩兒童與其家庭使用服務資源來滿足需求的權益時，早期療育社會工作者則必須與案家一同合作，透過社會行動的方式，針對不合理的制度與政策進行倡導，以達到改善或是改變。

志願工作者的招募與管理

非營利組織由於其沒有營業收入、所得盈餘也必須回到服務使用者手中，在財力缺乏、工作任務多卻又無多餘經費聘用專職人力時，此時便會向外募集相關的資源，其中志願工作者便是協助組織工作任務執行上相當重要的人力資源。可是當需要志願工作者的組織愈來愈多、每一位志願工作者投入志願服務的動機愈來愈不相同時，對於志願工作者的運用已經不能只將其視為一群無酬、善心、愛心的社會人士，社會福利機構也必須將志願工作者視為重要的人力資源，並設計相關的管理程序，讓機構可以留

住志願工作者，志願工作者也可以在機構中獲得從事志願服務的快樂與成就感。

一、早期療育志願工作者的角色功能

　　一般而言，志願服務常被限制在補足機構或政府因為經費不足及人力的不足，而認為無法取代正式職員，僅能以補充性的角色來看待。其實可視志願工作者所扮演之角色較為積極，且不是限定在代表機構提供直接服務，還包括參與機構決策，以及積極性反應社會需求和主動採取爭取權益之行動（曾華源、郭靜晃，2000）。

　　Jacobson（1993）就志願工作者在不同組織中所扮演的角色，歸納為：一、直接服務角色：直接與服務對象接觸；二、間接服務角色：從事組織內部的例行作業，如接聽電話、打字等；三、行政管理角色：如計畫並執行董事會和其他領導部門所擬定的政策，例如，訓練規劃、督導和評估等；四、政策制訂角色：人事決策、瞭解組織目標後對問題和議題加以分析、重要計畫的擬定等；五、倡導角色：如影響公共態度，刺激社會變遷，影響其他人的服務或系統的變遷而工作。例如，要求改善或改變目前的社會福利制度等。

　　綜合上述，早期療育志願工作者可能因為其所服務組織性質的不同，而會有不同角色功能，如發展遲緩兒童早期療育通報轉介中心與個案管理中心的志願工作者，其角色功能會隨著該組織、機構服務宗旨、項目與工作需要的不同，而進行不同的規劃。不過，整體而言，早期療育志願工作者的角色功能可以整理為下列幾類：

（一）直接服務的角色

在此角色中，志願工作者可能協助專職的社會工作者進行發展遲緩兒童與其家庭的初步接案會談、家訪、活動帶領、托育協助等直接與服務對象接觸的工作。

（二）間接服務的角色

早期療育志願工作者也可以協助機構或組織相關的行政工作，如刊物的編輯、文件打字處理、電話總機等工作。

（三）行政管理的角色

當志願工作者對於機構的服務宗旨、服務項目、組織架構、發展遲緩兒童與其家庭的特質與需求等層面經過評估已有清楚的認知時，機構便可將董事會決議執行的某幾項方案，交由組織內的志願服務隊負責，以增加志願工作者對組織參與的向心力，並能提高其成就感。

（四）政策制訂的角色

可以請資深的志願工作者協助機構篩選新進的志願工作者，與專職工作者一同擬定部門或是機構整體的相關政策決策，如人事規章、考核辦法等。

（五）倡導的角色

在此類角色中，早期療育社會工作者可以與志願工作者、發展遲緩兒童與其家庭本身，針對目前不適宜的早期療育相關政策、制度，藉由倡導的方式促使其改善或改變。

二、志願工作者的招募與管理

志工不是愈多愈好，因為志工對組織來說可能是一個助力，但也可能反而製造新問題，造成阻力。例如，如果沒有對志工的角色定位、職權與工作內容及早規劃，可能會導致提供不適當的服務；分工不清楚，也會影響機構與專職人員的業務運作，並且產生專職人員與志工的衝突；志工訓練如果做得不夠好，在提供服務時，不僅會損及服務對象的權益，更因為提供不適當的服務，損及機構的形象等問題。因此，志工人力資源管理是組織極需要做的事。

管理志工絕不是憑經驗或訴求情感就可以勝任，而是一定要制訂一套管理辦法，透過制度化的安排來執行（曾華源，1997；曾華源、鄭讚源、陳政智，1998；陳政智，1999）。雖然很多社工人員認為管理違反了社會工作專業價值與理念，寧願以人際取向的方式與志工互動，但在社會心理學中有一個觀點：如果一個人為了達到目標，同意經歷困難或痛苦的過程，那麼這個目標將更具吸引力。因此，加入儀式愈艱難，參與者愈喜歡他所加入的團體，而為了加入團體所付出的辛勞越多，也愈喜歡加入的團體（Aronson & Mills, 1959; Gerard & Mathewson, 1966; 引自陳政智，1999）。因此，若以這種觀點來看，管理者建立一套明確、具體的制度，要求志工遵守，並不會引起抗拒，反而使志工更認同組織（曾華源，1997；陳政智，1999；曾華源、郭靜晃，2000）。在志願工作人力資源管理的工作中，大致可以分為：人力資源規劃、招募與甄選、訓練、激勵、評估等五個過程（曾華源，1997；陳政智，1999）。

（一）人力資源規劃

　　人力資源規劃乃根據組織未來的發展及目前員工工作內容的分析，做現有人力狀況、人力負荷的評估，並預估完成目標所需的人力，以決定是否需要向外招募人員或內部晉升等措施。假設提供早期療育服務的社會福利機構預計招募志願工作者時，必須先針對目前機構內所有專職人員的工作內容進行分析，包括：現在手邊有的工作、即將展開的工作、有哪些工作需要志願工作者協助、專職工作者有無時間訓練即將進入機構的志願工作者……等。分析結束之後，再評估目前機構需要志願工作者協助的服務項目是什麼？預計招募多少志工？預計花費多少時間、經費、人力培訓這些志工？……等都是必須先行考慮的。

　　招募志工之前，除必須做人力資源的規劃，另需進行工作分析（job analysis），以界定任務中每一項工作的必要性，決定職位間的關係及明定職位的勝任資格，工作分析也是撰寫工作說明書的必要工具（Schmidt et al., 1992）。工作分析是透過一系列的過程，決定組織內每個職位的工作性質、任務、責任與所需具備的知識和技能（French, 1994）。工作分析應考慮到技術和人性兩個層面，另也應確認執行者的需求和能力（陳金貴，1994）。而在志工的工作分析中，應說明志工及全職職員所扮演的角色（陳政智，1999）。

　　陳金貴（1994）認為志願工作的設計需要職員的涉入，表示意見，讓他們願意與志工們一起工作，並瞭解志工的加入是一種積極的因素，志工不是免費的，需要花時間和金錢去訓練、評估和監督，另外也需要挑戰、社會互動、指導、回饋及感謝。另外，工作設計對志願工作者非常重要，因為當志願工作者帶著本身個人的動機加入非營利組織時，有強烈的企圖，但是卻不知道

在組織中應如何扮演合適的角色，使他無法發揮，並且有效執行工作。但往往組織認為志工沒有得到組織的好處，不敢多做要求，不設計工作說明書，也不去執行，造成志工職責不清，支薪職員無法管理的現象。

工作設計完成後，須將工作內容、責任、權利撰寫成一份書面說明書，並依據此說明書制訂「志工服務手冊」。服務手冊並可以依據實際提供服務的情況，彈性修改，在服務手冊中應包括下列幾項內容：介紹性的內容（如組織現況、歷史、組織體系圖、組織各項設施與環境配置圖）、招募辦法、訓練內容、工作說明、服務項目、組織章程（志工督導、志工隊長等職責與彼此之關係）、工作時間、工作流程圖、可用資源、工作倫理守則、考核及福利、離隊申請等，讓員工瞭解組織與工作環境之概況。透過「志工服務手冊」的制訂，可作為使志願工作者瞭解所服務組織的狀況，並能清楚知道自己的工作職責，不致於無所適從。

（二）招募與甄選

在進行工作分析之後，機構管理者已經瞭解目前組織需要甄選多少志願工作者？又該甄選具有何種條件的志願工作者，志工人力資源管理的下一步便是進行招募與甄選。在招募志工時，已經不能像以往一般以犧牲奉獻精神為號召的重點，而必須在招募簡章中就讓志工瞭解此機構可以提供滿足其需求的志願服務機會。在甄選時，除了必須注意前來甄選的志願工作者其所具備的能力之外，更需要瞭解其參與志願服務的動機以及價值觀，挑選出一個最符合機構要求以及該職位需求的人（Weinbach, 1998）。

招募甄選志願工作者的過程可分成下列幾個階段（陳金貴，1994；曾華源，1997；陳定銘，1999）：

1.選擇招募志願工作者的方式

郵寄宣傳單、運用大眾媒體、親朋好友介紹、刊登廣告、報紙、專業性期刊或雜誌、職業介紹所、或主動告知已確認的可能人選、機構聯合招募等。

2.初次篩選

根據履歷表與所要求人員的條件，初步篩選出一些具有潛力並且符合需求的應徵者，接受機構的進一步面談後錄用。

3.進行面試

除了面試，亦可選擇其他測驗工具，但需注意其信度與效度。面試的目的在評估申請者的技能、人格特質、動機是否合適，以及瞭解申請者的需求與期待，並評估機構是否能滿足其需求與期待。同時亦可向應徵者說明主要工作內容及機構的期待。因此面試是一個互選的過程，而不論結果如何，要讓申請者對機構留下好印象，作爲日後甄選的來源。

4.試用

通過面試的志工，可由機構安排短期（一至三個月）或是參與某項活動與方案的工作，一方面可以評估試用志工對日後工作安排的勝任度，也可以提供志工再次確認自己是否有興趣，有意願投入此機構工作。

5.正式任用

通過試用的志工，則依據機構的規定，可正式授證，使其成爲機構中之正式志工。

（三）訓練

提供機構內的志願工作者相關的訓練課程，是爲了協助其獲

得可以順利完成任務的資訊、能力與技巧，也使他們從訓練過程中肯定自己是有價值、是有能力的人。此外，透過訓練課程的規劃、執行與評估，機構才能有效掌握志願工作者的服務品質保障服務對象的權益以及機構的形象。

　　所謂的訓練（training）和教育（education）是不同的，「教育」不注重實用的目標，偏重於知識、觀念和原則之傳授，以便能對環境做分析和評估，提昇目前工作的能力，以期配合未來工作的規劃，教育為培養員工在某一特定方向、或是提昇目前工作的能力，以期配合未來工作能力的規劃，或擔任新工作、新職位時，對組織能有較多的貢獻。「訓練」是教育的一部分，是教育的一種方法，是短期的教育，為了達到一種目的而設計，是由機構提供有計畫、特定的學習機會，以提昇工作知識和技巧，使更有效率的工作。因此，訓練的內容應著重在目前工作上最迫切需要的知識，訓練課程必須配合現實的需要與發展（Weinbach,1998）。

　　在志願工作者的教育訓練上，內政部有設計一套教育課程，包括：志願服務的內涵、志願服務倫理等，但這是屬於教育的課程。因此，機構應視本身服務對象的特質、志願工作者需要協助的工作內容的不同，先進行工作分配，再依據工作分配的結果，設計不同的訓練課程，讓負責不同工作內容的志願工作者，接受符合其工作需要的訓練課程，這些訓練課程除了透過講授的方式進行之外，也可以透過座談、團體活動等方式來提供。

（四）激勵

　　「激勵」是一種促進、維繫及引導個人行為的驅動力，激勵是希望促使每個人能努力去達成組織的目標，並藉努力所帶來的結果以滿足個人的需要（張英陣，1997；陳政智，1999）。激勵的結

果是可提高士氣，使個人目標與組織目標融合為一。

　　面對多元的志工需求，就應設計多元的激勵措施。一般而言，雖然激勵志工的方式大都是精神層面的表揚，物質上的報酬較有限，但仍須考慮多元化的激勵措施，可以包括正式與非正式的激勵措施（張英陣，1997），但是，不論正式或非正式激勵措施，千萬不要只獎勵結果而忽略過程，並且要掌握時間即時激勵。

1.正式的激勵措施

　　訂定獎勵表揚的辦法，並依據不同類型的志工分類表揚。讓所有志工都清楚表揚的標準，也讓每個志工都有相同被提名的機會。表揚應避免流於形式。正式表揚可頒發獎金、獎牌或獎狀，並可透過舉辦茶會、平時的茶點時間、平時的聚餐、組織的年度大會、工作人員與志工的聯誼餐會等方式進行。

2.非正式的激勵措施

　　非正式激勵措施可滿足不同志工的多元需求，例如：

（1）滿足志工的歸屬感：瞭解志工的背景並喊出他們的名字、和志工聊天喝茶、表達對志工的感謝、傾聽志工的心聲等。

（2）滿足志工挑戰與責任感需求：向志工徵求意見、辦公室缺人手時請志工協助、邀請志工參加工作人員的正式會議、參與機構重要決策會議等。

（3）滿足成長與自我實現需求：肯定志工給予機構以及服務對象適切的協助、提供相關參與成長團體與在職訓練的機會等。

（4）滿足維持因素：提供志工一個舒適的工作空間、較佳的工作設備等。

（5）其他：眞誠關心體諒志工的時間安排、寫信給志工的家
屬或上司感謝志工對組織的貢獻等。

（五）評鑑

在志願工作者的評鑑上，主要是希望透過評鑑可以使志願工
作者瞭解自己的優點與缺點，知道自己的工作情形，瞭解問題所
在和改進的方向、激發潛能、瞭解組織的期待及應有的工作表
現，使他們的行爲符合要求。由於志願工作者是無酬、志願付出
閒暇時間爲機構提供服務，因此，機構通常覺得對志工採取評鑑
是一項不好的方法，但是若是從社會工作所強調的「以案主爲中
心」之價值觀來考量，便可以瞭解評鑑是爲了讓機構的服務對象
可以接受到最適切的服務，爲了保障服務對象接受服務的品質以
及權益，對於志願工作者的評鑑必須要進行。但在進行評鑑之
前，可以和志願工作者進行評鑑方式、目的的討論，使其瞭解之
後再進行評鑑。

此外，對於志願工作者與專職人員的評鑑在方法上也許是相
同的，但是在評鑑的目的與焦點上是不同的。在針對志願工作者
進行評鑑時，除了將其視爲一位工作者進行其服務成效評量之
外，更應將其視爲機構內「志願服務方案的使用者」（陳政智，
1999），以機構內部管理的改善、志願工作者需求是否滿足作爲評
鑑的焦點，而不只是針對志工表現的優劣；此外，針對志工進行
評鑑時，也可以採用多重的評鑑方法，包括：志工督導者評鑑、
志工隊長、副隊長評鑑、志工成員互評、服務對象評鑑等。

社會工作督導

一、社會工作督導的定義與功能

　　社會工作督導（social work supervision）是專業訓練的一種方法，它是由機構內資深的工作者，對機構內的新進人員或學生，透過一種定期和持續的督導程序，傳授專業服務的知識與技術，以增進其專業技巧，並確保對案主的服務品質（莫黎黎，1995）。「督導」一詞的涵義，從「督」字而言，可說是瞭解、評鑑和管理督導者所提供服務的適當性或良窳。從「導」字而言，即是經由良好督導關係的建立，引導受督導者朝向有效率和有效果的工作努力（曾華源，1988）。綜合上述，「社會工作督導」可說是執行社會工作督導過程的人（social work supervisor），其工作目標除了應該包含提升社會工作者在服務案主的專業技巧，也應該利用督導關係的建立，支持和激發社會工作者的動機，讓社會工作者能夠符合機構的要求，發揮工作的效率與品質。

　　一般而言，社會工作督導者具有下列三種基本的功能：

（一）教育性功能

　　扮演教育者的角色是許多督導所喜歡擔任的，並且認為是督導者最重要的工作（Kadushin, 1974）。社會工作督導者的教育功能，除了專業知識的灌輸與啓發之外，更重要的是如何協助社會

工作者將所學的專業知識有效的運用在實務工作者。因此，在此項功能中，社會工作督導者所扮演的角色便會受其自身專業教育背景對於目前所服務組織之宗旨、工作內容與服務對象需求的瞭解、對專業承諾度高低等因素的影響。若是社會工作督導者本身對於社會工作專業的瞭解與承諾不佳，在督導新進社會工作人員的過程中，則容易讓社會工作員習得不正確的專業價值與技巧，相同對於社會工作專業整體而言也是一個極大的傷害；若是社會工作督導者擁有紮實的專業教育基礎，但卻缺乏對其服務組織的宗旨、工作內容與服務對象的需求不瞭解時，也無法協助社會工作者將所學的專業知識運用在實務工作中。因此，福利機構在考量社會工作督導人選時，除了年資深淺是一項重要的評估指標之外，對於專業知識的瞭解以及專業承諾度的高低也應是重要考量的因素。

（二）行政性功能

在1971與1972年版的《社會工作百科全書》，則開始強調社會工作督導的行政功能，認為工作督導是使工作順利完成，並維持組織的控制和責信的過程（莫藜藜，1995）。此功能可說是社會工作督導者在管理層面上應扮演的角色，行政性的督導應扮演行政工作上的協調、管理、聯繫、領導與決策多面向的功能。由此可見，社會工作督導者若想發揮行政功能，則必須對於本身服務的機構有深入的瞭解，包括：機構的使命和服務宗旨、機構的目標是否達到？機構該提供的服務是否達成？機構內各角色的職務、機構對於每一工作者的期待、機構行政體系、適時介入或改變組織的結構、對於機構能夠運用的資源體系和案主群之間需求的協調等（Brashears, 1995；李普愛譯，1992；曾華源，1988）。Kadushin（1985）認為社會工作督導者在行政督導上，應有下列

幾方面的職責：

1. 工作規劃與分派。
2. 工作的檢查與評估。
3. 工作協調與認可。
4. 行政的緩衝者。
5. 協助制訂政策。
6. 意見溝通的管道等。

　　因此，在行政功能上，社會工作督導者可視為機構的中階管理者，是機構與社工員與案主之間的協調者。

（三）支持性功能

　　1974年，美國社工界出現「工作倦怠感」（burn-out）一詞，認為它是來自職業壓力，包括負向的自我概念發展、工作態度和對案主失去關懷和感受。因此認為督導亦是一種社會支持的過程，是督導中的一種治療責任（莫藜藜，1995）。因此，社會工作督導者在人格特徵上，應該具備細心、溫暖、支持、鼓勵、傾聽等特質，協助社會工作員能夠在工作低落與倦怠時，能有討論的對象。並且藉由社會工作督導者的溝通協調能力，以實際的行動去削弱或解除影響社會工作員工作士氣的原因，增加社會工作員的工作士氣，延長其專業壽命。

　　事實上，這三項社會工作督導者應具備的最基本功能，不是單獨存在的。一位社會工作者在處理案主服務時產生了問題，有可能是技巧不足，也有可能是不瞭解行政程序、當然也有可能是自己的工作動機降低，這些原因可能是同時存在的。因此，社會工作督導者本身就該同時具備此三面向的功能，才能給予社會工作員最適切的服務與督導。

二、早期療育社會工作督導者的角色功能

　　社會工作督導者之角色，不論是由機構所指派或因工作關係而衍生，主要是在協助被督導者能對機構有所貢獻，並成為一位有創見力、技巧熟練之社會工作者。透過督導過程，社會工作督導者協助被督導者更具備能力，不論是留在同一機構或轉職到其他機構，都能負擔更多、不同性質的工作任務（蔡啓源譯，1998）。因此，社會工作督導者若是能發揮督導的功效，則必須兼具管理者的角色。然而，社會工作督導者所扮演的管理者角色與高階主管所擔任的決策角色是有些差異的，這些差異除了在於其對於社會工作者有關社會工作專業知能與技巧的指導之外，更重要的是社會工作督導者應扮演協調高階主管與底下工作群的協調角色。就像Weinbach（1998）所界定的「中階主管的角色」，中階主管的領導任務是：確保員工在工作上不會失去組織目標；分配資源，以促進專業的成長。所以社會工作督導者也必須具有相關的領導才能，才能真正協助社會工作者在實務工作上所遭受的困境與挫折。早期療育社會工作督導者其工作內容可能因為服務領域的不同，而必須擁有不同的專業知能，但不論是何種服務領域的社會工作督導者，其所應發揮的功能是相同的。

　　領導才能（leadership）可以職位和才能來界定。就職位而言，意指負責控制特定情況之個人，有指導、輔導之身分。一位領導者可為機構、組織或活動的領袖；領導才能則意指：具有影響別人，讓別人跟隨其動向之能力或技巧（蔡啓源譯，1998）。雖然，社會工作督導者並不全然就是非營利組織的領導者，但是就領導者應具備的角色功能中，我們可以發現領導者有部分功能，其實和社會工作督導者的角色功能是相同的。因此，作者試圖將

社會工作督導者的領導功能加以整理，和機構中的領導者功能做結合。整理出早期療育社會工作督導者應具備的領導功能：

（一）專業知能的領導角色功能

此項角色功能是社會工作督導者和機構中的領導者一個很重要的區別，因為社會工作督導者是具有社會工作專業教育背景與知識的人，他是不能由其他行政、管理等科系畢業的人所擔任。因此在專業知能上，社會工作督導者應該具備的領導角色功能有：

1.積極充實專業知能和技巧——示範者（demonstrator）的角色

社會工作督導者若要監督或評鑑社會工作者在個案、團體、社區與社會工作研究等專業服務績效，自己應做示範者的角色，並以主動積極的態度去累積更新更多的專業知識，才能得到社會工作者的信服，並帶動組織內社會工作者專業進修的氣氛。早期療育的服務對象是發展遲緩兒童與其家庭，在這個領域中，一位社會工作者除了需具備社會工作專業知能之外，在兒童發展、特殊教育、醫療相關知識等專業知能也是不可或缺的。因此，早期療育社會工作督導者必須根據服務對象的需求以及其所服務組織相關的服務內容，透過在職訓練或是再去學校進修相關學分學位，才能累積足夠的專業知能，並能在督導過程中，提供社會工作者諮詢以及學習的對象。

2.建立社會工作專業形象——倡導者（advocator）的角色

對於機構或社會大眾，社會工作督導者都應該致力於專業服務品質的提升，藉由對社會工作員專業服務的督導，建立社會工作專業服務的績效。讓機構與社會大眾認同社會工作的價值，達成社會工作專業的使命。由於社會工作者在早期療育領域中屬於

一個新興的角色，不僅是社會大眾，甚至是早期療育專業團隊中的其他專業人員，對於社會工作者應發揮的角色功能並不清楚（張秀玉，2001a、2001b）。因此，早期療育社會工作督導者也必須扮演專業倡導者的角色，將社會工作者應扮演的角色功能以及服務的績效，讓服務機構與專業團隊其他專業人員瞭解並肯定社會工作在早期療育領域中的專業地位。

（二）行政管理層面的領導角色

社會工作督導在此層面的領導功能則並需發揮中階主管的角色功能，在社會福利機構中，領導者應具備的管理技巧有：跨越界線的技巧、人際關係的技巧、協調的技巧和指導的技巧（梁偉康、黃玉明，1993），若將這些技巧運用在社會工作督導者的領導角色上，其所扮演的角色應有下列幾項：

1.跨越界線的技巧——創新者（innovator）和經紀人（broker）的角色

社會工作督導者若扮演中階主管的角色，則必須具有為服務對象創造嶄新又適切的服務，而且也必須有「經紀人」的角色，必須是資源取向的，能夠發掘和社會工作專業服務的相關資源。使社會工作專業服務可以順利推動。在早期療育領域中，不論是通報轉介中心或是個案管理中心的社會工作督導者，都必須視服務對象的需求，連結可以有效滿足服務對象需求的資源之外，也必須透過與社區關係的建立、社區資源的探查、社會的宣導等方法，發掘新的早期療育資源，並運用這些新發掘的資源，滿足服務對象現有的需求之外，更可以透過專業的討論與思考，開創不同的服務類型。

2.人際關係技巧——支持者（supporter）與鼓勵者（encourager）的角色

社會工作督導者應具備溫暖且細心的人格特質，時時注意社會工作者的工作動機，並瞭解每一個工作者的工作驅力。員工的驅力分為下列七大類（彭懷真，1999）：產品驅力型、人際驅力型、處理驅力型、權力驅力型、計畫驅力型、定位驅力型、目的驅力型。領導者可以根據員工的驅力類型，設計相關的輔導或酬賞策略。唯有透過社會工作督導者良好的人際關係技巧，其管理功能才能有效發揮。

3.協調技巧——連結者（connector）與溝通者（communicator）的角色

社會工作督導者在行政上具有一個相當重要的功能，那就是如何將機構的政策與要求完整的告訴社會工作者，使其能夠透過督導瞭解機構政策並執行機構所交託的職務；另一方面，社會工作督導者也必須將社會工作者在執行工作時所遇到的困難，或需要機構協助的地方，表達給機構。並且對於社會工作者在執行案主服務時，也必須由督導和社會工作者一起連結和協調所需資源，因此，在領導角色上，社會工作督導者的協調技巧相當重要。

4.指導的技巧——教育者（educator）的角色

社會工作督導者在指導的角色層面，可針對社會工作者在處理接案流程、個案紀錄或相關行政作業方面，經由社會工作督導者的資歷、經驗與專業知能，協助其掌握工作的流程，以增加其工作的效率。並澄清機構的目標與對社會工作者角色的定位和期待，使社會工作員能確定自己的工作方向且肯定自身的價值。

社會工作的教育與實務需靠社會工作督導者做有效的連結，

經由適切的督導能將社會工作者的專業知能與工作能力加以提升，使其不論在原機構或其他機構都能做一個優秀的工作者。社會工作督導者應透過對自身及機構的瞭解，做一個有效的領導者。此外，社會工作督導者也該對自己的角色功能重新思考，社會工作專業發展至今，社會工作督導者的角色功能已不能侷限在單純的專業知能督導，而是必須轉換成社會工作員的教育者與支持者、社會工作價值的維護者與傳承者、社會工作專業的倡導者、機構資源的創新者、經紀人、機構的中階主管與協調者等多重的角色。雖然工作量的負擔一定加重，卻是一位理想的社會工作督導者在專業上責無旁貸的責任，唯有結合社會工作管理中的規劃、領導、管理與協調的功能，才能彰顯社會工作督導的重要性與不可取代性，也才能使社會工作的督導制度更健全且具功效。

社會工作研究

一、社會工作研究的基本概念

社會工作研究（social work research）係指將一般社會研究的方法或技術運用到社會工作領域，從事有關社會工作問題之相關研究（李增祿，1995）。研究對於社會工作的協助有下列幾方面（簡春安、鄒平儀，1998；高迪理，2000）：

1.科學的方法與觀點，可以提供實務工作、服務活動的參考架構。

2.研究可以協助我們建立和發展實務所需的理論與知識。

3.從實用性的角度來看，研究可以產生立即且與特定情境相關
　資訊的功能，例如，需求評量、方案評估等。

　　因此，社會工作與其他學科所進行研究仍有一些不相同的地
方，社會工作研究具有下列幾項特色（簡春安、鄒平儀，1998；
高迪理，2000）：

1.研究與社會工作相關的主題。

2.從社會工作角度探討別的領域之問題。

3.以DO的角度來評價社會工作的創新、修正與實驗。

4.強調與社會供作實務的關聯，取之於實務，用之於實務，並
　回歸於實務。

　　綜合上述，我們可以瞭解研究在社會工作領域中，不僅是為
了探討、驗證各個變項的關係，其最重要的意涵是透過科學的方
法與觀點，針對實務工作中的相關政策與服務方案進行評估的工
作，以作為政策與服務內容修改的依據；並且透過研究的過程，
將實務工作中的經驗與發現，驗證已存在的相關的理論，或是建
立新的實務處遇方法與實務理論。因此，社會工作研究的重要精
神，是以提供服務對象更適切的服務為中心，針對與服務對象相
關的鉅視面（macro）、中視面（meso）或是微視面（micro）的服
務方法與政策進行研究的工作。

二、早期療育社會工作研究的主題

　　由於社會工作所牽涉的體系很廣，社會工作研究大致可以包
括下列幾個主題與範疇（高迪理，2000）：

1.社會工作專業本身：包括專業特質、專業角色、專業教育等。

2.案主的問題、需求。

3.社會工作的服務處置方法、方案效益與評估、服務的使用情形。

4.社會體系、制度、立法。

在1993年兒童福利法修正通過之後，與發展遲緩兒童與其家庭相關的服務揭櫫於法令中，相關的研究也陸續進行。作者以1993年以後發表，並以「早期療育」、「發展遲緩」為關鍵詞，將早期療育社會工作領域相關的碩博士論文整理如表8-1。從表8-1可以發現在這些論文中以「對於早期療育服務輸送體系、政策的討論」為最多（莊凰如，1995；羅惠玲，1996；陳麗芬，2000；陳明賢，2000；黃淑文，2001）；其次為「發展遲緩兒童與其家庭需求之探討」（施怡廷，1998；黃麗娥，1998；莊竣博，2000；吳伊雯，2001）；再其次為「早期療育社會工作專業本身的探討」（楊玲芳，2000；張秀玉，2001），以及「早期療育服務使用」的討論（葉淑文，1998；陳凱琳，2000）。

在這些碩士論文中，當然受到研究者本身學位背景（社會工作、兒童福利、行為科學等）、研究興趣、資料取得便利性等不同，而對於早期療育有不同面向的關心。但是在這些論文中，可以發現對於「早期療育社會工作的處置方法、方案評估與服務使用」的研究較少。後續對於早期療育社會工作有興趣的研究者不妨可以考慮從這個面向進行研究，將有助於社會工作在介入早期療育服務時，對於下列問題的釐清與改善：使用何種處置方法較佳？針對不同的需求或問題類型，又該設計何種處置方案？所設計的服務方案是否達到當初所預定的目標？服務對象在使用目前

表8-1　早期療育社會工作相關碩士論文

研究者	發表時間	論文名稱	研究重點
莊凰如	1995	發展遲緩兒童早期療育轉介中心實驗計畫評估	以個案研究的方式參與觀察內政部社會司委託中華民國智障者家長總會辦理的「發展遲緩兒童早期療育轉介中心實驗計畫」，以計畫評估的方式，對此計畫執行前、中、後期的流程進行描述與評估。
羅惠玲	1996	一般及發展遲緩幼兒父母對托兒所收托發展遲緩兒童態度之研究──以「台北市多元化托兒服務計畫」為例	以「台北市多元化托兒服務計畫」為基礎，瞭解台北市一般兒童及發展遲緩幼兒父母對於托兒所收托發展遲緩兒童之態度、看法。
施怡廷	1998	發展遲緩兒童家庭對兒童照顧需求之研究	以家庭照顧發展遲緩兒童的狀況為目的，瞭解發展遲緩兒童家庭之需求，作為未來服務規劃的參考依據。
葉淑文	1998	心智障礙兒童家長早期療育服務使用研究	探討心智障礙兒童家長使用早期療育服務的使用現況，及影響服務使用的相關因素。
黃麗娥	1998	台北市發展遲緩幼兒家長親職教育需求之研究	瞭解台北市發展遲緩幼兒家長對於親職教育的需求及實施方式偏好之情形，以提供相關單位在親職教育課程上規劃的參考。
楊玲芳	2000	發展遲緩兒童早期療育服務──個案管理執行工作內涵與困境相關因素之研究	探討目前國內執行早期療育個案管理服務之機構的個案管理者，其工作面臨的困境，以作為政策修改參考的依據。
陳麗芬	2000	公立托兒所推動早期療育相關服務對發展遲緩幼兒家庭之影響──以台北市為例	瞭解台北市發展遲緩幼兒與其家庭對於公立托兒所提供早期療育服務的看法。

（續）表8-1　早期療育社會工作相關碩士論文

研究者	發表時間	論文名稱	研究重點
陳明賢	2000	早期療育整合服務實施方案評估——以高雄市發展遲緩兒童為例	以過程評估的方式，評估「高雄市政府發展遲緩兒童早期療育整合服務方案」的實施現況與成效，以作為政策修改參考之依據。
莊竣博	2000	發展遲緩兒童之母親的孩童概念及其家庭的關係——一個應然與實然的交錯，從接受到認同過程	探討發展遲緩兒童之母親看待孩子與家庭的社會心理歷程。
陳凱琳	2000	影響發展遲緩幼兒家庭社會支持因素之研究	瞭解發展遲緩幼兒之主要照顧者社會支持的類型、來源、協助程度與滿意情形及其家庭基本資料、幼兒基本資料與鑑定過程及使用服務情形之關係，並找出影響發展遲緩幼兒主要照顧者社會支持的因素。
張秀玉	2001	社會工作者與行政主管對早期療育服務社會工作者角色期待之研究	探討在早期療育服務領域的行政主管與社會工作者對於社會工作者的角色期待，除了對於早期療育社會工作者應有的角色功能作探討之外，也能作為早期療育社會工作者與行政主管在社會工作者的工作內容溝通上的一個起點。
吳伊雯	2001	發展遲緩兒童轉銜服務需求分析之研究——以台北市為例	探討發展遲緩兒童家庭在兒童從早期療育階段進入小學教育階段過程中的轉銜服務需求，並瞭解發展遲緩兒童家庭接受服務的情形，以及對於現階段服務的看法。
黃淑文	2001	早期療育服務介入後對心智障礙兒童家庭之影響	探討早期療育服務介入後對於心智障礙兒童之影響。

資料來源：作者自製（2002）。

早期療育服務上，其服務種類的需求、服務資源的多元性、可近性等服務使用情形的討論等等，並可以協助社會工作在早期療育專業形象的建立。此外，在「早期療育社會工作專業本身」的研究也較少，在這部分，可以針對一位社會工作學系畢業生在投入早期療育前的學校教育階段中，應該包括何種專業教育課程？一位早期療育社會工作者又該有哪些職前或在職訓練？等議題進行研究。

三、早期療育社會工作研究之進行

在早期療育領域中，若一位實務工作者或是學生想要進行一項社會工作研究時，應該要依循何種步驟才能完成？作者將一項早期療育社會工作研究的進行分為下列五個步驟：

（一）問題的界定

任何一項研究都來自於研究者的問題意識，研究問題的來源，不外乎下列幾種（簡春安、鄒平儀，1998）：

1.個人的興趣。
2.對生活經常事務的研究。
3.對生活困擾事務之研究。
4.主要的生活經驗是什麼。
5.研究的資料啟發。
6.以他人的研究的結果作為再次研究的主題。

在問題的界定中，除了確定研究者有興趣的主題之外，如何將一個有興趣的研究問題變成一個「可研究」（researchable）的問題？則是這個階段的重點，作者以簡春安、鄒平儀（1998）所提

出的由想法變成研究主題的幾個階段為基礎，並以作者曾進行的研究為例子，在下文中說明將研究問題轉換為可研究的問題的程序：

1. 研究問題：例如，早期療育服務領域的社會工作者應該扮演什麼角色？
2. 如何將此研究問題轉換為可研究的問題？
   (1) 思考研究主題的問題所在：在進行研究之前應先預估會遇到何種挫折與困難？又該如何克服？
      ・研究的可行性：研究者必須評估經費、人力、時間、研究的自主性、樣本的名單的取得上等問題，是否能夠處理？
      ・此主題是否反映出自己的興趣？對於社會工作實務的貢獻可能是什麼？（例如，能讓早療領域的社會工作者與其他專業人員可以更清楚社會工作專業的角色，減少誤解並降低社會工作者的角色壓力）
      ・研究可參考的文獻是否足夠？
      ・研究的概念是否清楚？別人能理解嗎？（例如，研究者和一些老師、實務工作者討論並在研究方法課程中討論，雖仍有問題，但是大致能瞭解主要概念）
   (2) 確定研究的主要目標：研究的目標是為了探索、描述或解釋此社會現象（例如，研究者思考後認為自己的研究目標是描述社會工作者與行政主管對於早期療育社會工作者角色期待；並描述二者之差異。也透過解釋形成早期療育領域社會工作者與行政主管角色期待的可能原因。）
   (3) 用一連串問題的方式將研究主題敘述一下，研究問題

問得愈詳細，並且可以一一回答，研究的可行性就愈高
（例如，為什麼要研究早期療育社會工作者的角色？現
況中社會工作者的角色有問題嗎？可以從哪個方向討論
社會工作者的角色？早期療育的意義、流程、服務對象
的需求或是社會工作的信念？若要運用角色理論的概
念，這個研究是要研究該理論所探討的角色期待、角色
壓力或是角色執行？）

(4) 確定研究的性質：要用質性或量化的方式蒐集資料？
（研究者認為此研究有相關的實證資料可以參酌，並且
研究者想要瞭解整個早期療育領域社會工作者對自身角
色的期待，因此採用量化研究的方式蒐集、整理資料較
符合研究目的。）

(5) 用假設的方式來整理的問題的範圍（例如，社會工作者
的個人基本特性不同，其對自身的角色期待也會不同？
社會工作者所處的組織型態不同，對自身的角色期待是
否也會有所不同？）

（二）相關文獻的探討

有了研究主題之後，接下來便要蒐集與此問題相關的文獻，
文獻探討的目的並不是堆砌與研究題目不相關的資料，其主要的
目的包括（簡春安、鄒平儀，1998）：

1.使研究合乎科學的要求。

2.避免重複的功夫以節省人力。

3.使研究更務實，避免自己的研究與其他人的研究重複。

4.吸收過去研究的經驗與成果，讓自己的研究更順利、更豐
富。

5.文獻是呈現研究邏輯的重要過程，是爲了形成研究假設作準備。透過文獻的蒐集與整理，使研究者的問題更聚焦、更清楚，並能從相關的研究與文獻中，作爲研究者發展自己研究假設、測量工具的基礎。

（三）研究設計的構思

包括：思考研究對象是誰？該如何找到研究對象？要以深度訪談、焦點團體、問卷等何種方式來進行研究資料的蒐集？測量工具的設計、研究經費，以及進度的估算、研究的人力與時間、以何種方式進行資料分析、研究過程中倫理的考量等工作，都屬於研究設計的範圍。

（四）研究結果的整理

在研究資料蒐集完成之後，研究者便依據研究設計及研究目的，整理量化或質性資料，並呈現出研究結果。

（五）研究結果的討論與建議

社會工作研究的本質，就像前文所述，是希望透過研究結果的呈現，提供實務工作作爲方案設計、服務需求評估等參考，或是針對早期療育社會工作領域相關的理論與知識作回饋。因此，研究結果所呈現的意涵，研究者必須加以討論，並以公開發表的方式，呈現研究結果，共同爲累積早期療育領域社會工作之專業知識努力。

從上文的討論，可以知道「做研究」並不是專屬或只能由學術界中研究生及學者的工作。事實上，一位早期療育社會工作者不論在直接或間接服務的領域中，都是與發展遲緩兒童與其家庭本身或相關政策接觸最頻繁的行動者，若能將做研究視作對自己

實務工作重新檢視的方法、修正對發展遲緩兒童與其家庭相關服務方案的途徑、累積早期療育社會工作專業知識的方式，相信透過實務工作者與學術界的在相關研究上的共同努力，可以提供發展遲緩兒童與其家庭最適切的服務。

第九章

早期療育個案管理服務

◆個案管理的意義

◆個案管理的階段

◆個案管理者的角色

◆早期療育個案管理服務實施現況、困境與建議

　　發展遲緩兒童與其家庭所面臨的問題是多重並且複雜的，其
需求也必須依賴不同專業、不同機構的資源提供才能滿足（林惠
芳，1998；施怡廷，1998；沈慶盈、蔣明珊，2000；Guralnick,
1997）。由於早期療育服務必須由社政、醫療與教育等不同專業領
域的人員來提供，因此，如何有效結合不同專業人員的意見，整
合不同的服務資源、以最有效率的服務輸送方式，滿足發展遲緩
兒童與其家庭的需求，則是在早期療育服務提供時需要討論的重
要課題之一。在社會工作的處置方法中，個案管理強調以有效率
的方式，協助具有多重需求的服務對象，整合其所需資源與服務
（許臨高，1991；王玠、李開敏、陳雪真譯，1998；高迪理，
1998）。因此，針對具有多元問題與不同資源需求之發展遲緩兒童
與其家庭而言，個案管理是一個相當適合運用的工作方法（翁毓
秀譯，1990；林惠芳，1998；周月清，1998；林武雄譯，2000）。
本章將探討個案管理的意義、個案管理的階段、個案管理者的角
色、早期療育個案管理服務實施的現況、困境與建議，以釐清個
案管理的概念，並探討早期療育個案管理服務實施的問題。

個案管理的意義

　　Barker（1995）將個案管理的定義為：「個案管理係指由社會
工作專業人員為一群或某一案主協調整合一切助益性活動的一種
過程，在此過程中藉著各個不同福利及相關機構之工作人員相互
溝通與協調，以團隊合作之方式為案主提供其所需之服務，並以
提昇服務之成效為主要目的，當提供案主所須之服務必須經由許
多不同的專業人員、福利機構、衛生保健單位或人力資源來達成
時，個案管理即可發揮其協調與監督功能。」

　　Ballew和Mink（1996, 引自王玠、李開敏、陳雪眞譯，1998）則認爲：「個案管理是提供給那些正處於多重問題且需要多種助人者同時介入的案主的協助過程。個案管理強調兩個重點：一、它著重在發展或強化一個資源網絡（resource network），資源網絡是指想幫助某一特定案主的人所構成的鬆散組織，由個案管理師，整合它們對此特定案主所提供的任何協助工作；二、個案管理除了增進案主使用資源的知識、技巧及態度，更著重在強化案主個人取得資源及運用資源的能力。」

　　美國身心障礙教育法案（The Education of the Handicapped Act，簡稱EHA）中的99-457公法（1986, 引自林武雄譯，2000）將個案管理定義爲：「具有協調功能，幫助和促使符合資格的孩子和家庭獲得適當、早期的介入服務活動。」個案管理被視爲一個積極的過程，協助父母取得早期療育資源的管道，以及協調其所需資源，促使服務可以迅速且適時的輸送。

　　Johnson和Rubin（1987, 引自高迪理，1990）將個案管理界定爲：「提供社會工作服務之一種方式或取向，試圖解決多重與複雜的問題，使得具有困擾或是身心障礙的案主能夠獲得適切且必需的協助。」

　　個案管理也可視爲以多重專業團隊評估的方式，判定發展障礙者與其家庭的需要與問題，並協調案主與案家所需的資源與服務，以達到讓發展障礙者可以在獲得適合的資源後，在最少限制的環境之下過較正常的生活之目的（翁毓秀譯，1990）。

　　Lippert（1987, 引自周月清，1998）將針對障礙者與其家庭的個案管理定義爲：「個案管理是針對個別案主，透過一個整合性的服務計畫，提供案主最多、最適合的資源，以協助案主獲得最大的利益爲最主要目的，並且協助個別障礙者與其家庭能夠更接近所需要的服務，個案管理者必須協調、連結其他專業人員，設

計個人與家庭的服務方案，並予以執行、評估。」

　　從上列學者對於個案管理的定義中，可以瞭解個案管理是一種工作方法也是一種概念，主要是協助具有多重問題與具有多元資源需求的案主，可以增進其運用相關資源的能力；試圖強化案主既有的資源網絡，並且協助案主建構新的資源網絡，如此一來，不僅能使得案主得到其所需要的資源與服務，更可以透過個案管理方法的運用，避免資源浪費的情況。因此，個案管理方法在運用時，最重要的概念包括：「服務對象」、「資源體系」及二者之間的互動關係。

　　為什麼早期療育服務需要以個案管理的方式提供，其可能的原因包括（王玠等人譯，1998；周月清，1998；高迪理，2001）：

1. 發展遲緩兒童與其家庭具有多重問題以及需要與多元的資源交涉、互動的特質。
2. 發展遲緩兒童與其家庭缺少有效運用相關資源與服務的能力。
3. 相關機構所提供的早期療育服務有重疊、重複的現象。
4. 各個機構所提供的早期療育服務品質不一，需由專業人員協助發展遲緩兒童與家庭進行篩選、評估與評鑑，一方面保障案主的權益，另一方面也展現社會工作專業服務的責信。

　　此外，個案管理的服務對象必須包含下列幾項特質（王玠等人譯，1998；周月清，1998；高迪理，2001；潘淑滿，2001）：

1. 具有多重的問題。
2. 自行尋求與獲得適切服務的能力有限。
3. 無法針對不同的服務進行評估，因此無法有效選擇適合自己

的服務。

4.在與不同服務提供者交涉時有困難。

若以上述的特質來檢視發展遲緩兒童與其家庭,可以發現其具有多重問題並且需要多元服務的協助,此外,部分個案也缺乏運用不同服務,以及與服務提供者協調的知識與能力。因此,發展遲緩兒童與其家庭的早期療育工作的確符合個案管理運用的條件。

綜合上述學者對個案管理的定義與目的,可以進一步整理出早期療育個案管理服務應有的工作內容包括:

1.透過協調不同專業人員設計相關的服務方案,協助發展遲緩兒童與其家庭發展本身運用資源的能力。

2.開發並連結相關資源,使得發展遲緩兒童與其家庭的問題與需求,可以透過資源的提供而獲得改善與解決。

3.發展發展遲緩兒童與其家庭的資源網絡,並強化其使用網絡資源的能力。

4.監督與評估服務方案的執行與服務輸送的流程,增進服務輸送的效率,減少資源的重複使用與浪費,展現服務的責信,並使發展遲緩兒童與其家庭能夠儘快的得到適切的資源與服務。

個案管理的階段

從上述各個學者針對有關個案管理的意義、目的與工作內容的探討之後,接下來本節將進一步討論個案管理實際運作的階段,亦即個案管理在作些什麼?其工作內容與工作的流程為何?

　　Weil和Caires（翁毓秀譯，1990）提出針對發展障礙案主與其家庭的個案管理階段為：

　　1.多重專業團隊評估適合案主的方案。

　　2.發展出適合發展性障礙及其家人的方案。

　　3.協助獲得與聯繫各項服務。

　　4.監督服務的提供。

　　5.解決問題以及提供案主辯護與協助。

　　6.協調並評估服務的成效。

　　Weil（1985）則將個案管理的實務功能與階段分為下列八項：

　　1.案主的確認與外展。

　　2.個別的研判與診斷。

　　3.服務計畫與資源的確認。

　　4.連接案主與服務資源。

　　5.服務的執行與協調。

　　6.監督服務的輸送。

　　7.倡導案主所需的服務。

　　8.評鑑服務的成效。

　　Ballew和Mink（1996，引自王玠、李開敏、陳雪眞譯，1998）認為個案管理包含下列六個階段：

　　1.建立關係。

　　2.評定。

　　3.計畫。

　　4.取得資源。

5.整合。

6.結束關係。

周月清（1998）將障礙者及其家庭的個案管理服務包含下列六個階段：

1.接案。

2.評量。

3.計畫。

4.服務提供。

5.監督。

6.評估。

林幸君（1998）則依據國內各地方政府在發展遲緩兒童個案管理服務的實施模式中，整理出個案管理服務包括下列六個階段：

1.關係建立：接受派案、澄清角色功能、協商服務內容。

2.進行需求與資源評估：評估案家需求、資源評估。

3.擬定服務計畫：召開療育會議、擬定個別化家庭服務計畫。

4.連結療育資源：療育資訊的掌握、療育資源的媒合。

5.追蹤資源網絡的落實：療育資源的經營與開發、追蹤療育計畫的進展。

6.結束服務關係：進行小學轉銜事宜、對服務方案的回饋、結案後的追蹤服務。

經由上述文獻的探討，可以發現雖然個案管理的工作流程視服務領域、案主問題的特徵、機構型態、工作員的負荷量不同而有異（高永興，1990）。但是作者歸納上述文獻的探討，個案管理服務的都包括了下列五個階段：

1.案主資格的認定。

2.評估（assessment）。

3.計畫。

4.獲取資源。

5.監督與評鑑（evaluation）。

　　作者依據上述文獻的探討，將個案管理的運作階段與內涵整理如圖9-1。

個案管理者的角色

　　依據上述學者針對個案管理的定義與工作內涵的討論，可以瞭解個案管理者必須扮演著多重的角色，除了一般性的社會工作技能之外，也必須視案主的問題，培養不同服務領域特殊性的專業技能。個案管理者所扮演的角色也會受到機構服務功能、型態與個案管理者本身職務的影響（高迪理，1990）。個案管理者是著重在個別案主能發揮功能的整個系統，而不是他的內在思考過程。治療著重於改變社會體系，案主被視為改變司（agents of change）而不是受害者。個案管理者必須充分瞭解案主與其外在世界的交流和互動（高永興，1990）。個案管理最主要的目的除了解決案主的問題之外，最重要的便是協助案主媒合適當的服務與資源，並且強化案主使用資源網絡的能力。為達到這些目的，個案管理者必須同時具備社會工作在微視與鉅視層面多重的專業能力。

　　周月清（1998）認為個案管理者必須具備下列三種能力，並依據此三種能力，整理出個案管理者的角色：

案主資格的認定

主動尋找個案、接受個案的申請、個案資格的確認、個案的
轉介、建立信任與專業關係、澄清角色期待等。

評　估

案主與案家問題與需求的確認、案主與案家在解決問題時可
運用與缺乏的資源、案主與案家在運用資源的優勢與限制、
社區資源的點存等。

計　畫

個案管理者負責協調專業團隊的形成、專業團隊（包含案主
與家庭成員）共同確認計畫的目標、計畫的擬定與執行。

獲取資源

連結案主與資源、倡導工作的進行、協助案主激發自身的內
在資源、整合案主內在與外在資源，形成資源網絡，增強案
主日後處理問題的權力與能力（empowerment）。

監督與評鑑

監督處置計畫執行完成的情形、追蹤案主的進步情況、針對
服務過程中每一個專業人員介入服務的成效、評估處置計畫
的成效。

圖9-1　個案管理的運作階段與內涵

資料來源：作者自製（2002）。

1. 面對案主或案家需求應具有的能力，個案管理者的角色有：個案資格審查者、直接服務工作者、支持者、諮商者、教育者、資料蒐集與分析者、危機介入者、資料提供者、需求確立者。

2. 面對社區資源應具有的能力，個案管理者的角色有：社區工作者、資源評量者、資源發展者、協調者、倡導者、諮詢者、評鑑者、志工督導。

3. 媒合案主需求與社區資源二者應具有的能力，個案管理者的角色有：專業團隊的召集者、服務方案設計者、評估者、行政者、仲介者、整合者、促進者。

高迪理（1994）認為個案管理者必須具備下列幾項能力：

1. 分析案主與案家問題情境的能力。
2. 計畫管理的能力。
3. 協調合作的能力。
4. 媒合案主群與資源的能力。
5. 監督與評估考核的能力。

個案管理者應扮演的角色則包含直接服務與間接服務的角色（高迪理，1998）：

1. 直接服務的角色：執行者（針對暫時缺乏能力、動機的案主）、教導者、合作者（案主、其他專業人員）、資源推動者、資訊提供者、支持者。

2. 間接服務的角色：仲介者、連結者、協調者、倡導者、使能者、建立社會支持網絡、諮詢者。

一個區域運用個案管理來協助案主與資源之間有效連結時，是否能發揮功能，必須要視該區域的資源是否足夠？以及該區域

相關服務提供單位之服務整合程度高低而定。Moore（1992）將服
務整合與既有的資源多寡排列成一個矩陣，不同的組合代表個案
管理須扮演不同的角色（高迪理，1994；張英陣，1999）：在服
務整合程度高但資源稀少情況，個案管理角色要將有限的資源進
行最有效率之分配；在服務整合高且資源豐富情境，個案管理者
決定案主所需要的服務，進而給予適當的安排，也就是給予案主
與資源之間進行「配對」（matching）的工作；在資源豐富但服務
體系支離破碎情況，個案管理則是要整合服務供給者，設計出一
套整體的服務或協調一致性的服務輸送流程；但若是服務整合及
資源不足情形下，則個案管理角色將是開發、整合與協調資源。

　　從上述文獻的探討中，可以整理出個案管理者最主要的工作
對象包括：案主群與社區資源。個案管理者除了必須運用社會工
作直接服務的技巧，去協助案主群解決現有的負向情緒反應、進
行需求的評估、案主資格的審查等等；在面對社區資源時，則必
須運用社會工作直接與間接服務的技術，評量現有社區資源的狀
況、協調各資源體系並且運用倡導、遊說等技巧爭取新資源的開

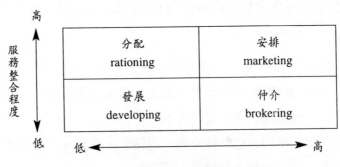

圖9-2　服務提供之交叉分析矩陣

資料來源：Moore（1992, 引自高迪理，1994；張英陣，1999）。

發等工作；此外，如何運用相關的技巧，有效媒合案主需求與資源，更是個案管理者的工作重點。

　　因此，個案管理者為了達成上述的工作重點，則必須扮演評估者、諮商者、資料提供者、支持者、教育者、協調者、調解者、倡導者、評鑑者、仲介者、行政者等多重之角色。加上目前國內早期療育服務的發展現況，若以Moore（1992, 引自高迪理，1994；張英陣，1999）的服務提供之交叉矩陣來分析，普遍而言，早期療育服務領域的相關資源仍顯不足，加上各個提供服務單位之間的協調整合程度也尚未完善，因此，個案管理者在扮演「開發、發展新資源」的角色上就相當重要，但這又是一項相當不易進行的工作，該如何讓個案管理者具有開發資源的相關技巧與協助，則是早期療育領域實務界、學術界與政府單位應詳加考量的。不過，目前全國二十四個直轄市、縣（市）政府皆以設立「發展遲緩兒童早期療育個案管理中心」，個案管理中心若能有效扮演整合、協調區域中不同單位所提供之早期療育服務的角色，則個案管理者便可扮演「資源有效分配」的角色，之後更進一步運用政策制訂、倡導等方式，開發更充足的早期療育服務資源，則個案管理者便只需擔任「資源安排、配對」的角色。這也是各直轄市、縣（市）政府之「發展遲緩兒童早期療育服務個案管理中心」需要努力的未來方向。

早期療育個案管理服務實施現況、困境與建議

一、早期療育個案管理服務之實施現況

　　發展遲緩兒童與其家庭本身因為孩子遲緩的狀況具有多重的需求，這些需求若沒有適當的資源予以協助，則會形成更為複雜的問題。此外，由於早期療育服務必須由社政、衛生與教育三個專業領域的人員以團隊合作的方式，才能提供適切的服務，針對多重問題的解決，服務與資源的協調正好是個案管理的工作重點，因此，個案管理則成為早期療育社會工作者所運用的一項重要之社會工作方法。萬育維（1997）也指出：早期療育係以跨專業方式的團隊工作提供服務，服務間必須經由轉介程序連結個案需求，為避免服務間斷及不連續或資源重複使用弊端，並維護部門間合作關係，必須在轉介同時建立一套完整的個案資料及服務計畫，充分掌握個案狀況，達到服務效果。對個案需求的正式與非正式資源系統性的安排，使家庭或初級團體的成員間接地因整合性、系統性的服務而得到幫助。「個案管理」方法在早期療育服務中之運用，即由此因應產生。

　　依據內政部所制訂的「發展遲緩兒童早期療育服務實施方案」（內政部社會司，1997），國內發展遲緩兒童的早期療育服務，基本上包括：通報、轉介、聯合評估、療育服務這四個階段。在全國二十五個直轄市、縣（市）政府所成立的「發展遲緩兒童早期療育通報轉介中心」中，有二十四個直轄市、縣（市）政府也依據業務需要，委託相關單位設立「發展遲緩兒童早期療育服務個

案管理中心」，執行發展遲緩兒童的個案管理業務（內政部兒童局，2002c）。依據內政部兒童局委託中華民國發展遲緩兒童基金會（2000）編印的《發展遲緩兒童早期療育工作手冊》中，將個案管理中心的服務流程整理如圖9-3：

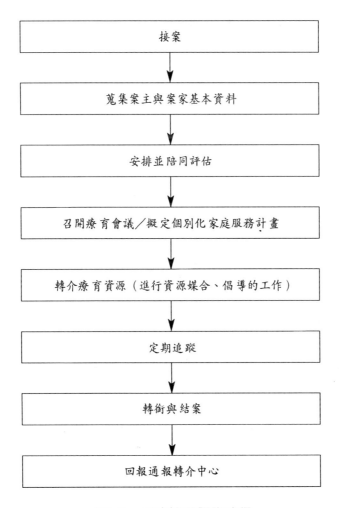

圖9-3　個案管理服務流程
資料來源：中華民國發展遲緩兒童基金會（2000）。

上述每一個服務流程其工作內涵敘述如下（中華民國發展遲緩兒童基金會，2000）：

（一）接案

依據派案指標，接受通報轉介中心轉介而來的個案。

（二）蒐集案主與案家基本資料

以電話訪問或家庭訪問的方式，進行基本資料的蒐集。

（三）安排並陪同評估

協助安排個案接受評估的時間與地點，蒐集評估的資料，陪同並反應案家的需求與期待。

（四）召開療育會議與擬定個別化家庭服務計畫

由個案管理者邀請專家與家長出席療育會議，並依據專業團隊評估之結果擬定個別化家庭服務計畫，且需要每半年重新檢視服務計畫。

（五）定期追蹤

定期檢視案家接受服務的現況與需求。

（六）轉銜與結案

為案主進行各項服務與資源之間的轉介與轉銜；對於後續評估已無遲緩、死亡、遷移、自動退出、逾學齡者則予以結案。

（七）回報通報轉介中心

個案管理者需將個案初訪表、個別家庭服務計畫與月報表等

資料回報通報轉介中心，以利服務人口群特質與需求的掌握。

　　由上文的探討中可以瞭解，早期療育個案管理服務的實施流程與工作的內涵。早期療育個案管理服務原屬於通報轉介中心的工作重點之一，但由於資源掌握、工作量等因素的考量，各直轄市、縣（市）政府之發展遲緩兒童早期療育服務通報轉介中心所負責的個案管理業務，大都委託民間相關單位成立個管中心協助辦理（內政部兒童局，2002c）。個案管理的服務流程與工作的內涵，雖都包含發展遲緩兒童早期療育工作手冊所擬定的，但是由於各直轄市、縣（市）政府之發展遲緩兒童早期療育服務通報轉介中心的合作與分工的模式不同，在個案的選擇與處理上也會有所不同。下文中作者將針對不同的早期療育個案管理服務的運作模式作進一步的探討，並提出相關的問題以作為在實務工作與政策規劃上的參考。

二、早期療育個案管理服務之實施困境與建議

（一）早期療育個案管理服務之實施困境

　　在探討早期療育個案管理服務的實施困境之前，作者先依據各直轄市、縣（市）政府之發展遲緩兒童早期療育服務通報轉介中心的運作現況，將目前的早期療育個案管理服務模式分為下列兩種，後續困境與建議的探討，將以此兩種個案管理服務的模式為基礎進行探討。

1.所有個案都進入個案管理系統

　　由通報轉介中心受理個案通報，並由轉介中心的社會工作者先行審查個案資格，若為或疑似發展遲緩兒童則依個案所在區域

分配給個案管理中心，由個案管理中心提供相關的服務。此種模式中，除了個案不是發展遲緩兒童之外，所有個案都進入個管系統，由個案管理者依個案的情況設計不同的處置計畫。

2.符合派案指標的個案才能進入個案管理系統

由通報轉介中心受理個案通報，並由轉介中心的社工員先行審查個案資格，若為或疑似發展遲緩兒童，則視個案的問題情境，若問題較輕微者由轉介中心社工員直接進行個案服務與後續追蹤；若個案問題複雜，則依據派案指標將安排個案依據所在區域進入個案管理中心接受服務。例如，台北市的通報轉介中心必須依據下列的派案指標（中華民國發展遲緩兒童基金會，2000），將個案轉介至個案管理中心。派案指標：一、高度複雜及多重問題之案主，且案家實際居住在台北市者；二、依案主的居住地與戶籍地分派至委託的個管中心；三、派個管指標：家庭失功能（如主要照顧者認知問題、資源結合、能力差者）、危機家庭或家庭面臨新壓力（如兒保、家暴個案等）、家庭支持系統薄弱（如社經地位低）、案主面臨迫切的療育需求者，則需指派個案管理員提供個案管理服務。

誠如上文的討論，早期療育個案管理服務最主要在協調案主需求與服務資源體系。期待透過個案管理服務的介入，透過資源體系的整合與協調，協助發展遲緩兒童與其家庭可以獲得有效率及適切的服務，解決其多重的問題，滿足其多元的需求。但在各直轄市、縣（市）政府之發展遲緩兒童早期療育服務通報轉介中心的運作現況之探討中，發現仍有些許困境有待突破（朱鳳英，2000；楊玲芳，2000；張秀玉，2002a）：

1.資源不足

各地療育、醫療資源分布不均，且相當不足。造成通報後的

個案，在轉介階段中常需久候所需資源，延誤進行早期療育服務的最佳時機。

2.跨專業、機構的理念難以執行

由於早期療育服務領域跨社會福利、衛生、教育三大領域，因此在進行轉介工作時，唯有透過各機構與專業之間以案主利益優先的立場，進行專業資源整合的工作，但是各專業、機構之間溝通不足，缺乏資源整合單位，使得資源難以共享。

3.個案管理者知能的不足

就如前文所述，目前國內早期療育服務資源相當不足，有些區域更是嚴重缺乏，加上服務整合的程度也較低，因此必須依賴個案管理者進行資源開發或是資源分配的工作。但這二項工作，必須同時具備直接與社區資源者接觸、面談的直接服務技巧；也必須具有社區資源的評估的能力；更需具備倡導、遊說、開發新資源的技巧。如此多重的技巧，不僅是學校教育階段，職前與在職教育階段，關於此部分知能的訓練機會較少，也形成個案管理者必須在缺少這些知能下卻又擔負如此困難的工作。

4.各直轄市、縣（市）政府之發展遲緩兒童早期療育服務通報轉介中心的運作模式不一

誠如上文討論，各直轄市、縣（市）政府之發展遲緩兒童早期療育服務通報轉介中心的運作模式不一，雖已有二十四個直轄市、縣（市）政府委託相關單位設立「發展遲緩兒童早期療育服務個案管理中心」，但是通報轉介中心與個案管理中心的協調分工上、對於派案指標的看法上都不同，這也形成了個案管理中心服務品質不一的情形，並且也讓具有相同困境的發展遲緩兒童與其家庭不見得得到相同的服務（如有些案主與案家可以進入個案管理中心，有些則不能）。

（二）建議

　　依據本章針對個案管理定義、實施階段、工作內涵的討論，再對應目前早期療育個案管理服務的實施模式與執行困境，作者針對早期療育個案管理服務提出下列二點建議：

1.個案管理服務應以案主的需求為最重要的考量

（1）每一個發展遲緩兒童與其家庭的需求都是多重的，只是案家本身所具備的資源與能力不同。因此，以個案管理的概念來看，這些能力較佳的案主或案家，他們所需要的是與能力較差的案家不同層級的個案管理服務，而不是不需要。

（2）個案管理服務是希望藉由資源的適當提供與分配，使得案主多重的問題得以解決。此外，個案管理服務也希望藉由適時服務的提供，增強案主處理問題的能力並預防案主問題的惡化。因此，若是依據派案的指標來分派個案，會忽略案主問題是具變動性的，若因為案主的問題是較輕微的，沒有及時提供個案管理服務，則案主的問題可能會日趨嚴重。

（3）個案管理服務是轉介中心的工作重點，但因為個案管理中心的設立，因此工作有了區隔。在二個中心的合作模式上，必須以個案管理的本質與案主的需求作為工作設計與分工時重要的考量。當案主同時面對轉介中心、個案管理中心的社會工作者時，會不會產生案主不知道向誰請求協助的困擾（沈慶盈、蔣明珊，2000）？

2.早期療育制度的改善

除了個案管理服務應以案主的需求做優先的考量之外，也必

須注意在制度與政策面上對於早期療育個案管理服務的支持。

(1) 依據沈慶盈、蔣明珊（2000）針對「台北市早期療育服務體系之運作困境與整合分析」發現：個管中心隨著母機構的不同而有不同的特點，例如，承辦個案管理中心的機構在政策倡導與資源開發的能力較佳，而使得進入該個案管理中心的案主可以獲得較佳的服務。目前早期療育個案管理服務，是依據案主所在區域進行分派個案，這是不是一個能夠提供案主最好、最公平的服務方式則是必須在制度規劃上作進一步研究的。

(2) 轉介中心與個案管理中心人員與經費配置的問題，政策規劃單位必須經由更仔細的討論，設計合適的配置指標。例如，若是所有通報個案都進入個案管理中心，轉介中心的社會工作員只需負責監督個案管理中心運作的狀況時，個案管理中心的人員與經費編制應該重新調整。

(3) 個案管理中心在執行工作上最重要的子彈便是「資源」。但是個案管理中心皆由民間單位承辦，在不具公權力的條件之下，如何協調並開發相關資源是制度上一個必須考量的重點。此外，早期療育服務資源的不足與分布不均的問題，也都影響著個案管理服務的成效。個案管理是透過評量後而提供案主包裹式的服務，因此，當服務計畫擬定後便需要有足夠的資源予以使用，否則，徒有服務的規劃，而無實質或實際的資源，個案管理者將會束手無策。

(4) 儘管目前社會工作人員對個案管理的內涵並不陌生，然而，更深一層的工作知識與技術卻仍有限，經調查，社會工作員在學校時有修習個案管理課程者占24.1％，就

業後曾接受過個案管理專業訓練者占35%（黃源協，1998）。然而，個案管理者的專業能力與態度影響著個案管理服務的品質。因此，必須與學校或是相關單位合作，設計並執行有規劃、一系列早期療育個案管理服務相關的課題與技巧，提昇個案管理者的相關知能，才能充分發揮其角色功能。

第十章

早期療育實務工作相關議題之探討

◆發展遲緩兒童與其家庭轉銜服務之探討

◆從社會工作力量觀點探討身心障礙兒童對家庭之影響

◆影響早期療育服務通報轉介政策執行之因素

◆社會工作者與行政主管對早期療育服務社會工作者之角色期待

　　本章主要針對早期療育實務工作中相關議題作討論，期待透過本章的討論，可以提供早期療育實務工作者在協助發展遲緩兒童與其家庭時，可以運用正向（positive）的觀點介入，運用服務對象本身具有的資源、能力等力量，進行實務處置；本章內容並可以提供早期療育實務工作者，對於早期療育轉銜服務、政策內容、專業角色的要求等部分的省思。本章內容共分為四個部分：一、發展遲緩兒童與其家庭轉銜服務之探討；二、從社會工作力量觀點探討身心障礙兒童對家庭之影響；三、影響早期療育服務通報轉介政策執行之因素；四、社會工作者與行政主管對早期療育服務社會工作者之角色期待。

發展遲緩兒童與其家庭轉銜服務之探討

　　早期療育最主要的目的便是藉由早期的治療、教育與家庭支持等服務方案的介入，協助發展遲緩兒童與其家庭可以有能力面對因為孩子遲緩的生理狀況，所帶來的相關挑戰與問題，並且可以經由早期療育的提供，使得發展遲緩兒童的遲緩程度不至於惡化，甚至獲得改善。因此，發展遲緩兒童不論是接受哪種型態的早期療育服務，在其具有一定的學習能力之後，則必須透過「個別化轉銜計畫」（Individualized Transition Plan，簡稱ITP）的擬定與執行，協助發展遲緩兒童得以順利轉介至適合的學前教育或學齡義務教育的單位與學校，接受下一階段的教育訓練；並且也透過「個別化家庭服務方案」的擬定，順利的與學前教育與學齡義務教育的「個別化教育計畫」銜接之後，才能使發展遲緩兒童在面臨學習環境、發展階段等轉換情境時，得以藉由適當的轉介與銜接二個服務流程的搭配，加上發展遲緩兒童家庭的介入與協

助，以減少發展遲緩兒童在適應上的困難，這也就是轉銜服務的基本意涵（陳姿蓉，1997；林宏熾，1998、2002；林美專、劉美芳，1998；張琴音，1999；謝淑珍，2001）。

因此，對於發展遲緩兒童與其家庭而言，在面對孩子即將進入學前教育（幼稚園、托兒所等）及小學的義務階段時，發展遲緩兒童之家庭便會產生對於轉銜諮詢服務與如何協助孩子進行轉銜等需求（吳伊雯，2001；謝淑珍，2001；林宏熾，2002）。此時轉銜服務方案的提供，便能協助發展遲緩兒童與其家庭面對轉銜時所可能產生的家庭壓力等問題，也可以促使早期療育服務體系得以與下一階段的服務體系順利銜接。因此，發展遲緩兒童與其家庭的轉銜服務，是早期療育領域中相當重要的一個議題。本節將先針對轉銜的定義作探討，以瞭解轉銜的本質與內涵；並探討發展遲緩兒童與其家庭轉銜服務之基本理念與工作內容；最後將探討目前發展遲緩兒童與其家庭在轉銜服務上的實施現況與困境，並根據這些執行困境，提供可供參考的建議。

一、轉銜的定義

American Heritage Dictionary（1982, 引自林宏熾，1998）的解釋，轉銜係指由一種形式轉變為另一種形式、由一種狀態轉變為另一種狀態、由一個地方轉換至另一個地方、由一種活動轉變至另一種活動的過程。

Will（1984）認為轉銜著重在學校生活與工作生活的轉換過程。包含著一系列導致身心障礙者獲得就業的服務與經驗，轉銜包括：中學畢業、成人服務、就業的第一年等時期。

Halpern（1994）將轉銜定義為學生身分轉移至成人階段的一種角色轉變。這些角色包含就業、進修、社區參與及良好的人際

關係經驗等等。

　　美國於1997年制訂的「身心障礙者個人教育法案」（Individual with Disabilities Education Act of 1997，簡稱IDEA或公法105-17）中，則規定學校機構於年滿十四歲或十四歲以上的身心障礙學生，必須於其個別化教育方案中詳列學生的轉銜需求。其將轉銜服務定義為針對身心障礙學生所設計，強調以成果導向歷程之一系列協調性的綜合活動，這些活動是為了讓學生由學校生活順利過渡至離校後的生活，活動的內容包括：中學後教育、職業訓練、整合式就業成人繼續教育、社區參與……等。

　　從上述定義中，可以發現轉銜代表著生活階段、學習環境等轉變的過程。不過若仔細探討上述幾項針對轉銜的定義，可以發現這些定義中僅強調由學校階段轉換至就業、生活階段的轉銜；並只著重針對中學以上學生在離開校門之後，步入社會之前應該進行轉銜服務。由此可知，轉銜服務早期的定義是協助在校的身心障礙學生進入社區、社會、就業市場的一項服務。這樣的界定，由於只針對某個年齡階段的身心障礙者，忽略了其他不同年齡階段的身心障礙者在轉銜服務上的需求，因此，後來的學者提出較全面的轉銜定義，茲討論如下：

　　美國學者Repetto與Correa（1996）提出了「無接縫轉銜」（seamless transition）的概念，將轉銜的定義擴大為零至二十一歲的身心障礙者，藉由相關課程、服務地點、服務內容、機構間的協調合作、家庭與身心障礙者的需求的統整，提供身心障礙者進行生命週期轉銜（life-cycle transition）的教育與服務。並將此種無接縫轉銜的服務，區分為：早期療育階段的轉銜、中學階段的轉銜、離校後的轉銜三個部分。

　　就我國而言，身心障礙者保護法第四十二條明訂「為使身心障礙者不同之生涯福利需求得以銜接，各級政府相關部門，應積

極溝通、協調、制訂生涯轉銜計畫，以提供身心障礙者整體性及持續性的服務」。身心障礙者保護法施行細則第十五條更詳細說明，所謂的「生涯轉銜計畫」係指對身心障礙者各個人生階段由社會福利、教育、衛生及勞工等專業人員以團隊方式，會同身心障礙者或家屬訂定之轉銜計畫，此轉銜計畫內容應該包括：身心障礙者基本資料、各階段專業服務資料、家庭輔導計畫、身心狀況評估、未來安置協助建議方案、轉銜服務準備事項。特殊教育法第二十二條則將轉銜服務界定在「就業轉銜」的範疇中，但在特殊教育法施行細則第十八條則將轉銜服務的階段明訂為：學前教育大班、國小六年級、國中三年級、高中職三年級學生此四個階段，並在每個階段中，教師都應於學生個別化教育計畫中增列轉銜計畫，並將轉銜服務的定義由「就業轉銜」擴大為應包括：升學輔導、生活、就業、心理輔導、福利服務等相關專業內容。

中華民國發展遲緩兒童基金會（2000）在其所編制的《發展遲緩兒童早期療育工作手冊》中，將轉銜界定為：指一個個案由一種服務轉換至另一種服務；或由一個單位轉換至另一個單位；或由一個專業人員轉換至另一個專業人員的服務。轉銜的目的在於建立一套被服務者間適切的運作機制，使發展遲緩兒童在服務的過程中，及早適應環境，在學習過程中得到持續的發展。

上述的定義中，我們可以瞭解轉銜的意涵包括：機構、服務人員等之間的水平轉銜，與學前、學齡義務教育體制銜接的垂直轉銜兩種。其中水平轉銜的概念與社會工作中轉介（refer）的意涵相同，在案主接受轉介的過程中，社會工作者應尊重個案在轉介上的意願、協調服務體系與案主之間可以有效的接受正確服務的過程、讓案主從不同專業、不同機構之間得到各項社會資源的協助，並追蹤評估案主轉介之後的服務狀況（黃維憲、曾華源、王慧君，1984；萬育維，1997）。垂直轉銜則是針對身心障礙者將

從一個人生階段跨越至另一個階段時，專業人員應視其目前學習或生活狀況，擬定相關的轉銜計畫，以協助其能順利的進入下一學習與人生階段。

在早期療育服務的範疇中，所謂轉銜服務的提供應包括二個部分：第一個部分係指發展遲緩兒童三歲由家庭進入學前教育體系階段；第二個部分則指發展遲緩兒童六歲時，由學前教育階段進入小學階段。針對發展遲緩兒童與家庭所提供的轉銜服務，在垂直轉銜服務中，必須涉及跨機構、跨專業合作等概念，目前是比水平轉銜服務而言，較少被探討的。也因此有許多早期療育的實務工作者，對於發展遲緩兒童與其家庭在垂直轉銜服務上的概念與工作內容，常與水平轉銜的概念相混淆。因此，本文中所探討之轉銜服務是指垂直轉銜服務而言，並在下文中針對發展遲緩兒童與其家庭所進行垂直轉銜服務的基本概念與工作內容作進一步的探討。

二、發展遲緩兒童與其家庭轉銜服務之基本概念與工作內容

（一）發展遲緩兒童與其家庭轉銜服務之基本概念

依據家庭系統理論的觀點，家中任何一個成員的狀況都會影響其他成員（施怡廷，1998）。此外，依據家庭壓力理論（周月清，1998），家庭每個生活階段及其生活週期轉換時，也會形成家庭的壓力。尤其是發展遲緩兒童由於本身的生理狀況，其發展的速度可能與一般兒童不同，其生命的週期與發展階段也可能有異於一般兒童，因此，發展遲緩兒童的家庭會因為孩子發展的階段、發展的進度不同而形成不同的壓力。尤其是當發展遲緩兒童

面臨進入學前教育或是入小學階段時，發展遲緩兒童家長可能會擔心幼稚園、托兒所或小學因為自己孩子的遲緩問題而拒絕其入學、不知道孩子適合進入哪一所學校就讀、害怕孩子無法適應、不確定自己應該扮演的角色等問題，而形成家庭的壓力。因此，在早期療育的服務中，若有完善的轉銜服務體系，便可以由專業人員協助即將進入另一個陌生學習環境的發展遲緩兒童與其家庭，面對這些因為發展遲緩兒童環境轉變所可能帶來對自己或家庭的問題。

　　早期療育服務除了包括針對發展遲緩兒童的生、心理狀況提供適當的治療與教育之外，家庭的支持也是該服務的重點之一，發展遲緩兒童其家庭成員的介入與支持度的高低，更直接影響發展遲緩兒童接受早期療育的成效。在轉銜服務中，發展遲緩兒童家庭與其他成員的需求也必須受到重視（陳姿蓉，1997；張琴音，1999；謝淑珍，2001；Repetto & Correa, 1996）。因為發展遲緩兒童其家庭與社區中資源的互動和支持的成敗與否，對於發展遲緩兒童學齡前轉銜計畫的實現具有關鍵性的影響（Mallory, 1989, 引自張琴音，1999）。

　　依據美國於1991年通過的102-119公法（擴充公法99-457與修正94-142之法令）中，將學前特殊教育分為針對零至三歲早期療育的Part H與三至五歲學前特殊教育的Part B，並規定身心障礙或發展遲緩兒童在三歲時應接受轉銜服務，或者從家庭或兒童福利機構進入公立學校，以便使其可以在三歲之後接受免費的公共教育，這項轉銜服務將身心障礙或發展遲緩兒童的教育責任由家庭和學校共同分擔（林宏熾，1998；張琴音，1999）。此外，99-457公法中更強調需以個別化家庭服務方案（IFSP），來提供發展遲緩兒童與其家庭適當的轉銜服務，希望藉由IFSP的提供達到下列的目的（林宏熾，1998、2002；Repetto & Correa, 1996; Bailey &

Turnbull, 1993，引自張琴音，1999）：

1.藉由IFSP的擬定，使得機構、學校之間具有服務傳遞的方法與書面內容。
2.減少發展遲緩兒童就學後對特殊教育與相關服務需要的程度，進而降低教育成本。
3.提昇發展遲緩兒童家庭照顧發展遲緩兒童的能力。
4.以專業人員的角度，也可以透過IFSP的擬定與執行瞭解發展遲緩兒童與其家庭的優點、限制與相關需求。

此外，IFSP在發展遲緩兒童進入幼稚園或小學後，也可以做為教師在擬定發展遲緩兒童個別化教育計畫（IEP）時的參考依據，並與IEP的內容緊密結合，才能讓發展遲緩兒童透過轉銜服務，可以在新的學習環境中減少不良適應情形產生的機率。

（二）發展遲緩兒童與其家庭轉銜服務之工作內容

透過上文針對發展遲緩兒童與其家庭轉銜服務概念之探討後，可以瞭解轉銜服務最主要的工作內容便是藉由IFSP與IEP的擬定與執行，以作為發展遲緩兒童目前所進行早期療育的家中、機構、醫院或幼稚園，與其未來將要就讀的學前教育單位、小學之間相互溝通與聯繫的媒介。

就美國身心障礙者個人教育法案（IDEA）中的擬定，在零至三歲身心障礙兒童的個別化轉銜服務計畫中，應包括下列幾項內容（Repetto & Correa, 1996）：

1.決定目的、目標與轉銜需求。
2.提供安置資訊；拜訪安置的地點。
3.決定安置的地點。

4.在職訓練計畫。

5.以兒童為中心的計畫。

6.機構間的經驗交流與分享。

7.協助安排需要非學校相關服務者。

內政部（2002）所擬定的「身心障礙者生涯轉銜服務整合實施方案」中，明訂零至六歲發展遲緩兒童與學齡前兒童的轉銜服務的工作內容應包括：

1.由各地方政府所辦理之「發展遲緩兒童早期療育通報轉介中心」依據發展遲緩兒童接受聯合評估的資料，訪視、安排並追蹤後續安置的單位與成效。

2.在發展遲緩兒童安置於學前教育單位或小學前一個月，通報轉介中心應邀請相關人員召開轉銜服務會議。

3.依據轉銜服務會議的結論，擬定該發展遲緩兒童的個別化服務計畫。

4.即將入小學之發展遲緩兒童，在進入小學六個月前，將相關的轉銜計畫提供教育單位作為提供服務之依據。

身心障礙者保護法施行細則第十五條明訂轉銜服務計畫內容應該包括：

1.身心障礙者基本資料。

2.各階段專業服務資料。

3.家庭輔導計畫。

4.身心狀況評估。

5.未來安置協助建議方案。

6.轉銜服務準備事項。

　　綜合上述，發展遲緩兒童與其家庭轉銜服務的工作內容應包含下列幾項（洪儷瑜，1992；陳姿蓉，1997；張琴音，1999；謝淑珍，2001；林宏熾，2002；Repetto & Correa, 1996）：

1. 提供發展遲緩兒童與其家庭在轉銜服務上，相關資源與資訊管道的諮詢。

2. 協助發展遲緩兒童之家長參與轉銜計畫，並且使其瞭解自己具有擔任協助連結社區中轉銜資源與提昇發展遲緩兒童各項能力發展的責任。

3. 提供轉銜服務的單位，必須與發展遲緩兒童將要進入的學前教育單位或小學，進行拜訪或參與相關的聯繫會報（例如，國內各地方政府於每年小學新生入學之前，針對身心障礙或發展遲緩兒童所召開的鑑定、安置與輔導會議），在發展遲緩兒童就讀新學校之前，各轉銜相關單位之專業人員需經過正式、非正式管道溝通。

4. 安排一位負責轉銜的個案管理者（可以是機構、學校中的教師、社工師等）。

5. 在提供轉銜服務之前，必須先擬定IFSP，且最好由不同專業人員（必須包括發展遲緩兒童之家長）所成立的專業團隊進行IFSP的擬定。依據美國IDEA公法99-457的規定，IFSP必須包含下列幾項內容（Repetto & Correa, 1996）：

　（1）描述發展遲緩兒童目前的發展水準。

　（2）描述發展遲緩兒童的長處與需求。

　（3）描述發展遲緩兒童與其家庭接受此方案可能預期的成果。

　（4）敘述服務的頻率、次數、地點與服務傳遞的方式。

　（5）敘述方案的起始時間。

（6）訂定進步的標準與過程。

（7）敘述轉銜的程序。

（8）個案管理者的姓名。

（9）方案的定期評鑑：IFSP至少每半年檢查方案執行狀況，每年需評估方案執行成效。

三、我國發展遲緩兒童與其家庭轉銜服務工作困境之探討

　　國內目前在發展遲緩兒童與其家庭轉銜服務的提供上仍屬於起步的階段，相關法令與政策制度上，對於發展遲緩兒童與其家庭轉銜服務的意涵與作法，除了在特殊教育法施行細則中第十八條中有略微提及之外，詳細的服務方式與內容並未擬定。因此，目前早期療育領域的實務工作者對於轉銜服務的定義與工作內容自然會產生模糊、不清楚的情形。國內目前有些機構已經提供轉銜服務；有些機構則在規劃當中，此外，機構所提供的服務也因為所服務對象的需求不同、機構特質的不同而有不同的服務。在服務內容上，依據吳伊雯（2001）針對台北市在發展遲緩兒童與其家庭之轉銜服務執行現況的研究中發現，台北市的機構提供轉銜服務的內容大致包括資訊的提供、學校環境的評估、學生與家長能力的分享、舉辦入小學說明會、陪同家長參觀學校等等，並且大都由機構中的社工員為轉銜服務之負責人。國內提供發展遲緩或身心障礙兒童與其家庭轉銜服務的機構，其在推動時也產生了以下幾項工作困境（林美專、劉美芳，1998；吳伊雯，2001；陳世昌，2001；謝淑珍，2001；林宏熾，2002）：

（一）個案資料管理體系尚未建立

由於發展遲緩兒童在接受轉銜服務時，同時涉及社會福利、衛生、教育等單位，然而這三個單位可能同時擁有一個個案相關的基本資料、目前學習與接受服務的狀況，由於並沒有一個單位將這些重複的資料與資源加以統整。因此，使得轉銜服務在輸送時，可能發現重複提供或是資源浪費的情形產生。

（二）社政、衛生與教育體系關係建立不易

由於這三個體系之間彼此互相溝通的模式並未建立，因此容易產生當在機構中接受早期療育服務的發展遲緩兒童要進入學區的幼稚園或小學就讀時，學校可能會因為特教師資的缺乏等原因，拒絕發展遲緩兒童就讀；或是在發展遲緩兒童就讀之後，機構中的社工員不容易取得兒童在學習狀況、適應情形上的相關資料。

（三）學前教育與小學資源缺乏與分配不均

轉銜和轉介工作都需要有充裕的資源作支持。在進行轉銜服務時，可能因為地區區域的不同，在提供學前教育的幼稚園、托兒所、設有特殊班級或是具有輔導、特教老師的小學等資源量與質上便會有不同，對於轉銜服務的提供自然產生影響。

（四）專業人員知識與經驗的缺乏

在轉銜服務上，相當重視IFSP與IEP的撰寫、執行與結合、不同機構之間的溝通與協調、發展遲緩兒童的特質等知識。提供轉銜服務的相關人員是否具有這方面足夠的專業知識與能力？或是其對轉銜服務的基本概念是否清楚？若是專業人員的知識與能力

相當缺乏，當然在轉銜服務的運作上也會產生相當大的困境。

（五）後續追蹤輔導的機制與人力皆不足

針對發展遲緩兒童與其家庭的轉銜服務，目前各機構大概只能做到入學後半年的追蹤（吳伊雯，2001；陳世昌，2001）。但半年後，當發展遲緩兒童在就學上產生問題時，家長則不知道應該向學校老師或是原轉銜機構的個案管理者來詢問？

（六）經費的不足

由於國內的轉銜服務並沒有如美國直接在法令中直接規定必須提供，因此，在相關經費的編列上，由於沒有強而有力的法令或制度作為支持，因此也不足夠。目前國內提供轉銜服務的機構，大都是以方案的申請或是依據機構年度計畫來進行，不僅經費上不足，在觀念上也無法將轉銜服務視為一項必須持續進行的服務。

（七）家長參與不足

發展遲緩兒童之家長應為轉銜服務相關會議必要的出席與執行的參與者，但目前轉銜服務在國內實施的現況中，家長的參與並不足夠（謝淑珍，2001；林宏熾，2002），對於轉銜服務實施的成效具有很大的影響。

四、建議

針對上文的探討，作者依據轉銜服務的概念與目前轉銜服務執行的困境，提出下列幾項建議，以供參考：

（一）發展遲緩兒童與其家庭轉銜模式的建立

　　經由本文的探討，可以瞭解轉銜服務對於發展遲緩兒童與其家庭相當重要。為使得早期療育的服務可以透過轉銜服務的提供來接續、不至於斷層，社會福利、衛生與教育三個體系之中央主管機關，應該藉由專業團隊的研討、參訪國外轉銜模式、委託研究等方式，建立我國針對零至六歲身心障礙與發展遲緩兒童與其家庭的轉銜服務模式。並將轉銜服務的概念與工作內涵，經由立法或是擬定實施方案的程序加以界定並實施，才能真正落實發展遲緩兒童與其家庭的轉銜服務。

（二）個案資料管理體系的建構

　　社會福利、教育與衛生相關單位應協調建立國內轉銜服務個案資料應由一個單位統整管理，並且將轉銜服務相關表格（如 IEP、IFSP、ITP等）與服務流程加以統一，可以讓實務工作者在提供轉銜服務時有可以依循的工作流程，並且也可以有效避免服務的重複提供與轉銜資源浪費的情形產生。

（三）單一個案管理者提供服務

　　發展遲緩兒童在進入小學半年之後，常因為原機構無法持續提供追蹤服務，或是就讀的學校無法提供一個固定的個案管理者，持續進行後續的轉銜服務，使得發展遲緩兒童與其家庭在面臨問題時，常出現不知道向誰求助的情況，因而影響到發展遲緩兒童的學習成果與適應情況。為解決這些問題，應該有一位固定的個案管理者來提供後續的追蹤服務與聯繫。這位個案管理者可以由學校的輔導老師來擔任；或是設置學校社會工作者，由其來擔任轉銜服務的個案管理者；也可由學校和機構中的社會工作者

合作，安排一位社會工作者擔任個案管理者的角色。如此一來，才能藉由持續的追蹤與評估，以便個案在進行下一個階段的轉銜時（如入國中等），能有準確、完善的個案資料可供參考，也才能真正達到無接縫轉銜的理想。

（四）專業人員的培訓

針對轉銜服務所需具備相關的知識，如轉銜服務的定義與工作內涵、IFSP的擬定、溝通與協商的技巧等，應由社會福利、衛生、教育三個中央主管機關共同或分別研擬一系列的在職訓練課程，以增加各專業人員的工作知能。

（五）經費的編列

發展遲緩兒童與其家庭的轉銜服務應每年編列相關的預算，使其可以藉由充足的經費來進行實務的運作。

（六）發展遲緩兒童家長的參與

透過參與轉銜服務計畫與會議，可以協助發展遲緩兒童家長或家庭成員，獲得能夠自我決定與自我決策的權力，因此，參與的過程可被視為是增強案主與案家權能的方法，並能透過參與，達到增強權能的結果。若是發展遲緩兒童之家長在此過程中，可以發掘並肯定自己的能力，則有助於提高其在參與轉銜服務計畫時主動面對困難的意願，使得轉銜服務計畫可以更有效的執行。

（七）社會大眾觀念的宣導

在轉銜服務的宣導上，必須強調提供發展遲緩兒童與其家庭適切的轉銜服務是其應有的權力。並且發展遲緩兒童依法（特殊教育法、身心障礙者保護法）應具有「零拒絕」的受教權。在進

行轉銜服務時，都必須針對這些觀念進行宣導，才能協助發展遲緩兒童與其家庭可以順利轉銜至適合的學校，或是參與社區。

五、結論

早期療育最重要的目的，便是協助發展遲緩兒童與其家庭可以增加其本身的能力；或是藉由外在環境障礙的消除，使其可以藉由早期的治療、教育與家庭支持，儘早改善遲緩與生活的狀況，進而擁有和一般人一樣相同的能力與權力。發展遲緩兒童與其家庭的轉銜服務，除了可以使其順利的過渡學習與生涯的階段，早期療育的成效也得以藉由成功的轉銜服務，讓發展遲緩兒童在學習與適應上可以減少挫折產生的機會。因此，對於發展遲緩兒童與其家庭，甚至是社會整體而言，轉銜服務都是必需的。雖然目前我國的轉銜服務，已有相關的法令與方案的規劃，但在執行層面上，仍必須透過政府部門、實務界、學術界與發展遲緩兒童家長等相關人員的探討，才能真正落實符合發展遲緩兒童需求的轉銜服務方案。

從社會工作力量觀點探討身心障礙兒童對家庭之影響

社會工作的價值觀一向強調個人在擁有適當的資源狀況下，均有能力成長與改變（許臨高等人譯，1999）。因此，社會工作在進行各種處置時，藉由個人能力與環境資源之間平等關係的創造，協助案主得以瞭解自己本就具備的能力與資源，並且激發案

主的潛能以解決所面臨的困境，一直是社會工作的工作重點。但是，許多的文獻（Weick, Rapp, Sullivan & Kisthardt, 1989; Cowger, 1994; Chapin, 1995; Saleebey, 1996; Rapp, 1998; Early & GlenMaye, 2000; Brun & Rapp, 2001; Cowger & Snively, 2002）都提出，社會工作在實務處置或是政策設計上仍偏向以病理觀點（pathology perspective）來診斷案主的問題。除了在實務處置上，特別著重於發現案主的缺陷或不足之處，而忽略了案主的力量與優勢的研判；在政策設計時也只針對案主需要補救的部分加以協助，而忽略了運用或是加強原先就存在於案主環境中的正式與非正式資源。社會工作力量觀點採取了一個與病理觀點不同的角度，來看待案主與他的問題。但是，這並不代表力量觀點是較病理觀點為佳的處置方式，而是兩者各自擁有一套看待案主與其問題的獨特信念，也就是兩者具有不同的思考典範（paradigm）（Goldstein, 1990）。

　　社會工作力量觀點認為每個人都有自己解決問題的力量與資源，並且具有在困難環境中生存下來的復原力量（resilience）（Saleebey, 1996; Rapp, 1998; De Jong & Miller, 1995）；對於問題的界定，則將其視為案主本身的需求與環境的資源之間，產生分配錯誤或是不均衡的狀況，此種狀況使得案主在面對目前的困境時，覺得困惑或是痛苦（Cowger & Snively, 2002）。因此，社會工作者在協助案主時，必須創造一個脈絡（context），協助案主發覺自己的力量與資源，並釐清是何種障礙在影響這些力量的運作，社會工作者並與案主結合個人與環境中可能的資源，破除這些障礙並發揮力量的影響力，問題便能由另一個角度來解決（黃鈴翔、張意真譯，1999; Cowger, 1994; Saleebey, 1996; Rapp, 1998; Brun & Rapp, 2001; Cowger & Snively, 2002）。

　　過去實務工作者從問題、診斷出發的處置觀點，限制了案主

看到自己與環境權力間互動的可能性，並且忽視了在社會環境層面，本身所存在的權力關係不對等的情況，容易視案主為問題的製造者，傾向於責難於受害者（blame the victim）（周玟琪、葉琇珊等人譯，1995；趙善如，1999; Saleebey, 1996; Rapp, 1998; Cowger & Snively, 2002）。所以，社會工作力量觀點將案主的困境定義為個人與環境資源之間配合不當所產生，處置的重點則放在協助案主發現並運用自己的力量，同時針對案主與其社會環境進行增強權能的工作（Cowger, 1994; Saleebey, 1996; Rapp, 1998; Cowger & Snively, 2002）。這與社會工作強調協助個人發揮力量，達到自助人助的助人目標相當契合。

由於身心障礙兒童其本身生理或心理上的缺陷，加上年齡較小，不論在生活照顧與接受相關療育上，都必須依賴其家庭，家庭在照顧身心障礙兒童上便扮演了相當重要的角色（周月清，1998；王國羽，2002; Freedman & Boyer, 2000）。在許多研究或文獻資料中（周月清，1998; Stainton & Besser, 1998; Theresa & GlenMaye, 2000）都指出，不論是一般人或是專業人員對家中有身心障礙兒童之家庭，常具有一些刻板印象，例如，家庭成員長期的悲痛；家庭在經濟、情感等層面的失功能；家庭成員感情不睦……等，對於身心障礙兒童對家庭的正向影響則較少被討論，也忽略了身心障礙兒童家庭可能具有的力量與資源。若以社會工作力量觀點的角度來思考，在任何一種不利的環境之下，仍有支持個人面對困境的個人與環境的資源存在。因此，筆者希望藉由本文的探討，從社會工作力量觀點的角度切入，呈現身心障礙兒童對家庭可能具有的正向影響，並且進一步從這些正向影響、力量出發，提出對目前社會工作專業在協助家中有身心障礙兒童之家庭時，在實務工作上與政策上可以思考的方向。

一、身心障礙兒童對家庭之影響

　　當一個家庭中有身心障礙兒童時，若以病理與問題焦點的角度去提供服務時，我們可能將處置的重點放在這個案主與案家的弱點、缺點與問題上，例如，因為這個孩子的出現，使得家庭系統產生了轉變，這種轉變帶來家庭成員之間的緊張關係；為了協助身心障礙兒童接受療育，家庭經濟負擔可能提高，父母在照顧上的壓力加重；整個家庭深陷於擔心、恐懼與害怕中……等。當這些問題一一呈現時，社會工作者在進行處置時，自然容易將處置焦點放在如何協助案主或案家解決這些問題，而這種處置焦點也容易形塑案主、案家成為一個具有很多問題，卻沒有能力解決的「無助求助者」，可以想見的在專業關係中，社會工作者自然而然便成為問題解決專家，而不是一位可以信任的夥伴（partner）或是協助者。

　　但若是以社會工作力量觀點的角度進行處置時，社會工作者可能將案主或案家視為一個獨特的個體，他可能擁有他人所沒有的特質、能力、資源或是優勢，因此，處置的焦點就會集中在發掘案主與案家的能力與資源。社會工作者也就會重視案主與案家對於自己目前問題困境的看法，由於這個觀點視案主為改變問題的重要媒介，在這個過程中，案主也較容易發展出信任自己的能力，也較容易與社會工作者形成夥伴關係。運用社會工作力量觀點思考案主問題時，並不是要刻意忽略其痛苦或是不足之處，而是期待以另一種角度出發，協助案主以另一種態度去思考自己的問題與改變的機會，使得問題對於案主或其他人較不具威脅性，當威脅性降低時，案主與他人願意解決問題的動機便會提高（Saleebey, 1996）。

　　若以社會工作力量觀點的角度作出發，國外一些學者（Turnbull, 1985; Turnbull, Guess & Turnbull, 1988; Behr, 1990; 轉引自Stainton & Besser, 1998; Stainton & Besser, 1998）藉由內容分析法與質性研究方法進行研究時，發現身心障礙兒童對家庭有下列幾部分的正向影響：

1. 學習生活課程的機會增加。
2. 家庭長處的來源：家庭凝聚力的增加。
3. 精神與心靈層面資源的增加：更加瞭解生命的意義與目的；孩子小小的進步，家庭成員大大的快樂。
4. 個人的成長與成熟的來源：容忍度與深入瞭解的能力增加。
5. 學習處理問題的特殊經驗與能力增加。
6. 對於其他人和社區正向的協助。
7. 人際、社會網絡與社區投入的擴大：與專業人員和服務的互動增加。
8. 生涯或工作的成長：因為身心障礙兒童，使得家長成為身心障礙領域中之特殊教育、社會福利等專家。
9. 重新評價家庭生活之目的與未來生活之優先性。

　　但在這些研究報告中，並沒有提到這些家庭是否具備了一些基本條件，才能感受到身心障礙兒童對家庭有正向影響。因此，這也是筆者在閱讀這些文獻時，覺得由於缺乏這些先決條件的介紹，而使得研究結果在證據說服力上仍嫌不足之處。因為，即使運用社會工作力量觀點，來檢視身心障礙兒童對家庭的正向影響時，必須先有一些基本變項的考量，如身心障礙兒童的障礙類型與程度；家庭社經地位；家庭本身具有的解決問題之動機強弱；家庭所在區域的外在資源與社會制度等等，這些先決條件可能必須從研究中做討論，這樣得出的結果可能更具有實務參考之價

值。不過，筆者仍引用這些研究報告的成果，主要是為了呈現身心障礙兒童對家庭仍有一些正向影響，可提供社會工作在介入身心障礙領域時，從力量觀點提供服務可能性之思考。

　　社會工作力量觀點在進行案主問題評估時，有其評估的架構（見圖10-1），下文中，筆者將藉由此架構，將上文中身心障礙兒童對家庭的正向影響，進行整理與分類。在圖10-1中，可以將社會工作力量觀點在研判案主問題時，分作個人與環境二個部分，其中個人的部分可以分為生理與心理二個部分。生理部分是指個人能夠執行日常生活的能力，例如，身心障礙兒童本身的障礙類別與等級便會形成其生理優勢的不同；心理部分則是指案主可以突破困境的心理動機。社會工作力量觀點便是從個人與環境二個部分其各自的資源與限制進行問題研判，這裡所謂的限制是指社會工作者在協助案主運用其資源去解決其困境時，可能遇到的個人或環境的障礙。社會工作力量觀點在進行案主問題研判時，較著重於向度一與向度二的力量研判。其中個人力量與限制部分，可以分為五個面向進行研判（Rapp, 1998），分別是認知（cognition）、情緒（emotion）、動機（motivation）、因應（coping）、人際（interpersonal），由於此部分並不是本文討論的重點，所以並不詳

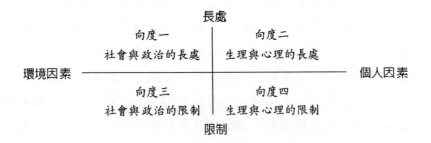

圖10-1　社會工作力量觀點的研判架構

資料來源：Cowger & Snively (2002).

細說明。

若針對上文中所探討的身心障礙兒童對家庭之正向影響，可以依據案主個人與環境力量加以分類如下：

1.個人（家庭本身）力量部分

包括：學習生活課程的機會增加；家庭長處的來源：家庭凝聚力的增加；精神與心靈層面資源的增加：更加瞭解生命的意義與目的；孩子小小的進步，家庭成員大大的快樂；個人的成長與成熟的來源：容忍度與深入瞭解的能力增加；學習處理問題的特殊經驗與能力增加。

2.環境力量部分

在此部分，所要著重的是家中有身心障礙兒童之家庭，其在政治與文化環境之中，其所具有的資源有哪些？也包括其所屬的政治文化環境中對於身心障礙兒童及其家庭可提供哪些正向支持與資源？在這個部分從上文的探討中，身心障礙兒童對家庭之正向影響，屬於環境力量部分的有：對於其他人和社區正向的協助；人際、社會網絡與社區投入的擴大；與專業人員和服務的互動增加；生涯或工作的成長：因為身心障礙兒童，使得家長成為身心障礙領域中之特殊教育、社會福利等專家，增加了與外界互動的資源並掌握更多的權力。

在進行案主問題研判時，除了注意案主個人與環境中的力量與資源之外，來自於政治或文化環境中的限制，例如，不合理的社會制度、不公平的資源分配等。社會工作者也都必須與案主一同檢視，以協助者、仲介者的立場，瞭解案主對自己事實、資源與限制的瞭解與定義，相信案主，以增強權能、倡導的工作方法進行資源的連結與媒合，打破社會對身心障礙兒童與其家庭不合理的建構，也是社會工作力量觀點在進行問題研判與處置時的重

點（Stone, 1984; Oliver, 1990; Cowger, 1994; Saleebey, 1996; Rapp, 1998; Cowger & Snively, 2002）。在上文中所探討身心障礙兒童對家庭的正向影響，經過分類之後，可以發現家中有身心障礙兒童的家庭在家庭本身與環境上都有一些力量，當然也有一些力量是在這些文獻中並未呈現的，至於限制的部分，雖然並不是本文討論的重點，但在進行實務處置與政策設計時也是必須考慮的重點。下文中，筆者也將針對身心障礙兒童對家庭的正向影響，對目前身心障礙領域中社會工作實務與社會福利政策上，提出一些可供思考的面向。

二、對社會福利政策與社會工作實務之思考

經由上文的討論，可以發現以社會工作力量觀點去探討身心障礙兒童對家庭的影響時，身心障礙兒童對於一個家庭而言，不見得全然就是無止盡的負擔與痛苦，從力量的角度來思考，可以看到身心障礙兒童對家庭可能具有的正向影響，這些正向影響的發現，對於目前身心障礙領域在社會福利政策與社會工作實務上，可以提供不同角度的思考方向。

（一）社會福利政策方面

1.政策設計上必須同時注意個人能力與環境資源之間的平衡關係

社會工作力量觀點所強調的是在討論案主所面臨的困境時，除了思考案主本身的資源與限制之外，來自於環境與社會的資源與限制，也必須是處置的重點。有些案主的問題是政治的，是社會所建構的；面對這樣的情形，社會工作的處置也必須是政治的，也必須考量如何在個人能力與環境、政治資源間運用協商

（negotiate）的技巧來取得其平衡關係，若忽略了運用環境的力量，打破環境的限制，即使案主的力量不斷發現，有可能其能力與資源在面對強大的環境時，是無法運用的（Saleebey, 1996; Cowger & Snively, 2002）。

　　因此，在協助家中有身心障礙兒童的家庭時，也必須考量相關的社會制度與社會福利政策，是否有提供這些家庭正向的支援？還是在政策制訂中就已經限制了這些家庭發揮力量的可能性？Chapin（1995）便指出美國身心障礙者法案（Americans with Disabilities Act，簡稱ADA）的內容中，便能看出其是以身心障礙者的力量觀點做出發，其強調提供身心障礙者相關的福利服務是其次的，如何協助身心障礙者獲得包含於（inclusion）社區的權力與機會，才是此法案設計的重點；所以整個法案中所呈現的是如何運用增強權能的方式，協助身心障礙者得到社區的資源以發揮自己的力量。這與社會工作力量觀點強調重視個人能力與環境資源之間的平衡關係的信念是一致的。

2.身心障礙者保護法應考量對於家中有身心障礙兒童之家庭的支持與協助

　　反觀國內在1997年修訂通過的身心障礙者保護法，在法令中雖然也強調增加身心障礙者社會參與的機會。但若是以近幾年來身心障礙國民生活狀況調查來看，至少90%以上的身心障礙者是居住在家中（王國羽，2002）。從身心障礙兒童由於年紀幼小，需要家庭成員的照顧來看，身心障礙者保護法中仍以身心障礙者為主要的受益對象（王國羽，2002）。對於家庭的支持與協助只有身心障礙者保護法第四十一條有提到（為加強家庭照顧身心障礙者之意願及能力，直轄市及縣市政府應提供或結合民間資源提供下列服務：復健服務、心理諮詢、日間照顧、臨時及短期照顧餐飲服

務、交通服務、休閒服務、親職教育、資訊提供、轉介服務、其他相關之社區服務）。由此可見，對於家庭的支持與協助並未在該法政策設計中（王國羽，2002）。

　　沒有法令的支持，相關的福利措施也很難具體、多面向的提供身心障礙家庭相關的資源與協助。因此，國內對於家中有身心障礙兒童家庭之協助，若以法令與福利政策上來探討，提供的不是資源而是限制。所以在社會福利政策部分，不論是在政策設計、政策執行上，若以身心障礙兒童對家庭的正向影響來思考，整個政策在設計與執行時是否有重視這些家庭的經驗與需求？在政策設計時是否可以從如何協助這些家庭有更多的正向資源支持，提高其發揮家庭的力量，降低環境的限制，將政策的目標設定在提供更多的資源與支持，協助這些家庭能獲得更多的生活機會，而不侷限在補救性的服務，也許是日後相關政策在修正時可以考慮的角度。

（二）社會工作實務方面

　　就上文的探討，社會工作實務上若要以力量觀點提供身心障礙兒童與其家庭協助時，有下列幾個面向必須思考：

1.進行問題研判時，需注意案主生理、心理與環境之資源和限制，並注意處置的原則

　　社會工作者若要運用力量觀點協助家中有身心障礙兒童之家庭時，不僅能讓自己以正向的態度去面對家庭，更能夠由力量觀點的角度鼓勵案家以更積極的態度去面對即將面臨的挑戰（Stainton & Besser, 1998）。但是在運用力量觀點之前，必須先考量目前家庭其遭遇困境所在的階段，也就是說如果家庭處於孩子剛被診斷為身心障礙兒童的階段時，其若處在情緒較激動的情況

時，社會工作者必須先處理案家的情緒，協助其度過這個階段之後，才能進一步協助案家跳脫這些負面情境，瞭解自己的長處與能力，重新面對未來。因此，並不是所有家中有身心障礙兒童的家庭都適合運用力量觀點來提供服務，需視案家所面臨困境的階段；此外，力量觀點強調案主的經驗與語言分享，因此，對於部分無法表達自己需求與感受的案主或家庭成員，力量觀點的運用會受到限制。不過，不論如何，力量觀點仍可以提供社會工作者在進行處置時，一種正向、不責備的態度。

　　力量觀點在進行案主問題之研判時，必須同時注意案主本身生理、心理與環境的資源與限制，對於身心障礙兒童而言，其生理、心理部分雖然有部分功能失能，但社會工作者也必須和其他家庭成員一同思考，除了失能的部分之外，是否也有部分生理與心理的功能是仍然可以發揮功能並加以運用的；也必須依循一些實務的處置原則（Cowger, 1994）：

　　（1）重視案主本身對於事實的瞭解。

　　（2）相信案主，認為案主是值得信賴的。

　　（3）發現與察覺案主需要的是什麼。

　　（4）研判必須同時著重個人與環境的力量。

　　（5）多面向的研判案主的力量。

　　（6）利用研判發現案主的獨特性。

　　（7）研判過程中需使用案主瞭解的語言。

　　（8）使研判成為案主與社會工作者共同參與的活動。

　　（9）社會工作者不能有秘密的研判。

　　（10）避免責備案主與他人。

　　（11）避免簡單因果關係的思考。

　　（12）著重研判，而不是診斷。

2. 重視案主的非正式資源

力量觀點強調運用案主與環境的資源，來面對現在所遭遇的困境。力量除了包含案主本身的人格特質、生理、心理功能之外，也包括與案主相關的各個系統之間的正式與非正式資源。除了正式資源之外，學者Bennett和Deluca（1996）的研究也指出，身心障礙者家庭之重要的非正式資源包括：

（1）家庭與朋友。

（2）家長團體。

（3）目前已成為朋友的專業人員。

（4）宗教信仰。

這些資源都可以視為案主與其環境的長處。

3.社會工作者的角色

力量觀點強調重視案主對於問題與事實的瞭解及經驗。因此，在整個助人過程中，案主是問題改變的主要媒介，社會工作者扮演的角色已由病理觀點的專家，轉換成一位同伴、協助者、鼓勵者、仲介者或使能者。社會工作者的角色功能並不在於增強權能給案主，而是協助案主可以具有讓自己增強權能的能力（Cowger, 1994）。此外，社會工作者也必須擔任在案主個人能力與環境資源兩者之間的倡導者與協商者。例如，若是社會工作者發現一個家庭無法發現身心障礙兒童對其的正向意義，其最主要的原因不是來自於案主或案家自己的能力與動機，而是來自於社會政策或制度的不完善時，社會工作者的角色就必須轉換成政策的協商者、倡導者或鼓勵案家爭取權益的使能者。

三、結論

　　社會工作力量觀點提供了一個與病理觀點不同的角度,去思考身心障礙兒童對家庭的影響。藉由力量觀點的角度,也許可以提供社會工作在提供這些家庭相關的服務時,能夠以正向的眼光去看待其所在脈絡中的資源,並且與案家一同瞭解並運用這些來自於自身與環境中的資源,並且重新思考社會工作在看待需要協助之對象時,另一個可以切入的角度。

　　但是,力量觀點在運用時仍有其限制:

1. 由於其本身只提供一個研判、看待案主問題情境的思考架構,因為其只是一個觀點,缺乏明確的實務運作策略與技巧。

2. 案主在福利體制長期的暗示下,已經形塑自己是一個無能力需要專家協助的人。因此,社會工作者在運用力量觀點進行處置時,則必須花費相當多的時間,去解決這些社會文化對於案主的建構。

3. 社會工作者所服務的機構是否能夠接受這種服務方式,並提供社會工作者在時間與資源上的支持,也會影響力量觀點在實務上的運作。

4. 社會工作者本身的能力、知識與教育,能否支持其信任案主並發覺其力量。

5. 案主本身是否能夠自我接納、肯定來面對自己的力量限制……等,都是力量觀點在實務運作中所可能遭遇的困境。

　　此外,筆者在參閱相關研究文獻時,對於身心障礙兒童對家庭的影響之探討,只能找到國外的研究文獻,國內並沒有相關的

資料或研究的報告，國外的經驗可供國內參考，但並不代表與國內的經驗就完全契合，這也是本文的限制。

不過上述的限制，並不代表不能解決，反而提供了國內身心障礙領域有關的實務工作者與研究者，在後續工作與研究方向的提醒與參考。因此，筆者期待藉由本文，提出以力量觀點這個不同於病理觀點的角度，所呈現身心障礙兒童對家庭之正向影響，能進一步引發在身心障礙領域中實務工作者與政策設計者，重新檢視自己對於身心障礙家庭是否也有一些負面的刻板印象？若是換個角度來看待他們，換個方法來研判他們的問題與需求，他們的生活與包含於社會的程度也許會比現在更好！

影響早期療育服務通報轉介政策執行之因素

在民間社會福利相關團體大力的倡導與推動之下，1993年修正通過的兒童福利法，將針對發展遲緩兒童與其家庭的早期療育服務納入該法的保障中。根據兒童福利法施行細則第十一條、第十二條的定義，早期療育服務係指針對在認知發展、生理發展、語言及溝通發展、心理社會發展或生活自理技能等方面有異常或可預期會有發展異常之情形，而需要接受早期療育服務之未滿六歲之特殊兒童與其家庭，由社會福利、衛生與教育等專業人員以團隊合作的方式，依其個別需求，提供必要的服務。

在法令修正通過之後，內政部也自1995年成立早期療育推動委員會，當時成為國內首創跨部會的任務編組，並開始正式執行早期療育服務（內政部兒童局，2000a）。更於1996年訂定「發展遲緩兒童早期療育服務實施方案」（內政部社會司，1997），在該方案中，將早期療育服務分作通報→轉介→聯合評估（鑑定）→

轉介→療育服務等幾個服務流程，並將每個服務流程應提供的服務內容作了簡單的界定，目前國內早期療育服務的流程與內容也以此方案的界定爲參考標準。若以1995年內政部正式實施早期療育服務算起，該服務實施至今已有七年。目前國內也有二十五個直轄市、縣（市）政府成立「發展遲緩兒童早期療育服務通報轉介中心」；行政院衛生署也於全國十八個直轄市、縣（市）政府成立「發展遲緩兒童早期療育服務聯合評估中心」；在直轄市、縣（市）政府也具有相關的療育服務單位；藉由這些包含社政、衛生、教育三個領域的相關單位形成整個早期療育服務的輸送流程，提供發展遲緩兒童與其家庭相關的服務。

在早期療育服務的流程中，通報轉介階段可以說是整個服務輸送流程的樞紐，透過各縣市發展遲緩兒童早期療育服務通報轉介中心的受理通報並登錄個案資料等工作之後，再藉由個案管理員協助後續流程中的服務轉介，才能讓發展遲緩兒童與其家庭得到完整的服務。因此，通報轉介政策執行能否具有成效？對於後續服務的提供與案主的服務品質皆具有決定性的影響。所以針對早期療育服務通報轉介政策在目標與執行因素的分析，相較於其他服務流程而言，則是必須優先進行且相當重要的工作。

根據相關研究結果的顯示，目前早期療育服務通報轉介政策在執行上出現了一些問題（萬育維，1997；黃淑文、林雅雯，1999；內政部兒童局，2000b；朱鳳英，2000；楊玲芳，2000）：

1. 通報率很低，只有十分之一的個案被通報出來。
2. 各縣市政府的發展遲緩兒童早期療育服務通報轉介中心的角色功能定位不明確，不僅是名稱不一、服務內容不一致、業務辦理的形式也不同。
3. 轉介的後送療育資源不足。

4.不同專業領域會機構在資源共享的理念難以實現等。

這些問題的浮現除了反應早期療育服務實務工作者在執行通報轉介工作的困境之外,也必須進一步去探討當初早期療育服務通報轉介政策制訂時的目標,及目前政策執行的狀況是否與當初政策制訂的目標相符、是否真的能夠滿足發展遲緩兒童與其家庭的需求?透過對於影響國內早期療育服務通報轉介政策在目標制訂、政策執行與政策執行力因素之探討,才能對現在早期療育服務通報轉介政策有深入的瞭解,並能根據探討的結果進行後續政策的修正參考,經由早期療育服務政策不斷的修正,也才能真正保障發展遲緩兒童與其家庭的相關權益。

誠如前文所述,早期療育服務實施迄今已有七年的歷史,不僅是中央主管機關對於直轄市、縣(市)政府早期療育服務有一定比例的預算編列之外,早期療育服務也成為國內身心障礙團體的主要訴求與主張。有鑑於目前國內早期療育政策已儼然成為兒童福利與身心障礙領域關切的重點,因此,在早期療育服務中有關於通報轉介政策執行的狀況如何?影響早期療育服務通報轉介政策執行的因素有哪些?國內目前早期療育服務政策執行的成效如何?則是筆者在本文中所欲探討的重點。在探討政策執行時可由案主的需求、政策目標的達成等角度去分析,由於社會福利政策的目標應以案主的需求為最優先的考量。因此,本文將以政策目標的達成情況去探討早期療育服務通報轉介的政策執行,希望藉由探討影響早期療育服務通報轉介政策執行的因素,瞭解這些因素對於政策執行的影響,並嘗試提出針對該政策後續修正方向的參考性建議。

一、早期療育服務通報轉介之意義與重要性

　　早期療育服務的核心精神便在於「早期發現與早期治療」，因此，發展遲緩兒童是否能及早接受早期療育服務，便成為決定該項服務是否具有成效的重要關鍵！目前國內已有二十五個直轄市、縣（市）政府成立「發展遲緩兒童早期療育服務通報轉介中心」，執行通報轉介階段的服務內容。

　　經由通報工作的實施，社政體系便能掌握早期療育服務人口群的特質與需求，並藉由通報階段所建立的的個案基本資料，進行後續的轉介服務，如此便能協助發展遲緩兒童及其家庭接受較完整、一貫的服務，也能讓發展遲緩兒童及其家庭不至因為無法獲得資源，而耽誤了發展遲緩兒童的療育契機。因此，通報這個階段，可以說是整個早期療育服務的樞紐，若通報功能無法發揮，則將會嚴重影響到後續服務的輸送與提供。在「通報」這個服務階段中，由社會工作者提供下列服務內容：「受理發展遲緩個案通報、蒐集並登錄個案資料、早期療育服務觀念的宣導、安排個案管理系統服務等工作。」（內政部社會司，1997；黃淑文、林雅雯，1999；內政部兒童局，2000b；朱鳳英，2000）。

　　此外，早期療育服務也能藉由通報階段所建立的個案基本資料，進行後續的轉介服務。若是個案在通報之前並未接受任何醫療體系的評估，則由社會工作者轉介醫療體系進行評估鑑定，以瞭解個案的發展問題；若個案通報之前已接受醫療體系針對其發展狀況的評估，則社會工作者應視個案發展遲緩的程度，選擇適合個案與其家庭的療育單位，如此便能協助發展遲緩兒童及其家庭接受較完整、一貫的服務，避免其因為無法獲得資源，而耽誤了發展遲緩兒童的療育契機。因此，發展遲緩兒童早期療育服務

的通報轉介工作，可以說是整個早期療育服務的樞紐。

在發現兒童有發展遲緩現象之後，除儘速通報之外，更重要的便是經由各地通報轉介中心的社會工作者，針對發展遲緩兒童與家庭的需要，運用個案管理（case management）的處置技巧，協助轉介至相關單位接受後續的療育服務，透過轉介服務能夠讓發展遲緩兒童暨其家庭得以運用適切的社會資源。若是個案在通報之前並未接受任何醫療體系的評估，則由社會工作者轉介醫療體系進行評估鑑定，以瞭解個案的發展問題；若個案通報之前已接受醫療體系針對其發展狀況的評估，則社會工作者便需視個案遲緩的程度，選擇適合個案與其家庭的療育單位。因此轉介階段中，社會工作者的工作內容包括：「案主的需求調查、需求評估、療育資源的評估、聯繫與協調、陪同案主至醫院接受評估鑑定、參與相關療育會議、定期追蹤服務等。」（內政部社會司，1997；葉淑文，1999；黃淑文、林雅雯，1999；朱鳳英，2000）。

二、影響政策執行因素之探討

（一）政策執行的定義

所謂的「政策執行」乃指政策方案在經過合法化之後，擬定相關的施行細則，並確認專責機關，配置必要的人力、經費等資源，並以適當的管理方法，採取必要的策略與行動，使政策得以付諸實施，以達成目標或目的之所有相關活動的動態過程（吳定，1994）。政策代表一種給予某種政策目標的承諾，「政策執行」是指能夠有效的實現政策目標，進而實現政策影響的重要過程（翁興利、施能傑、官有垣、鄭麗嬌，1998；施能傑，1999）。綜合上述，可以整理出「政策執行」係指為了實現一項政策目標所

進行的相關活動，在這些活動進行時並需有法令的基礎、專責的
執行單位、充足的資源、適當的策略與行動等配合，才能讓政策
得以確實實施，政策執行落實與否，對於一項政策的成敗具有絕
對性的影響（江偉平，1997）。但是，政策執行是否能夠發揮實現
政策目標的能力，則受到許多重要因素的影響，下文將就這些重
要因素作介紹。

（二）影響政策執行的重要因素

　　林水波（1992）認為政策執行與政策的信度與效度（政策的
邏輯性）是相互影響的，其中政策形成過程的理性考量、政策所
要處理問題的特殊性、政策本身所具備的處理問題能力這三者則
是影響政策是否具備信度與效度的的因素，此三個因素也各自或
共同的影響著政策執行力。江偉平（1997）也針對國內外學者對
於政策執行重要影響因素的討論，整理出九項影響政策執行成敗
的因素：

　　1.政策問題所具備的特質。

　　2.政策規劃的合理性。

　　3.政策合法化的周延性。

　　4.執行者對於政策目標之共識程度。

　　5.執行機關所具有的特性。

　　6.機關組織間的溝通與強化活動。

　　7.政策執行之監督狀況。

　　8.標的人口之順服程度。

　　9.政治、經濟及社會環境因素。

　　施能傑（1999）、翁興利、施能傑、官有垣、鄭麗嬌（1998）
則提出政策執行主要受到：政策內容、執行組織網絡、政策標的

團體三個主要因素的影響。

　　從上述學者的探討,可以整理出影響政策執行的因素不脫離政策本身、執行政策之組織與接受服務者三個範疇。因此,本文將藉由施能傑(1999)、翁興利、施能傑、官有垣、鄭麗嬌(1998)所整理出影響政策執行的三個因素作國內早期療育服務通報轉介政策執行的探討,在探討之前先就此三個因素的意義作介紹(施能傑,1999):

1.政策內容

　　一項政策本身的內容設計將對政策執行產生一定程度的影響,其中政策內容可由政策資源(法令、人力、經費、技術)與政策工具(政策執行機關得以達到政策目標所使用的手段)來探討。

2.執行組織網絡

　　政策執行的過程通常是由不同專責單位、不同層級或隸屬關係不明確的組織共同參與,因此,政策執行機構並不是指單一的組織,而是由許多組織所形成的網絡(Hjern & Porter, 1981;引自施能傑,1999)。所以執行組織間網絡關係是否通暢、良好,對於政策執行的成敗有相當重要的影響。

3.政策標的團體

　　係指一項政策的設計所設定的服務對象或是管制對象。標的團體可藉由其團體的特性、政策本身的設計與執行機關和標的團體之間的互動此三個層面去影響政策執行。

三、影響早期療育服務通報轉介階段政策執行因素之探討

（一）政策內容

在政策內容部分，可藉由政策資源與政策工具兩者進行政策執行之分析（施能傑，1999）。

1.政策資源

（1）法令權威

法令權威主要是指為達成政策目標而制訂的法令（statute）、法令內容（legislation）、施行細則（regulation）與方案內容（program），這些正式與非正式的法令規範的政策執行機關的權限範圍、行動策略與工作流程，若缺乏有力的法令權威，則是政策在執行時很大的致命傷（施能傑，1999）。此部分筆者將採取透過探討早期療育服務通報轉介政策的法令、法條、施行細則與方案實施各部分的內容與和政策目標之相關性的政策分析模式（Silverstein, 2000），針對國內早期療育服務通報轉介的法令權威作初步分析。

・通報轉介的相關法源

與發展遲緩兒童早期療育服務「通報轉介階段」相關的法源是兒童福利法第十三條第二款、兒童福利法施行細則第十三條、身心障礙者保護法第十四條第一款與特殊教育法第二十三條，茲將法令條文內容列舉如下：

兒童福利法第十三條第二款：「各直轄市、縣（市）政府應辦理對發展遲緩之特殊兒童建立早期通報系統，並提供早期療育服務。」

　　兒童福利法施行細則第十三條：「從事與兒童業務有關之醫師、護士、社會工作員、臨床心理工作者、教育人員、保育人員、警察、司法人員及其他執行兒童福利業務人員，發現有疑似發展遲緩之特殊兒童，應通報當地直轄市、縣（市）主管機關。直轄市、縣（市）政府為及早發現發展遲緩之特殊兒童，必要時，得移請當地有關機關辦理兒童身心發展檢查。直轄市、縣（市）政府對於發展遲緩之特殊兒童、其父母、養父母或監護人，應予適當之諮詢及協助。該特殊兒童需要早期療育服務者，福利、衛生、教育機關（單位）應相互配合辦理。經早期療育服務後仍不能改善者，輔導其依殘障福利法相關規定申請殘障鑑定。」

　　身心障礙者保護法第十四條第一款：「為適時提供療育與服務，中央衛生主管機關應建立疑似身心障礙六歲以下嬰幼兒早期發現通報系統。」

　　特殊教育法第二十三條：「各級主管教育行政機關應每年定期舉辦特殊教育學生狀況調查及教育安置需求人口通報，出版統計年報，並依據實際需求規劃設立各級特殊學校（班）或其他身心障礙教育措施及教育資源的分配，以維護特殊教育學生接受適性教育之權利。」

　　・通報轉介階段的方案內容與實施現況

　　依據內政部社會司（1997）所訂定的「發展遲緩兒童早期療育服務實施方案」中，可以整理出通報轉介階段應提供的服務內容包括：主管機關（衛生、教育、社政）輔導具有通報責任的相關人員辦理發展遲緩兒童通報服務；設立發展遲緩兒童早期療育轉介中心並辦理鑑定轉介服務：受理個案通報、個案登錄、安排個案接受鑑定時間地點、會同評鑑團隊訂定轉介相關表格、其他諮詢服務；由所設轉介中心辦理發展遲緩兒童個案管理評估鑑定之後轉介療育服務：個案評鑑報告、個案再安置與結案、其他諮

詢。

　　從方案的訂定中，可以整理出通報轉介階段應提供的服務包括：一、向法定具通報責任者進行宣導工作，以提昇通報比率；二、受理個案通報與登錄資料；三、與評鑑團隊訂定轉介相關表格；四、協助個案接受鑑定；五、協助個案轉介適當的鑑定與療育單位；六、轉介後的個案追蹤與再安置；七、相關諮詢服務。

　　但依據內政部兒童局（2002a）的調查資料，目前已成立「發展遲緩兒童早期療育服務通報轉介中心」的二十五個直轄市、縣（市）政府來看，其服務項目並不相同，並且可以發現政策執行的狀況與當初設定的方向有異，可能的原因，將在下文中作繼續的探討。

　　‧綜合討論

　　從早期療育服務通報轉介政策的法令權威來分析，我們可以發現對於通報制度的定義，與發展遲緩兒童相關的三個法源中（兒童福利法、身心障礙者保護法、特殊教育法）都強調應建立發展遲緩兒童的通報系統，以便及早發現發展遲緩個案並進行治療與教育。但是在這些法令中並沒有說明通報系統應由哪些政策執行機關建立？此外三個法令中都各別界定發展遲緩兒童通報系統應由社政單位（兒童福利法）、衛生單位（身心障礙者保護法）、教育單位（特殊教育法）來設立，若以針對發展遲緩兒童早期療育服務來看，其最高指導的法令應是兒童福利法，若依據兒童福利法的規定，則應由社政主管機關輔導各縣市政府成立早期療育通報系統。不過，社政體系如何結合或掌握教育、衛生的通報系統資料？應是在政策執行時應要仔細思考的。

　　若針對法令再做進一步的探討，可以發現在發展遲緩兒童早期療育服務通報轉介階段的政策內容上，實施的情況與當初政策所設計的並不相同，若回歸到法令設立的目的與精神，除了可以

看出在法令中只說明各縣市應依法應設立發展遲緩兒童早期療育的通報系統,但並未說明設立通報系統的目標是什麼?也未有與轉介階段相關的法令,此外,法令也沒有賦予具有通報責任的機關或人員相關的法令權威,因此,在政策目標不明確且法令規定未賦予相關執行單位的法令權威基礎,自然對於該項政策在執行時的效益產生了影響。

(2)經費與人力

在政策執行時,經費與人力自然是影響政策執行成效的重要因素。依據內政部兒童局(2000c)委託中華民國智障者家長總會,在2000年7月至9月訪視北中南東四區十一個縣市的通報轉介中心時發現:各縣市政府的通報轉介中心大都提出經費與人力不足的問題。但是經費與實際運作情況有相關,多少的經費才足夠?為什麼會有經費不足的情況?這些在經費配置上的相關議題,中央主管機關是否應提出一客觀的指標,以為依據。此外,人力不足的部分,依據訪視資料每一個通報轉介中心約有五·五個專職人力,每個工作人員之個案量為八十至一百個,但是這些個案量所呈現除了量太多之外,個案服務品質部分卻沒有具體指標評估,也無法客觀評估這些人力的配置標準,這些都會影響早期療育服務通報轉介政策的執行狀況。

(3)技術

技術泛指能夠有效協助政策執行產出的硬體設施與軟體設備(施能傑,1999)。早期療育服務通報轉介階段最重要的工作便是對發展遲緩兒童人口數與人口特質相關資料的掌握,因此,為了掌握這些人口基本資料,如何建立全國統一、連線的電腦通報轉介系統,則是在政策執行的技術層面需要去考量的。

2.政策工具

政策工具指的是政策執行機關藉以達到政策目標的工具（施能傑，1999）。目前國內早期療育服務通報轉介階段最大的一個問題，便是通報率低落。雖然兒童福利法施行細則第十三條中有界定具有通報責任的相關人員，但是目前依據內政部兒童局（2000b）的調查資料中顯示，發展遲緩兒童的通報比率只有十分之一，為什麼通報率低，該項政策的執行受到了何種因素的影響？這個部分可藉由政策工具的概念去探討可能該項政策執行成效不好的原因。

若以政策工具的角度來探討此項政策的執行力，Schneider 和 Ingram（1990, 引自施能傑，1999）提出了五大政策工具，分別是：一、權威性工具：是指賦予政策執行單位合法性的權威；二、誘因性工具：透過正面或負面實物的提供，誘導標的團體採取特定行為；三、能力性工具：指提供標的團體相關訓練、資源與訓練，使其可以從事政策所希望的行為；四、學習性工具：提供標的團體參與政策執行過程；五、象徵性工具：政策提供價值理念等象徵性符號。若以目前早期療育服務通報轉介階段的政策執行來看，筆者認為在能力性工具、學習性工具與象徵性工具上，主管機關皆有投注相當的人力與經費在運作，但是提供具有通報責任單位與個人合法性權威的「權威性工具」，與提供正向（通報者可能有的獎勵、發展遲緩兒童被通報進來後可以得到很好的服務等）或負向（未依法通報的罰則等）誘因的「誘因性工具」則不足夠，從這二個層面去努力，可以改善目前通報率低的問題。

（二）執行組織網絡

一項政策的執行不能只靠一個組織，而必須是連結不同的組

織體系成為一個服務輸送與提供的網絡，施能傑（1999）認為政策執行組織網絡之所以影響政策的執行，主要原因是其據有下列五種特色：一、多元參與：指一項政策的執行是由不同專業領域專業人員的共同參與；二、多層政府：指政策執行的組織可能隸屬不同層級的政府，因此形成中央政府與地方政府的執行組織網絡；三、多重權力：政策執行過程並不只有行政體系負責，立法與其他相關部門也會介入，每個部門對於政策執行都有一定影響的權力；四、公私協力：一項政策的執行並不可能只由公部門負責，可能必須與民間團體合作。在公私部門管理模式、對政策的態度都不同，因此公私協力部分所延伸出的問題對於政策執行也具有很重要的影響力。

由於早期療育服務包含「治療」與「教育」兩個面向，因此除了社會福利領域對發展遲緩兒童與其家庭，在資源開發、聯繫轉介；家庭處置；政策倡導等面向的工作內容之外，更需要仰賴醫療領域對於孩子發展遲緩問題，進行診斷、評估與治療的工作；也需要特殊教育領域運用專業的教育方法，提供發展遲緩兒童在學前安置階段的服務。所以早期療育服務不是任何一個單一專業所能提供的，而必須靠各專業之間的合作，才能提供發展遲緩兒童在早期療育服務領域中最完整的服務。

因此，在早期療育服務通報轉介政策執行過程中，執行機構網絡對於政策執行的影響可作以下的探討與分析：

1.多元參與

早期療育服務必須藉由不同專業領域領域的人員共同合作才能提供發展遲緩兒童與其家庭最適切的服務。如何加強與早期療育服務通報轉介階段所涉及不同專業領域的單位與個人對於通報轉介政策都抱有相同的重視感與參與意願，是早期療育服務通報

轉介政策執行成敗的關鍵之一。

2.多層政府

早期療育服務除了有不同領域專業的介入之外，在服務輸送流程中更有中央主管機關與地方主管機關多層政府介入政策執行的過程，因此如何協調與釐清不同層級、不同部門的單位在通報轉介階段應擔負何種責任？是政策執行時須思考的一項重點。

3.多重權力

在政策執行時需具有充足的人力與經費，但經費的控制與裁量權責屬於立法部門，因此行政體系在經費預算編列上如何掌控，並說服或協調立法部門可以接受，則是在多重權力影響政策執行時需要努力的。

4.公私協力

目前全國成立發展遲緩兒童早期療育服務通報轉介中心的二十五個直轄市、縣（市）政府中，有部分縣市屬於公設公營，有些則屬於公設民營，各縣市早期療育服務通報轉介中心的設立型態、組織與運作型態都有不同。因此在通報轉介工作上以公設民營的方式辦理時，也必須考量公辦公營或公辦民營的設立型態，對於案主服務品質的影響、經費是否真的能夠運用到案主的服務上、提供通報轉介的服務單位是否具有公權力等議題。

（三）政策標的團體

政策執行的結果常常受到標的團體的意向所影響（施能傑，1999）。在早期療育領域中，標的團體可以是服務對象（身心障礙家長團體、發展遲緩兒童相關機構與組織）或是管制對象（由民間團體以公設民營或方案委託的形式所辦理的的通報轉介中心、

個案管理中心或療育機構等）。若是探究國內早期療育政策的發展，可以發現不論是政策的形成、沿革與執行都身受相關身心障礙家長團體或相關早期療育機構的影響，所以在早期療育政策中更應該思考標的團體對政策執行的影響因素，才能達到政策所期待之目標。翁興利、施能傑、官有垣、鄭麗嬌（1998）提出標的團體對於政策執行的影響主要來自三個層面：標的團體的特性、政策本身的設計、執行機關與標的團體間的互動關係，下文將就此三個層面探討早期療育政策之標的團體對於政策執行可能產生的影響。

1.標的團體的特性

施能傑（1999）認爲標的團體所具有的四種特性會影響政策的執行：行爲動機、規模、資源程度、對政策或執行者的認知。若以早期療育福利政策來探討，可以將標的團體影響政策執行的特性整理如下：

（1）行爲動機：係指標的團體對於政策的順從程度。若標的團體不願意順從政策，政策的內容便很難執行，所以必須要去瞭解標的團體爲何願意或不願意服從政策的行爲動機。以早期療育政策而言，目前身心障礙家長與早期療育相關社福團體對於各地方的通報轉介中心所提供的服務的態度是什麼？是認爲目前各地方的通報轉介中心所提供的服務是合適的、滿意的，因此願意順從此項政策；抑或是認爲即使將發展遲緩個案通報之後，該中心也無法提供合適的服務？所以不願意配合通報轉介的相關政策，釐清標的團體的行爲動機，在研擬或執行政策時才能更掌握標的團體的期望。

（2）規模：目前國內已有二十五個直轄市、縣（市）政府成

立發展遲緩兒童早期療育服務通報轉介中心，未成立的
其他縣市也陸續在籌辦中，若再加上各直轄市、縣(市)
政府提供早期療育服務的協會、基金會與機構，早期療
育服務領域的標的團體數量隨著這項政策的日漸被重視
而有大量增加的趨勢。面對這些數量過多的標的團體，
政策執行的相關資源若無法相對擴張，則容易因為資源
有限而必須刪減一些標的團體所需的經費，甚至在資源
分配時，容易產生資源不均的現象。以現在國內早期療
育服務發展的趨勢來探討，主管機關也必須審視相關的
資源是否過度集中在某一區域、某些機構與單位？使得
其他有需要卻無法獲得較多資源的標的團體，不能得到
合適的服務，則可能因此產生對政策執行不良的影響。

(3) 資源程度：標的團體雖然是接受服務或是執行政策的一
　　方，但並不代表標的團體就沒有擁有豐富的資源，甚至
　　是政治權力。在早期療育服務領域中，身心障礙家長團
　　體一直扮演著立法政策遊說、資源爭取等倡導角色，也
　　形成政策設計與執行單位一定的程度壓力。若是在政策
　　執行的過程中忽略了這些標的團體的反應，政策執行單
　　位可能因此遭到預算或經費消減等狀況。

(4) 對政策或執行者的認知：標的團體對於政策的認知，或
　　是所持的態度是否與當初政策制訂時所設定的中心價值
　　一致。若是標的團體認為發展遲緩兒童並不需要透過通
　　報轉介階段才能得到合適的服務，而與當初通報轉介政
　　策所想要達到的目標不一致時，則有可能不支持通報轉
　　介相關的政策也不願配合相關工作，便對通報轉介政策
　　執行產生極大的影響。因此，在政策執行時，如何讓相
　　關的標的團體將通報轉介此一服務階段的價值與重要性

內化，則是該政策執行成敗的關鍵之一。

2.政策本身的設計

在政策的目標與政策工具的選擇上，都應該重視政策的基本價值與標的團體的偏好是否相似？以避免在政策執行時，標的團體對於政策的不順服。在國內早期療育政策制訂與執行時，都相當重視相關標的團體的意見與價值，因此在政策上並未產生極大的衝突。不過，以國內的狀況來看，必須有另一層面的思考，那就是除了避免政策的基本價值與標的團體產生大相逕庭的情況之外，也要思考早期療育政策是否因為標的團體強大的壓力與資源，而純然以標的團體的基本價值來主導政策制訂與執行的方向，則是政策設計與執行者要再審慎考量的。

3.執行機關與標的團體間的互動關係

政策執行機關若與標的團體有定期的聚會，得以溝通彼此的意見與想法，則有利於政策之執行。因此在早期療育服務通報轉介階段政策執行上，中央主管機關、各縣市政府與其他委託辦理的單位必須要有定期的聯繫會議，與可以順利得到彼此資訊的管道，使標的團體瞭解政策執行時具有做到公平合理的考量，才能建立二者之間互相信任的關係。

四、早期療育服務政策執行力之評估

在評估一項政策執行力的程度時，常有許多評估的指標。學者Schneuder（1982，引自施能傑，1999）提出了五個觀察指標，本研究也將以此五個觀察指標作為評估早期療育服務通報轉介政策執行力的依據，茲將五個觀察指標的意義敘述如下：

（一）投入度

投入度（viability）是指觀察政策所規範的各項內容要素是否均已推動，例如，執行機構的建置、法令的實施、資源的籌措、執行網絡的建構等工作是否都已按照政策預定的方式所推動。早期療育服務通報轉介政策中對於通報義務人的規定，在實際運作中，這些通報義務人是否有依法通報？或是在為服務對象轉介相關療育資源時，全國各區域是否已具備充足的療育服務資源等都可以作為政策執行投入度的評估。

（二）理論整合度

理論的整合度（theoretical integrity）係指政策執行單位所推動的作業是否與政策的主要概念一致？主要是在分析措施的精神與政策精神的配合性。就如前文所述，在內政部社會司（1997）所訂定的「發展遲緩兒童早期療育服務實施方案」中對於通報轉介中心職責的規定與各縣市通報轉介中心所推動的工作是否一致？便是評估早期療育服務通報轉介政策理論整合度的一個方向。

（三）普遍度

普遍度（scope）觀察指標所著重的是政策所預定標的對象的涵蓋程度。早期療育服務政策的標的對象便是發展遲緩兒童與其家庭，但是目前在接受早期療育服務的對象是否就是政策所預計的標的對象？而不只是探討服務對象的多寡，並需思考服務對象的適切性，以便將該項政策提供給真正需要的服務對象。

（四）深化度

深化度（capacity）所探討的便是所有政策的執行要做到何種程度？這個觀察指標也牽涉到資源分配的議題。在提供服務時，爲能有效做好資源分配，政策優先順序上應依不可避免的需要、公平性以及當地民間可投入資源的多寡程度等因素來共同決定（曾華源、曾騰光、陶蕃瀛，1995）。因此，對於遲緩程度不同的發展遲緩兒童、不同區域的資源、不同經濟條件的發展遲緩兒童家庭等課題，都必須注意政策執行深化度的議題。

（五）未預期的作用

未預期的作用（unintended consequences）係指若是政策執行都符合前面四項指標時，會不會對於其他執行單位或非執行單位產生負面的效果？像是早期療育服務資源是否都集中在某一個區域或是某幾個大型民間團體、早期療育服務預算的多寡對於其他兒童福利經費的排擠效益等都是需要再加以考量的。

五、建議

在上述探討影響早期療育服務通報轉介階段政策執行的因素之後，筆者針對目前這些影響因素，對國內目前早期療育服務通報轉介階段政策執行的現況提出下列幾項建議，期能提供該項政策後續重視或修正的參考：

（一）針對政策內容部分

1.確立早期療育服務通報轉介階段相關政策與法令之目標。
2.提供通報政策執行單位與規定具有通報責任的個人與單位之

法定權威基礎，加強「權威性的工具」的提供。

3. 提供在通報政策上正向與負向的誘因，藉由「誘因性工具」的提供，改善目前通報率低的問題。

4. 應設立各縣市通報轉介中心在人力與經費編制上的評估標準與指標。

5. 為實現通報轉介中心能夠掌握全國發展遲緩兒童人口數與人口特質，以便於規劃後續相關服務的目標，必須加強國內對於通報轉介中心在掌握人口資料的相關技術（例如，全國電腦通報與轉介資料庫的建立等）使政策執行更順利。

（二）針對執行組織網絡部分

1. 各直轄市、縣（市）政府發展遲緩兒童早期療育通報轉介中心應積極與其他早期療育服務中不同專業領域的單位與個人，針對早期療育通報轉介政策的理念、目標作意見的溝通與交換，使得各領域的專業人員都對通報轉介政策有相同的重視感。

2. 在早期療育服務通報轉介階段中，也應由中央主管機關協調教育、衛生等單位一起建立在通報工作上合作或分工模式，才可以避免多重政府、多重權力的特色影響早期療育通報轉介政策的有效執行。

3. 針對各直轄市、縣（市）政府發展遲緩兒童早期療育通報轉介中心不同的業務承辦形式、不同的服務內容，對於案主提供服務品質是否產生影響、經費是否真的能夠運用到案主的服務上、提供通報轉介服務單位是否具有公權力等議題，都是政策設計與執行單位應再進一步進行相關研究，才能讓政策有效執行。

（三） 針對標的團體部分

1.瞭解標的團體的特性，以作為調整政策的基礎，並在執行過程中與標的團體溝通，也能讓政策執行可以有較佳的地位（施能傑，1999）。

2.建立早期療育服務政策執行單位（中央主管機關、各縣市政府、通報轉介中心、個管中心、療育服務單位、聯合評估中心等）與標的團體固定互動的機會，例如，聯繫會報、定期研討會等方式，使得二者可以瞭解對方的期望與需求，也能增加標的團體參與政策執行的機會，增加彼此相互的信任感受。

3.除了避免政策的基本價值與標的團體產生大相逕庭的情況之外，也要思考早期療育政策是否因為標的團體強大的壓力與資源，而純然以標的團體的基本價值來主導政策制訂與執行的方向，則是政策設計與執行者要再審慎考量的。

六、結論

國內早期療育服務實施迄今已有七年的歷史，社會工作除了直接提供對發展遲緩兒童與其家庭的專業、直接服務之外，也必須進一步考量早期療育政策在設計與執行上的相關議題，才能透過對影響政策執行因素之瞭解、分析，更進一步去改善目前政策不足或錯誤的地方，才能藉由更完善的早期療育政策規劃與有效的政策執行，真正保障發展遲緩兒童與其家庭應獲得的服務品質。尤其透過對早期療育服務通報轉介政策執行的探討，能夠去思考目前發展遲緩個案被通報比率低落的可能因素，而後針對這些因素作政策上的修正與改善，才能真正實現早期療育服務通報

轉介政策的目標，讓發展遲緩兒童與其家庭得以藉由通報轉介服務，得到完整、一致的服務，則是社會工作與社會福利行政相關單位應該致力的工作目標。

社會工作者與行政主管對早期療育服務社會工作者之角色期待

　　本節為作者（2001）所進行「社會工作者與行政主管對早期療育社會工作者角色期待」之碩士論文研究結果報告。茲將本研究之研究問題與目的、研究方法、結論、討論與建議討論如下：

一、研究問題與目的

　　早期療育服務是指由社會福利、衛生與教育專業團隊人員，針對零至六歲發展遲緩兒童與其家庭，提供必要的服務。在早期療育服務中，由於自1993年兒童福利法修正通過，才新成立社會工作者的專業角色。研究者經文獻整理之後，發現早期療育服務領域中，社會工作者的角色並不鮮明。依據角色理論的分析，透過對於新興角色之角色期待的探討，可以釐清角色據有者與角色夥伴對該角色的期待，並可以建立彼此對該角色期待之溝通的第一步。為釐清早期療育服務社會工作者的角色功能，並探討行政主管和社會工作者對早期療育服務社會工作者的角色期待，研究者以發展遲緩兒童與其家庭的需求為基礎，整理早期療育服務社會工作者應扮演的角色，並以組織中的行政主管作為對應早期療育社會工作者的角色夥伴。

（一）研究問題

　　本研究旨在探討社會工作者與行政主管對早期療育服務社會工作者的角色期待，依據相關文獻的探討與研究架構，本研究所欲探討的問題如下：

1. 瞭解社會工作者與行政主管對早期療育服務社會工作者的角色期待是什麼？二者在角色期待上有何不同？
2. 社會工作者與行政主管是否會因為個人基本特性、所屬組織基本特性的不同，而對於早期療育服務社會工作者之角色期待呈現差異的情形？
3. 社會工作者與行政主管二者之互動關係與其對早期療育服務社會工作者的角色期待之間，呈現何種關連性？
4. 造成社會工作者與行政主管對早期療育服務社會工作者角色期待差異與相關的因素是什麼？在這些造成社會工作者與行政主管對早期療育服務社會工作者角色期待差異的因素之中，哪些因素具有較高的解釋力？

（二）研究目的

　　本研究想要達到的目的是：

1. 瞭解社會工作者與行政主管對早期療育服務社會工作者的角色期待，並描述二者在角色期待上的差異情形。以提供組織行政主管和社會工作者在角色期待上溝通與澄清的機會，藉此減少溝通的衝突和不一致，並修正對對方不合理的角色期待，降低社會工作者的角色壓力，使社會工作者的角色功能得以有效發揮，並提供研究結果作為組織行政主管在研擬社會工作者角色職責與任務的參考。

2.探究造成社會工作者與行政主管對早期療育服務社會工作者
角色期待差異與相關的因素，並分析在這些因素中對角色期
待有較強解釋力的因素。藉以提供社會工作實務界與教育
界，在推動早期療育服務與規劃相關職前與在職訓練的參
考。

二、研究方法

本研究是以全國提供早期療育服務之社會工作者與行政主管
爲研究母群體。並依據內政部兒童局、中華民國發展遲緩兒童早
期療育協會針對全國提供發展遲緩兒童早期療育服務的通報轉介
中心、聯合評估中心、個案管理中心、社會福利療育機構或協會
的資源調查報告，並瞭解目前有設置社會工作者的狀況來選擇研
究對象。研究對象選定之後便以組織爲單位，運用研究者自製的
問卷以郵寄的方式夥伴資料，總共寄發八十四個組織，八十四位
行政主管，一百四十九位社會工作者，共回收四十二個組織，四
十二份行政主管問卷與九十二份社會工作者之有效問卷。

研究者也依據問卷試測的結果，將研究問卷中「互動關係」
量表區分爲「支持關係」與「工作關係」兩分量表；並將「角色
期待量表」中所包含的忠告者、支持者、治療者、行政者、諮詢
者、研究者、使能者、仲介者、調解者、協調者、倡導者、教育
者等十二個早期療育服務社會工作者應扮演的角色，依因素分析
的結果分爲「服務輸送」、「資源爭取」、「情感處置」這三類角
色進行後續資料的分析。

本研究經資料回收之後，先進行資料整理與電腦過濾的工
作。採用社會科學統計套裝軟體（Spss for Window 8.0中文版）來
處理研究資料，並依據研究目的與研究問題選擇適當的統計方法

（次數分配與百分比、t-test、one way ANOVA、two way ANOVA、皮爾森積差相關、逐步迴歸）進行資料的分析。

三、結論

本研究主要探討之各個問題，經過資料的分析與整理所得的結論如下：

1.瞭解社會工作者與行政主管對早期療育服務社會工作者的角色期待是什麼？二者在角色期待上有何不同？

在整體的角色期待上，行政主管對早期療育服務社會工作者在服務輸送、資源爭取與情緒處置這三類角色上與社會工作者自我期待是有差異的。行政主管比較期待早期療育服務社會工作者扮演服務輸送與資源爭取的角色，社會工作者則比較期待自己扮演情緒處置的角色。

在服務輸送角色中，行政主管最期待社會工作者扮演的角色是使能者與教育者，但是社會工作者最期待扮演的角色則是仲介者。行政主管對社會工作者期待較低的角色則是研究者、教育者與行政者，而社會工作者自己期待最低的角色則是使能者。

在資源爭取的角色中，行政主管最期待社會工作者扮演的角色是研究者，社會工作者自己認為最需要扮演的則是仲介者。在這類角色中，行政主管最不期待社會工作者扮演的角色是倡導者，社會工作者也最不期待自己扮演倡導者。

在情緒處置的角色上，行政主管最期待社會工作者扮演的角色是治療者，社會工作者最期待自己扮演的角色是忠告者。社會工作者最不期待自己扮演的角色，便是行政主管最期待社會工作者扮演的便是針對家長負向情緒處置的治療者。

行政主管對早期療育服務社會工作者在資源爭取之角色期待是和社會工作者自己所期待的有所不同。而在整體角色、服務輸送角色與情緒處置角色期待上並沒有明顯不同。

2.社會工作者與行政主管是否會因為個人基本特性、所屬組織基本特性的不同，而對於早期療育服務社會工作者之角色期待呈現差異的情形？

在探討個人基本特性與組織基本特性對角色期待的影響時，本研究發現組織基本特性並未與角色期待呈現顯著差異。個人基本特性中則呈現差異，其中情緒處置的角色會因為性別不同而呈現差異，且女性對於社會工作者扮演情緒處置的角色期待高於男性；行政主管與社會工作者這二個工作職稱在資源爭取的角色上有不同的期待，且行政主管對早期療育服務社會工作者在資源爭取之角色期待比社會工作者高；此外，教育程度不同在整體角色期待上也有不同，其中研究發現教育程度在專科以下的受訪者對於整體角色期待比教育程度為大學的高。此外，教育程度的不同在情緒處置的角色期待上也有差異，並且研究發現教育程度在專科以下的受訪對象對於情緒處置的角色期待比教育程度在碩士以上的為高；教育程度在專科以下的受訪對象對於情緒處置的角色期待比教育程度為大學的較高。

3.社會工作者與行政主管二者之互動關係與其對早期療育服務社會工作者的角色期待之間，呈現何種關連性？

本研究結果發現社會工作者與行政主管是以工作上的互動關係較多，而支持上的互動關係則較少，並且行政主管認為與社會工作者的互動關係是比社會工作者認為與行政主管的互動關係有較高的評價。

此外，社會工作者與行政主管間的互動關係與整體角色期待

之間有顯著相關存在，亦即社會工作者與行政主管之間的互動關係愈好者，對於整體角色期待的情形也愈高。若將互動關係分做工作關係與支持關係來探討，可以發現社會工作者與行政主管的支持關係與整體角色期待呈現顯著的相關，並且分別與服務輸送的角色、資源爭取的角色與情緒處置的角色都有顯著相關的存在。因此，支持關係的好壞會影響對早期療育服務社會工作者的角色期待，並且支持關係愈佳者，對社會工作者扮演此三類角色的期待也愈高。在社會工作者與行政主管的工作關係部分，則與整體角色期待有顯著相關存在，並與服務輸送的角色和情緒處置的角色呈現顯著相關。亦即社會工作者與行政主管的工作關係愈佳者，對於社會工作者扮演服務輸送與情緒處置的角色期待也愈高。

4.造成社會工作者與行政主管對早期療育服務社會工作者角色
　期待差異與相關的因素是什麼？在這些造成社會工作者與行
　政主管對早期療育服務社會工作者角色期待差異的因素之
　中，哪些因素具有較高的解釋力？

　　在探討影響角色期待的因素上，本研究發現影響整體角色期待的重要因素為支持關係與教育程度；影響服務輸送角色期待的因素是支持關係；影響情緒處置角色期待的因素是支持關係與教育程度。

　　為進一步瞭解工作職稱、教育程度、教育背景此三個變項對角色期待的影響，研究者進一步進行雙因子變異數分析，研究結果發現工作職稱的不同，在工作關係、支持關係、整體互動關係這三個變項上的不同，則在角色期待上也會不同。在教育程度部分，社會工作者與行政主管支持關係的好壞會影響角色期待。在教育背景方面，社會工作學系與非社會工作學系的受訪對象在支

持關係與整體互動關係的不同，會在角色期待上產生差異。

在探討影響社會工作者角色期待的因素上，本研究發現影響整體角色期待的重要因素為兒童發展課程；影響服務輸送角色期待的因素是組織立案時間與早療年資；影響資源爭取角色期待的因素是兒童發展課程；影響情緒處置角色期待的因素是支持關係、早期療育服務基本概念、兒童發展課程、服務內容（療育服務）、組織所在區域。

在探討影響行政主管角色期待的因素上，本研究發現影響整體角色期待的重要因素為工作關係、擬定服務計畫課程、早療年資與教育程度；影響服務輸送角色期待的因素是工作關係、擬定服務計畫課程、早療年資、年齡與兒童復健醫學課程；影響資源爭取角色期待的因素是工作關係、有幫助的課程（包括：個案會談技巧、學前特殊教育課程、資源整合課程）、其他課程（包括：高層主管管理知能訓練、發展測驗、家族諮商與治療、親職教育課程）；影響情緒處置角色期待的因素是支持關係與教育程度與早療年資。

5.研究其他發現

本研究的研究結果發現，受訪的九十二位社會工作者其教育程度有九成都在大學以上，教育背景為社會工作學系的近五成。受訪的社會工作者若為社會工作學系的教育背景，其在社會工作年資上有六成以上的人都在三年以下，在從事早期療育服務的年資也有九成以上的人在三年以下；若受訪者為非社會工作學系畢業者，其在社會工作年資上有六成以上的人都在三年以下，在從事早期療育服務的年資也有近八成的人在三年以下，由此可見，在早期療育服務領域的社會工作者其不論是社會工作年資或是早期療育服務年資都相當的資淺，且擁有社會工作學系教育背景者

其工作年資都較非社會工作學系者低。

　　受訪的四十二位行政主管有七成以上比例者其教育背景皆為非社會工作學系，此外在早期療育服務領域的行政主管其不論是社會工作年資或是早期療育服務年資都相當的資淺，並且在擔任行政主管之前並不一定擔任過社會工作者，即使是擔任過社會工作者但年資不深，所以代表其不僅不具有社會工作專業教育的背景，也缺乏擔任社會工作者的實務經驗。

　　受訪的社會工作者在接受在職訓練的課程中，前三名最多人有修習過的課程是個案管理課程、早期療育服務基本概念與兒童發展課程，且認為對目前最有幫助的課程是個案管理課程、兒童發展課程與早期療育服務基本概念。研究結果中可以發現最多受訪者修習的課程，也是對工作最有幫助的課程，而這三個課程都是屬於服務知能的課程，不是工作技巧的課程。

四、討論

　　根據本研究的研究結果，本節將針對幾方面的發現與問題作進一步的討論。

（一）角色期待方面

1.組織應提供社會工作者與行政主管在工作上得以溝通的管道

　　在社會工作者與行政主管對早期療育服務社會工作者的角色期待上，誠如前文所述可以比較出兩者之間的差異。在整體角色期待上，行政主管的角色期待比社會工作者高，尤其是在服務輸送與資源爭取這二種角色上，研究者認為可能是行政主管必須關心組織的生存與聲譽，若是能夠藉由社會工作者在服務輸送、資

源爭取的角色功能的發揮，較能為組織帶來較多的資源去提供較佳的服務品質給案主，但是社會工作者則是較注重案主服務的提供與服務品質的維護，因此認為如何開發、轉介適切的資源給案主與協助案主處置負向情緒的角色才是最應該發揮的，這個部分角色期待的不同，是因為工作執掌的不同而有不同的關注點，社會工作者在服務案主的同時也不能忽略行政主管的立場與服務組織的角度，行政主管也必須考量社會工作者是直接面對案主的人，因此對於直接提供案主資源、服務的角色期待較高，如何運用組織內相關會議的協調與溝通，才能平衡兩者在角色期待上的差異，減少社會工作者角色衝突的可能性，並發揮社會工作者應有的角色功能。

2.組織應依據社會工作者所負責的早期療育服務內容研擬不同的職務分工

在探討本研究受訪對象所屬組織基本特性對角色期待的影響時，發現並沒有任何一個變項在角色期待上的差異達到顯著水準。不過根據本研究的文獻整理，可以發現早期療育服務社會工作者所屬的組織提供的服務內容是通報轉介、聯合評估、個案管理或是療育服務，不同的服務內容，社會工作者應該扮演的角色必須不同，才能夠真正依據服務對象不同的問題與需求來提供服務。但是在本研究中卻沒有呈現差異的情況，研究者思考可能是早期療育服務社會工作者的角色期待只受到個人基本特性、與角色夥伴互動關係所影響，並不因為所屬組織提供的服務內容或屬性所影響；但也有可能是因為目前提供早期療育服務的組織，對於組織內社會工作者的角色定位，並未依照其所負責服務內容的不同而有不同的職務設計與分工；抑或是目前早期療育服務領域對社會工作者應扮演的角色與每一個服務階段應提供的服務內容

並不清楚。不論原因是什麼？組織中對於社會工作者的角色職責之擬定，應依據所負責不同早期療育服務之內容，而有不同的職務設計。

3.社會工作專業與社會工作者在早期療育服務領域中應扮演更積極、主動的專業角色

在本研究結果中發現，社會工作者與行政主管在資源爭取的角色期待是有明顯不同的。在進一步探討時，發現在資源爭取的角色上，行政主管對於社會工作者針對組織相關的服務提供與執行的績效進行追蹤與評估的工作的期待是較低的，研究者認為可能是因為行政主管期待社會工作者能夠照著組織的運作模式去提供服務，或是擔心這種評估工作會影響組織提供服務的聲譽，甚至擔心因為評估的結果而必須改變組織既有的運作模式。但是以社會工作重視提供案主有品質保障服務的角度而言，組織的行政主管應該將此部分的角色視為社會工作者在提昇組織服務績效的努力，而不是在評比自己的組織，畢竟若經由這些角色功能的發揮，組織可以提供案主更好的服務，自然組織的聲譽與績效便會提昇，也會累積更多服務對象的信任與更多資源的協助。

此外，不論是行政主管或是社會工作者都對倡導者此類較積極、主動的角色期待較低，但是早期療育領域目前面臨最大的問題便是療育資源不足的現象，若是無法運用較主動的角色去開發新的資源、維護現有的資源、與服務對象一同針對現有早期療育政策與制度不足或不合理之處，進行改善與改革的社會行動。社會工作者又如何能發揮為服務對象爭取權益、保障服務對象得到應得服務的角色呢？因此，在早期療育服務領域中，社會工作專業與社會工作者本身都不應該將發展遲緩兒童與其家庭視為病態、弱勢、需要治療的族群，而應該著重在協助其獲得合適的資

源、發揮既有的長處，並激發、培養其解決現有問題的能力，若
要實踐此種早期療育服務社會工作的專業使命，則扮演倡導、使
能等較積極、主動的角色，應是社會工作專業與社會工作者責無
旁貸的責任。

4.角色期待的差異現象來自行政主管

在本研究中也發現在探討對社會工作者與行政主管之角色期
待影響較強的因素時發現，雖有一些因素達到顯著水準，可是解
釋力都相當薄弱。研究者進一步將行政主管與社會工作者的資料
分開進行逐步迴歸分析時發現，不論是整體角色期待或是分開探
討服務輸送、資源爭取與情緒處置的角色時，都發現行政主管在
探討影響其角色期待因素的解釋力都比社會工作者強。由此可
知，角色期待的差異現象是來自於行政主管，而不是社會工作
者。形成這樣的結果，是因為行政主管對於角色的期待並不是立
基於社會工作專業上的考量，而是經由與社會工作者的互動關係
或其他因素的考量而產生差異？抑或是有其他重要因素，可再做
進一步的探討。

5.行政主管對於早期療育服務社會工作者的角色期待應依據專業考量，而不應以彼此的互動關係作為最主要的考量

在研究者分別就社會工作者與行政主管去探討影響其角色期
待的因素時發現：在影響社會工作的角色期待因素中，只有情緒
處置的角色會受其與行政主管支持互動關係的影響。但在探討影
響行政主管角色期待的因素時，不論是在社會工作者的整體角
色、服務輸送角色、資源爭取角色、情緒處置角色上都受到其與
社會工作者工作關係、支持關係因素的影響。因此，在對社會工
作者的角色期待上，行政主管的考量並不一定來自於社會工作專
業的思考、或是受到其基本個人特性與所屬組織基本特性的影

響，而是與社會工作者的互動關係有密切的關連。爲什麼會呈現此種結果？是因爲行政主管相當重視與社會工作者的互動關係？或是其對社會工作者應扮演的角色並不清楚？還是對早期療育服務領域中組織應提供的服務內容不瞭解？此外，本研究中也發現行政主管認爲與社會工作者的互動關係是比社會工作者認爲與行政主管的互動關係有較高的評價，這樣的結果可能是因爲社會工作者與行政主管在組織中的權力並不相同，因此，權力與階級關係對於社會工作者與行政主管的互動關係之影響都是相當重要的因素。

　　此外，研究者根據逐步迴歸分析的結果，針對工作職稱、教育程度、教育背景等三個重要的個人基本特性與互動關係，進行對角色期待的雙因子變異數分析後發現：工作職稱、教育背景、教育程度並未對角色期待產生影響，其分別與互動關係的交互作用也未對角色期待產生影響，而是整體互動關係、支持關係與工作關係對角色期待產生了顯著性的影響。因此，在早期療育服務領域中，對社會工作者的角色期待主要的影響因素是，社會工作者與行政主管在工作上或支持上的互動關係。這樣的結果反應出早期療育服務領域對於社會工作者的角色期待並不是立基於社會工作專業的界定，可能是社會工作者在早期療育服務中的角色功能並不明顯；早期療育服務相關組織對社會工作者的角色執掌與分工界定並不清楚；國內早期療育服務政策中並未詳細列明每一個服務階段應提供的服務內容，使得實務在運作時並沒有很清楚的規定或方案計畫可以依循。但是，若行政主管對於社會工作者的角色期待是依據互動關係的好壞，則容易在組織中形成因人做事的情況，則與行政主管互動關係較佳的社會工作者，可能會被期待、交付較多的工作，對於社會工作者而言，容易因爲工作分配的不平均，而產生較大的角色衝突，甚至形成角色壓力。

（二）社會工作專業教育方面

1.教育程度愈低者對社會工作者的角色期待愈高，社會工作專業在早期療育服務領域中並未被清楚的認知與定義

在研究資料中顯示，教育程度愈低者對於早期療育服務社會工作者整體的角色期待反而高，為什麼受過社會工作專業教育的人對這些角色的期待反而低？尤其是教育程度較低的人，在情緒處置這類角色的期待上，與教育程度高者產生了顯著差異，並且教育程度較低者對此類角色的期待都比教育程度高者高。研究者認為有可能是因為所受專業教育的不同，對於這些角色任務認知的程度不同，未受過社會工作專業教育的受訪對象，可能對於社會工作者的印象仍停留在臨床工作的情緒治療、處置的角色上，而對於社會工作中一些新興的角色不瞭解，或對社會工作者的角色定位有不符社會工作專業教育的認知？但是這樣認知的差距是如何形成的？為什麼對於早期療育社會工作者有不相同的角色期待？是不是仍有大部分的人並不瞭解社會工作者到底應做些什麼？而因此產生較高的期待，則是值得社會工作專業教育上進一步探討的。

2.社會工作學系教育背景者在與行政主管的互動關係上，較非社會工作學系教育背景者差

本研究發現非社會工作學系畢業的社會工作者在與行政主管工作關係與支持關係上的平均數都較高，研究中已發現互動關係對角色期待的影響達到顯著差異的水準，尤其是支持關係部分。因此，有社會工作專業教育背景的工作者，在與行政主管之互動關係上會較非社會工作專業教育背景之工作者差的原因，到底是由於專業教育上太過強調專業上工作關係的建立，而忽略了支持

關係的經營，抑或是社會工作學系背景的實務工作者缺乏與行政主管建立良好互動關係的技巧？

3.相關在職課程對於早期療育服務社會工作者在實務工作上有實質的協助

在研究資料中呈現，早期療育服務社會工作者認為有一些課程對於工作是相當有幫助的，例如，個案管理、早期療育服務基本概念、兒童發展等。但是這些課程通常是在工作的在職訓練中才能接觸，既然這些課程對於早期療育服務社會工作者的工作有實質的協助，則在實務工作的在職訓練中與學校的課程中都應開設相關的課程，才能讓這些早期療育服務的社會工作者在工作上可以有充足的服務知能或工作技巧，以為服務對象提供適切的服務。

此外，研究中也發現早期療育服務基本概念、兒童發展課程、擬定服務計畫課程、兒童復健醫學、個案會談技巧、學前特殊教育課程、資源整合課程、高層主管管理知能訓練、發展測驗、家族諮商與治療、親職教育等課程對於社會工作者與行政主管的角色期待會有重要的影響。因此，在這部分的課程的內容上與開設上，都值得教育界與實務界，在學校教育與在職教育規劃上的參考。

4.社會工作學系專業教育背景的社會工作者與行政主管比例不高，社會工作專業並未有系統的準備進入早期療育服務領域

在受訪的社會工作者之工作年資中，本研究發現社會工作學系背景的社會工作者在早期療育服務領域中只占48.9%，為什麼這個領域中受過社會工作本科系畢業的工作者參與的比例並不高？是因為各校的社會工作系開設此領域的專業課程較少，以致學生對此領域感到陌生、不敢投入；或是社會工作學系畢業的學生專

業承諾不足，因此容易流動；還是這個領域的相關服務組織對具有社會工作專業教育背景的人無法提供適當的訓練或督導，甚至提供較低的薪資等。

　　此外，在早期療育服務領域中，受訪的行政主管有七成以上比例者其教育背景皆為非社會工作學系，並且其不論是社會工作年資或是早期療育服務年資都相當的資淺，在擔任行政主管之前並不一定擔任過社會工作者，即使是擔任過社會工作者可是年資不深，所以代表其不僅不具有社會工作專業教育的背景，也缺乏擔任社會工作者的實務經驗。因此，在早期療育服務領域中，如何透過對行政主管在社會工作專業知能上的在職訓練，或是加強社會工作者與行政主管在工作認知上之溝通與互動，則是一個相當重要的課題。

　　經由本研究的發現，在早期療育服務領域中，受過社會工作專業教育背景的行政主管或社會工作者在此領域服務的比例不高，並且對於早期療育服務社會工作專業角色的期待，並不因為其受過的社會工作專業教育而與非社會工作教育背景的行政主管與社會工作者有所不同。由此可見，社會工作專業並未有系統的準備進入早期療育服務領域，若這個領域的服務對象的確需要社會工作專業的協助，則社會工作專業在教育上、實務上該如何有系統的準備與進入早期療育服務領域，則會影響到這個領域的社會工作者角色功能的發揮。

五、建議

（一）對實務工作者

1.應與組織的行政主管保持良好的互動關係，有助於瞭解彼此的角色期待

研究結果發現，社會工作者與行政主管的互動關係是影響角色期待的一個重要因素。因此，若是社會工作者在工作與情緒上都能以主動的態度與行政主管維持良好的互動關係，則可以增進彼此對對方工作職責的瞭解，進而減少對彼此有過高或錯誤的角色期待，降低角色衝突與形成角色壓力的機會，讓社會工作者的角色功能得以有效發揮。

2.應積極參與相關的在職訓練

早期療育服務在國內只有七年的歷史，是一個相當年輕的服務領域。對於社會工作者而言，如何藉由參加相關的在職訓練，提昇自己的服務知能與工作技巧，對於工作上則會有實質的協助，也可以透過自己知能的提昇，保障對於案主的服務品質。

3.應對社會工作專業角色有清楚的瞭解，並在實務運作中適時將經驗回饋給學術界與教育界

研究結果中發現，早期療育服務的社會工作者仍對為案主爭取權益或鼓勵案主組成相關組織，為自己與孩子爭取權益的較具積極與主動性的角色期待較低，但是實務工作者有必要時時省思自己的角色，必須是要以專業的知識做基礎，提供案主最適切的服務，若是當發展遲緩兒童與其家庭真的缺乏能力為自己爭取權益時，如何運用社會工作專業去協助？社會工作者能夠作些什

麼？因此，即使是在提供案主直接、臨床的服務上，也不能缺少資源爭取、倡導等主動與積極的角色。此外，實務工作者也應該累積自己的實務經驗，將經驗回饋給學術界、教育界與社會大眾作參考，才能有助於早期療育服務領域社會工作者更合適且清楚的角色定位。

（二）對早期療育服務相關組織之行政主管

1.依社會工作者所負責的服務內容設計適切的職務分工

早期療育領域中每一個服務流程都有其重要且與其他服務流程不同的工作重點，因此，組織應根據社會工作者所負責的服務內容不同，研擬不同的職務分工，才能眞正達到每一項服務內容所欲達到的目標。

2.積極累積自身的社會工作專業知能

早期療育服務領域的行政主管大都爲非社會工作學系教育背景者，但都必須帶領具有社會工作專業教育的社會工作者。因此，如何藉由再進修或參加相關的訓練課程累積自己在社會工作上的專業知能，則有助於瞭解社會工作的專業價值與處置方式，爲社會工作者擬定更清楚的角色任務，使組織在服務品質上有一定的保障及穩定人事流動率，並且藉由更多專業能力的累積，提供社會工作者在工作上、專業上遭遇挫折時的支持與教育，爲發展遲緩兒童與家庭提供更適切的服務。

3.領導方式的省思

在研究中發現，行政主管相當重視與社會工作者在工作上與支持上的互動關係，且互動關係的好壞會影響其對社會工作者的角色期待。但是行政主管在此方面應減少個人關係好壞因素的影

響，而應該藉由相關社會工作專業知識的累積、與社會工作者定期在工作意見上的溝通等方式，思考社會工作者的角色職責與瞭解社會工作者的角色壓力，才能減少對社會工作者有過高、過低或不適切的角色期待。

（三）對早期療育服務組織

在研究中發現，在早期療育服務領域中有許多的課程對於工作有實質的幫助。因此，早期療育服務組織應該定期舉辦相關在職訓練的課程，讓社會工作者經由知能的提昇，能發揮更好的角色功能。

（四）對社會工作專業教育

1.相關專業課程的開設

社會工作服務對象的類型相當多，但是針對這些服務對象所需要的服務，社會工作專業教育是否已提供學生足夠的知識，讓其可以在實務工作上運用與發揮，讓學生有成就感而願意留在社會工作領域，並保障服務對象權益，則是一個重要因素。在本研究中發現，在早期療育服務領域中，研究對象認為個案管理、早期療育服務基本概念、兒童發展課程、資源整合技巧等都是相當重要的服務知能與工作技巧。此外，也可以開設互動關係技巧的相關課程。因此，在學校教育上若是能夠開設這些課程，或是由早期療育服務組織提供相關的在職訓練，對於這些早期療育服務的社會工作者在實務工作上會有一定的幫助。

2.重視社會工作專業價值與承諾的教育

本研究發現，在早期療育服務領域中，只有五成的實務工作者具有社會工作專業教育背景，並且這些實務工作者都相當的資

淺；不論其社會工作年資或是早期療育服務年資。為什麼受過社
會工作專業教育的工作者，參與這個領域中的比例並不高？是因
為各校的社會工作學系開設此領域的專業課程較少，以致學生對
此領域感到陌生、不敢投入；或是社會工作學系畢業的學生專業
承諾不足。因此，容易流動；還是這個領域對具有社會工作專業
教育背景的人無法提供適當的訓練或督導，甚至提供較低的薪資
等，這些都是有可能形成其缺乏專業承諾感或是不願意投入此一
領域服務的原因。不過不管原因是什麼，如何藉由社會工作專業
教育讓學生瞭解社會工作的價值，讓其可以在工作上判斷並選擇
能夠讓自己紮根的服務領域，並藉由完整的訓練讓學生可以獲得
工作上的成就感，進而重視專業承諾，願意且快樂的投入適合自
己的社會工作服務領域，則是社會工作教育界需要努力的目標。

（五）對早期療育服務政策

　　早期療育服務除了跨專業、跨領域的特色之外，其也因為服
務階段的內容不同而有不同的工作重點。因此，在早期療育服務
政策的擬定上，應將各個階段的服務目標與內容作清楚的定義，
使提供早期療育服務的相關組織，對早期療育服務每一個服務階
段有清楚的概念，才能讓早期療育服務政策據以實行，達到預期
的成效。

（六）對未來研究的建議

1.運用行動研究的方式進行角色期待的研究

　　角色的概念是相當的複雜與多元，並且可能因為組織氣氛、
規章、人際互動的不同而產生不同的角色期待。因此，針對早期
療育服務社會工作者應扮演的角色，可以運用行動研究的方式，

將研究對象對於每一個角色的期待放在特定的組織或情境下加以討論，則可以更深入的瞭解組織中社會工作者與行政主管對於早期療育服務社會工作者的角色期待。

2.進行角色期待與工作現況、困境的研究

本研究是從發展遲緩兒童與其家庭的需求、早期療育服務基本的特色、早期療育服務的流程等面向整理出早期療育社會工作者應扮演的角色，屬於應然面角色的探討。若對於此領域有興趣的研究者，可以運用本研究所得出角色期待的結果，進一步去探討這些角色在實務工作上的實踐情形與困境，則更有助於瞭解早期療育服務社會工作者在應然與實然面角色扮演的差距，並針對這些差距產生的情形做進一步的分析與建議，相信有助於早期療育服務社會工作者的角色定位。

3.針對其他角色夥伴進行角色期待的研究

本研究由於時間、經費的有限，因此只能就行政主管與社會工作者的角色期待做探討。有興趣的研究者可以在針對發展遲緩兒童與其家長、醫療團隊人員等角色夥伴進行探討，則更有助於對早期療育服務社會工作者應扮演角色的瞭解。

4.探討行政主管對早期療育服務社會工作者角色期待差異的原因

本研究發現不論是整體角色期待或是分開探討服務輸送、資源爭取與情緒處置的角色時，都發現行政主管在探討影響其角色期待因素的解釋力都比社會工作者強。由此可知，角色期待的差異現象是來自於行政主管，而不是社會工作者。形成這樣的原因是因為行政主管對於角色的期待，並不是立基於社會工作專業上的考量，而是經由與社會工作者的互動關係的考量而產生差異？抑或是有其他重要因素，可再做進一步的研究。

參考書目

中文部分

中華民國智障者家長總會（1996）。《發展遲緩兒童早期療育轉介中心實驗計畫——台北地區執行成果報告》。台北：中華民國智障者家長總會。

中華民國智障者家長總會（2001）。早期療育在台灣的推動與發展現況。《推波引水》，31，8-20。

中華民國智障者家長總會（2002）。《早期療育通報轉介指標執行成果報告》。台北：中華民國智障者家長總會。

中華民國發展遲緩兒童基金會（2000）。《發展遲緩兒童早期療育工作手冊》。台北：中華民國發展遲緩兒童基金會。

內政部社會司（1997）。《發展遲緩兒童早期療育服務實施方案》。台北：內政部。

內政部社會司（2002）。《身心障礙者生涯轉銜服務整合實施方案》。台北：內政部。

內政部（2002）。《身心障礙者生涯轉銜服務整合實施方案》。台北：內政部。

內政部兒童局（2000a）。《發展遲緩兒童早期療育法規彙編》。台中：鑫綿文具印刷廠。

內政部兒童局（2000b）。內政部兒童局推展發展遲緩兒童早期療育服務業務報告。《推動發展遲緩兒童早期療育服務中區巡

迴輔導座談會大會手冊》，4-28。台中：內政部兒童局。

內政部兒童局（2000c）。八十九年度發展遲緩兒童通報轉介中心訪視報告資料彙整表。《台閩地區發展遲緩兒童通報轉介中心暨聯合評估中心訪視成果座談會大會手冊》，2-12。台北：中華民國智障者家長總會。

內政部兒童局（2002a）。《發展遲緩兒童早期療育通報轉介中心暨成立推動小組（委員會）名冊》。台中：內政部兒童局（未出版）。

內政部兒童局（2002b）。《發展遲緩兒童早期療育服務推動小組第八次會議資料》。台中：內政部兒童局（未出版）。

內政部兒童局（2002c）。《發展遲緩兒童早期療育個案管理中心名冊》。台中：內政部兒童局（未出版）。

王本榮（1995）。日本早期發現與及早期療育制度介紹。《發展遲緩兒童早期發現早期療育國際研討會手冊》，31-35。

王天苗（1996）。台灣地區心智障礙幼兒早期療育服務供需及相關問題之研究。《特殊教育研究學刊》，14，21-44。

王國羽（1996）。身心障礙兒童早期療育政策的相關理論模式與台灣法令之解析。《東吳社會工作學報》，2，333-350。

王國羽（2002）。我國身心障礙福利政策與體系──身心障礙者保護法的分析。《社區發展季刊》，97，115-127。

王秀蘭（1998）。《台灣地區社工（督導）員專業認同、工作滿足與留職意願之研究》。南投中興新村：自印。

王玠、李開敏、陳雪真譯（1998）。《社會工作個案管理》。台北：心理。

包承恩等人譯（2000）。《社會工作價值與倫理》。台北：洪葉。

朱美珍（1998）。都市社區福利資源網絡的建立。《社會福利社區化論文集》。台北：社區營造學會。

朱鳳英（2000）。社工在通報轉介階段的運作內容──以台北模式
　　爲例。《發展遲緩兒童早期療育課程訓練基礎班大會手冊》，
　　61-65。台北：中華民國醫務社會工作協會。

江明修（1997）。領導型態與功能。《非營利組織經營管理研修粹
　　要》，83-101。台北：洪健全文教基金會。

江偉平（1997）。政策制訂與執行──以警政作業爲例。《研考雙
　　月刊》，21（5），10-23。

吳秀禎（2000）。生態學派。蔡漢賢主編：《社會工作辭典》（第
　　四版），101-102，內政部：社區發展雜誌社。

吳伊雯（2001）。發展遲緩兒童轉銜服務需求分析之研究──以台
　　北市爲例。台北：東吳大學社會工作研究所碩士論文。

吳定（1994）。《公共政策》。台北：華視文化事業公司。

呂勝瑛（1984）。《團體的過程與實際》。台北：五南。

宋麗玉（1997）。個案管理之內涵與工作模式──兼論個案管理模
　　式在台灣社會工作領域之運用。《社會政策與社會工作學
　　刊》，2（1），127-156。

李普愛譯（1992）。社會工作督導者的新形象。《社會建設》，
　　46，33-41。

李增祿（1995）。社會工作研究。李增祿主編：《社會工作概論》
　　（增訂二版），250-275。台北：巨流。

沈慶盈、蔣明珊（2000）。台北市早期療育體系之運作困境與整合
　　分析。《台大社會工作學刊》，3，111-149。

周月清（1994）。職務中心家庭問題解決方法協助台灣有智障者之
　　家庭。《東吳社會學報》，3，107-159。

周玟琪、葉琇珊等譯（1995）。《當代社會工作理論：批判的導
　　論》。台北：五南。

周月清（1998）。《身心障礙者福利與家庭社會工作──理論、實

務與研究》。台北：五南。

周文麗（2000）。早期介入相關聯邦公法。《中外早期療育服務經
　　驗交流研討會研習手冊》，8-20。台北：中華民國智障者家長
　　總會。

林水波（1992）。政策本身與政策執行力的關聯性。《政治科學論
　　叢》，4，225-266。

林碧惠（1992）。台北都會區老人福利組織整合之研究。台北：東
　　吳大學社會工作研究所碩士論文。

林惠芳（1993）。智障兒童家庭福利服務供需性研究——以台北市
　　爲例。台北：中國文化大學兒童福利研究所碩士論文。

林惠芳（1997）。早期療育服務模式介紹。《發展遲緩兒童早期療
　　育研討會大會手冊》，40-45。

林惠芳（1998）。發展遲緩兒童早期療育個案管理服務。《社會福
　　利雙月刊》，134，62-64。

林惠芳（1999）。早期介入服務中社會工作者的角色與功能。《台
　　灣地區發展遲緩兒童早期療育社會資源實務手冊》，12-13。
　　花蓮：中華民國發展遲緩兒童早期療育協會。

林惠芳（2000）。各國早期療育服務淺介。《89年度早期療育工作
　　人員共同課程授課講義》，34-47。

林美專、劉美芳（1998）。身心障礙兒童入學轉銜方案經驗分享。
　　《特教園丁》，13（4），20-26。

林宏熾（1998）。身心障礙者生涯與轉銜教育。《特教園丁》，14
　　（3），1-16。

林宏熾（2002）。轉銜計畫在身心障礙福利服務的運用與發展。
　　《社區發展季刊》，97，60-79。

林幸君（1998）。發展遲緩兒童個案管理服務模式的介紹與分享—
　　—談社工介入內容與角色功能。《全國發展遲緩兒童早期療

育相關服務論壇大會手冊》，15-30。花蓮：中華民國發展遲
緩兒童早期療育協會。

林幸君（2000）。社工在個案管理模式中的運作內容──以台北模
式為例。《發展遲緩兒童早期療育課程訓練基礎班大會手
冊》，72-96。台北：中華民國醫務社會工作協會。

林武雄譯（2000）。《社會工作個案管理》。台北：揚智。

邱吳麗端（2000）。香港早療教育過去現在與未來。《中外早期療
育服務經驗交流研討會研習手冊》，1-7。台北：中華民國智
障者家長總會。

洪儷瑜（1992）。特殊兒童的家庭服務──談「個別化家庭服務計
畫」。《幼兒教育季刊》，5，161-176。

施能傑（1991）。政策執行過程中的控制──幾個基本問題的討
論。《研考雙月刊》，15（6），32-39。

施能傑（1999）。政策執行的要素分析。《研考雙月刊》，23
（4），6-15。

施教裕（1995）。兒童福利機構的行政重組與服務整合。《二十一
世紀兒童福利政策研討會論文集》，313-356。台北：二十一
世紀基金會與中華兒童福利基金會。

施怡廷（1998）。發展遲緩兒童家庭對兒童照顧需求之研究。台
中：東海大學社會工作研究所碩士論文。

孫淑柔（1993）。談特殊兒童的早期介入與回歸主流。《學前特殊
兒童的發展》。台北：中華民國特殊教育學會。

孫碧霞、劉曉春、邱方晞、曾華源譯（2000）。《社會團體工
作》。台北：洪葉。

翁毓秀譯（1990）。發展性障礙者與他們的家庭。《社區發展季
刊》，49，28-42。

翁興利、施能傑、官有垣、鄭麗嬌（1998）。《公共政策》。台

北：空中大學。

高永興（1990）。社會工作人員對個案管理認知之研究。台中：東海大學社會工作研究所碩士論文。

高迪理（1990）。個案管理：一個新興的專業社會工作概念。《社區發展季刊》，49，43-53。

高迪理（1994）。個案管理：新名稱或是新方法？《社會工作學刊》，3，145-159。

高迪理（1998）。《社會工作個案管理上課講義》。台中：東海大學社會工作學系（未出版）。

高迪理（2000）。《社會工作研究方法上課講義》。台中：東海大學社會工作學系碩士班（未出版）。

高迪理（2001）。個案管理服務系統中之督導與管理。《打造一個希望的國度——早療成果發表會研習手冊》，52-58。高雄：伊甸社會福利基金會南區服務處。

張緯良（1996）。《人力資源管理》。台北：華泰。

張英陣（1997）。激勵措施與志願服務的持續。《社區發展季刊》，78，54-64。

張英陣（1999）。高雄縣八十七年推動福利社區化鳳山市實驗計畫執行成果報告。台北：內政部。

張英陣、朱小綺（2000）。社區資源網絡建構的原則與方法。《推動社會福利社區化實務工作手冊》，25-61。台北：內政部。

張琴音（1999）。發展遲緩兒童轉銜服務之探討。《國小特殊教育》，27，11-24。

張秀玉（2000）。對初期發現發展遲緩兒童家庭之協助——社會工作任務中心取向。《全國早期療育跨專業實務研討暨學術發表會早療論文集》，175-180。花蓮：中華民國發展遲緩兒童早期療育協會。

張秀玉（2001a）。社會工作者與行政主管對早期療育服務社會工作者角色期待之研究。台中：東海大學社會工作學系碩士論文。

張秀玉（2001b）。早期療育服務社會工作者角色功能之探討。《社區發展季刊》，95，296-311。

張秀玉（2002a）。影響早期療育服務通報轉介政策執行因素之探討。《社區發展季刊》，97，329-341。

張秀玉（2002b）。身心障礙者就業服務處遇策略之探討——社會工作增強權能取向。《社區發展季刊》，98，217-228。

梁偉康（1990）。《社會服務機構行政管理與實踐》。香港：集賢社。

梁偉康、黃玉明（1993）。《社會服務機構管理新知》。香港：集賢社。

莫藜藜（1995）。社會工作督導與諮詢。李增祿主編：《社會工作概論》（增訂二版），236-247。台北：巨流。

莊凰如（1995）。發展遲緩兒童早期療育轉介中心實驗計畫評估。台北：陽明大學衛生福利研究所碩士論文。

莊竣博（2000）。發展遲緩兒童之母親的孩童概念及其家庭的關係——一個應然與實然的交錯，從接受到認同過程。高雄：高雄醫學大學行為科學研究所碩士論文。

許臨高（1991）。個案管理理念與實務。《輔仁學誌：法、管理學院之部》，23，263-268。

許臨高主編（1999）。《社會工作直接服務：理論與技巧（上冊）》。台北：洪葉。

郭煌宗（1996a）。發展遲緩兒童的早期療育。《中兒雜誌》，37A，19-27。

郭煌宗（1996b）。發展遲緩兒童早期療育轉介中心實驗計畫——

花蓮地區執行成果報告。花蓮：中華民國發展遲緩兒童早期
療育協會。

郭靜晃、曾華源（2000）。建構社會福利資源網絡策略之探討——
以兒少福利輸送服務為例。《社區發展季刊》，89，107-
118。

陳昭儀（1991）。發展障礙兒童的早期介入與鑑定。《特殊教育季
刊》，39，25-27。

陳金貴（1994）。《美國非營利組織的人力資源管理》。台北：瑞
興。

陳定銘（1999）。非營利組織志工招募與甄選的探討。《社區發展
季刊》，85，128-141。

陳政智（1999）。非營利組織中志願工作者之管理：從人力資源管
理觀點。《社區發展季刊》，85，117-127。

陳姿蓉（1997）。淺談學前特殊兒童轉銜計畫。《特教園丁》，4
（12），40-43。

陳明賢（2000）。早期療育整合服務實施方案評估——以高雄市發
展遲緩兒童為例。南投：國立暨南大學社會政策與社會工作
學系碩士論文。

陳凱琳（2000）。影響發展遲緩幼兒家庭社會支持因素之研究。高
雄：高雄醫學大學行為科學研究所碩士論文。

陳世昌（2001）。台北縣發展遲緩兒童早期療育通報轉介工作執行
現況、困境與展望。《發展遲緩兒童轉銜模式研討會大會手
冊》。台北：中華民國智障者家長總會。

陳武宗、周月清、楊三東、郭惠旻、李奇仁、徐莉蓁（2001）。國
際人權體系下本土社會工作實踐——價值接軌與行動策略
（初稿），發表於靜宜大學「全球化與社會福利」學術研討
會。

陳麗芬（1999）。公立托兒所推動早期療育相關服務對發展遲緩幼兒家庭之影響——以台北市爲例。台北：文化大學兒童福利研究所碩士論文。

陶蕃瀛（1991）。論專業之社會化條件——兼論台灣社會工作之專業化。當代《社會工作學刊》，1，1-16。

彭懷眞（1995）。社會工作管理。李增祿主編：《社會工作概論》（增訂二版），278-287。台北：巨流。

彭懷眞（1995）。《發展中途輟學青少年福利服務支持網絡研究方案》。台北：內政部。

彭懷眞（1999）。依驅力鼓舞員工。《管理雜誌》，300，62-64。

曾華源（1986）。社會工作者爲多重角色通才實務工作者。《社區發展季刊》，34，97-106。

曾華源（1988）。對督導工作的基本概念與運用。《社區發展季刊》，19，94-99。

曾華源、曾騰光、陶蕃瀛（1995）。《青少年福利政策之研究》。內政部社會司委託研究。

曾華源（1995）。社會工作管理。李增祿主編：《社會工作概論》（增訂二版），150-172。台北：巨流。

曾華源（1997）。醫病關係與專業倫理。《中華醫務社會工作實務學刊》，1，126-130。

曾華源（1997）。人群服務組織志願工作者人力運用規劃之探究。《社區發展季刊》，78，28-34。

曾華源、鄭讚源、陳政智（1998）。《志願服務工作發展趨勢探討——以祥和計畫志願服務之推動爲基礎》。台北：內政部社會司。

曾華源（1999）。社會工作專業倫理困境與信託責任之探討。《社區發展季刊》，86，54-79。

曾華源（2000）。社會工作專業價值與倫理專題討論上課講義。台
　　中：東海大學社會工作學系碩士班（未出版）。

曾華源（2000）。社區資源網絡建構之基本概念。《推動社會福利
　　社區化實務工作手冊》，3-22。台北：內政部。

曾華源、郭靜晃（2000）。志工人力資源的開拓與整合：以美國志
　　工中心的做法爲借鏡。《社區發展季刊》，89，128-144。

曾華源（2002a）。社會工作任務中心取向。《社會工作理論──處
　　遇模式與案例分析》，189-216。台北：洪葉。

曾華源（2002b）。社會工作社會暨心理學派。《社會工作理論──
　　處遇模式與案例分析》，123-151。台北：洪葉。

曾騰光（1997）。志願工作者的組織承諾與機構人力資源管理策
　　略。《社區發展季刊》，78，35-45。

馮燕（1997）。《托育服務──生態觀點的分析》。台北：巨流。

馮燕（1999）。托育服務的社會福利定位──生態系統觀點的分
　　析。《社會工作學刊》，5，3-35。台北：中華民國社會工作
　　專業人員協會。

黃美涓（1997）。早期療育的重要。《發展遲緩兒童早期療育研討
　　會大會手冊》，14-20。台北：中華民國智障者家長總會。

黃淑文、林雅雯（1999）。中美兒童早期療育服務內容之比較。
　　《兒童福利論叢》，2，256-291。

黃淑文（2001）。早期療育服務介入後對心智障礙兒童家庭之影
　　響。台北：文化大學兒童福利研究所碩士論文。

黃惠惠（1993）。《團體輔導工作概論》。台北：張老師。

黃源協（1998）。照顧管理在台灣實施的可行性之初探──以台灣
　　省社會工作員之觀點爲例。《國立政治大學社會學報》，167-
　　206。

黃源協（1999）。《社會工作管理》。台北：揚智。

黃鈴翔、張意眞譯（1999）。《開創生機：單親家庭權能增強社會工作》。台北：亞太。

黃維憲、曾華源、王慧君（1985）。《社會個案工作》。台北：五南。

黃麗娥（1998）。台北市發展遲緩幼兒家長親職教育需求之研究。台北：文化大學兒童福利研究所碩士論文。

楊　蓓（1986）。團體動力與團體工作。《社區發展季刊》，34，52-56。

楊金滿（1996）。台北市少年福利諮詢服務資源網絡之探討。《社會福利雙月刊》，56，1-7。

楊玲芳（2000）。發展遲緩兒童早期療育服務──個案管理執行工作內涵與困境相關因素之研究。台中：東海大學社會工作學系碩士論文。

萬育維（1994）。《我國早期療育制度規畫之研究》。內政部社會司委託研究。

萬育維、莊鳳如（1995）。從醫療與福利整合的角度探討我國發展遲緩兒童之早期療育制度之規畫。《社區發展季刊》，72，48-61。

萬育維（1996）。青少年福利服務網絡與學生輔導工作。《學生輔導》，43，54-63。

萬育維（1997）。《發展遲緩兒童早期療育之研究──轉介中心鑑定中心合作模式之規畫》。內政部社會司委託研究。

萬育維、羅惠玲（1997）。從福利社區化的意涵評析「台北市私立托兒所收托發展遲緩兒童計畫」。《社區發展季刊》，77，57-69。

萬育維（2001）。《早期療育中心角色與定位之研究》。內政部兒童局委託研究報告。

萬育維、王文娟譯（2002）。《身心障礙家庭——建構專業與家庭的信賴聯盟》。台北：洪葉。

葉淑文（1998）。心智障礙兒童家長早期療育服務使用研究。台中：靜宜大學青少年兒童福利研究所碩士論文。

雷游秀華（1997）。發展遲緩兒童早期療育之推動與規畫。《發展遲緩兒童早期療育研討會大會手冊》，2-13。台北：中華民國智障者家長總會。

廖華芳（1998）。發展遲緩兒童早期療育專業團隊合作模式。《中華物療誌》，23（2），127-139。

廖榮利（1987）。《社會工作理論與模式》。台北：五南。

趙善如（1999）。「增強力量」觀點之社會工作實務要素與處遇策略。《台大社會工作學刊》，1，231-262。

趙善如等人譯（2001）。《老人社會工作——權能激發取向》。台北：揚智。

趙慈慧（2000）。社工在評估鑑定階段的運作內容——以台北模式為例。《發展遲緩兒童早期療育課程訓練基礎班大會手冊》，66-71。台北：中華民國醫務社會工作協會。

潘才學（1983）。社區福利服務輸送體系之研究。台中：東海大學社會學研究所碩士論文。

潘淑滿（2001）。個案管理運用在早期療育。《打造一個希望的國度——早療成果發表會研習手冊》，20-23。高雄：伊甸社會福利基金會南區服務處。

蔣明珊、沈慶盈（2000）。早期介入。林寶貴主編：《特殊教育理論與實務》，651-711。台北：心理。

蔡啓源（1982）。社會行政管理中的領導才能。《社會建設》，46，24-31。

蔡啓源譯（1998）。《社會工作行政：動態管理與人群關係》。台

北：雙葉書廊。

蔡淑芳譯（1983）。社會工作價值體系之研究。《社區發展季刊》，23，46-67。

蔡明哲等（1985）。台北縣社會福利資源網絡運用之研究。《東吳政治學與社會學報》，9，129-165。

鄭麗珍（2002a）。生態系統觀點。《社會工作理論──處遇模式與案例分析》，251-283。台北：洪葉。

鄭麗珍（2002b）。增強權能理論與倡導。《社會工作理論──處遇模式與案例分析》，410-444。台北：洪葉。

簡春安、鄒平儀（1998）。《社會工作研究法》。台北：巨流。

蕭夙娟（1996b）。國小啓智班實施專業整合之意見調查研究。台北：台灣師範大學特殊教育研究所碩士論文。

謝秀芬（2002）。《社會個案工作：理論與技巧》。台北：雙葉書廊。

謝淑珍（2001）。特殊需求幼兒轉銜服務之探討。《國小特殊教育》，31，48-54。

羅惠玲（1996）。一般及發展遲緩幼兒父母對托兒所收托發展遲緩兒童態度之研究──以「台北市多元化托兒服務計畫」為例。台北：中國文化大學兒童福利研究所碩士論文。

羅惠玲（2000）。早期療育服務模式與資源網絡介紹。《發展遲緩兒童早期療育課程訓練基礎班大會手冊》，122-131。台北：中華民國醫務社會工作協會。

羅秀華（1997）。發展遲緩兒童之服務如何落實於家庭與社區社會工作。《社區發展季刊》，77，83-92。

英文部分

Agranoff, R. (1983). Service Integration. In R. M. Kramer & H. Specht (ed.). *Readings in Community Organization Practices*(3rd ed.). N. J. : Prentice Hall.

Bailey, D. J., & Wolery, M. (1992). *Fundamentals of Early Intervention, Teaching Infantsand Preschoolers with Disabilities.* New York: Macmillan Publishing Company.

Bartlett, H. M. (1970). *The Common Base of Social Work Pratice.* Washington, D. C. : N. A. S. W.

Barker, R. L. (1995). *Social Work Dictionary*(3rd ed.). Washington, D. C. : N. A. S. W.

Bennett, T., & Deluca, D. A. (1996). Families of children with disabilities: Positive adaptation across the life cycle. *Social Work in Education, 18*(1), 31-47.

Borrits, R. (2000). *New international and intercultural education in Denmark.* Presented at the Joint Conference of the International Federation of Social Workers and the International Association of Schools of Social Work, Montreal, Quebec, Canada, July 29-August 2, 2000.

Brashears, F. (1995). Supervision as social work pratice: A reconceptualization. *Social Work,* 40 ,692-670.

Bronfenbrenner, U. (1979). *The Ecology of Human Development.* Combridge, MA: Harvard University Press.

Brun. C., & Rapp, R. C. (2001). Strengths-based case management: Individual's perspectives on strengths and the case manager relationship. *Social Work, 46*(3), 278-288.

Chapin, R. K. (1995). Social policy development: The strengths perspective. *Social Work, 40*(4), 506-515.

Connaway, R. S., & Gentry, M. E. (1988). *Social Work Practice.* New Jersey: Prentice Hall.

Council on Social Work Education (1991a). *Curriculum Policy Statement for Master's Degree Programs in Social Work Education.* New York: Council on Social Work Education.

Council on Social Work Education(1991b). *Curriculum Policy Statement for Baccalaureate Degree Programs in Social Work Education.* New York: Council on Social Work Education.

Cowger, C. D. (1994). Assessing client strengths: Clinical assessment for client empowerment. *Social Work, 39*(3), 262-268.

Cowger, C. D., & Snively, C. A. (2002). Assessing client strengths: Individual, family, and community empowerment. In D. Saleebey(ed.), *The Strengths Perspective in Social Work Practice*(3nd ed.)(pp. 106-123). Boston: Allyn and Bacon.

De Jong, P., & Miller, S. D. (1995). How to interview for client strengths. *Social Work, 40*(6), 729-736.

Dubois, B. & Miley, K. K. (1998). *Social Work: An Empowering Profession*(3 rd ed). Boston: Allyn and Bacon.

Dubois, B. & Miley, K. K. (2002). *Social Work: An Empowering Profession*(4 rd ed). Boston: Allyn and Bacon.

Early, T. J., & GlenMaye, L. F. (2000). Valuing families: Social work practice with families from a strengths perspective. *Social Work, 45*(2), 118-131.

Freedman, R. I., & Boyer, N. C. (2000). The power to choose: Supports for families caring for individuals with developmental disabilities. *Health & Social Work, 25*(1), 59-69.

French, W. L. (1994). *Human Resources Managemene*(3rd ed). Boston: Houghton Mifflin Company.

Goldstein, H. (1990). Strength or pathology: Ethnical and rhetorical contrasts in approaches to practice. *Family in Society, 71*(5), 267-275.

Guillory, A. W., & Woll, J. (1994). How professionals can work with families to assess children's disabilities. *Education Digest, (60),* 54-61.

Guralnick, M. J. (1997). Second-generation research in the field of early intervention. In M. J. Gurralnick(ed.). *The Effectiveness of Early Intervention,* 3-24. Baltimore: Paul J. Brookes.

Golin, A. K., & Ducanis, A. J. (1981). *The Interdiscipline Team.* Rockville, MD: Aspen System Corp.

Hartman, A. (1983). *Family-Centered Social Work Practice.* New York: The Free Press.

Halpern, A. S. (1994). The transition of youth with disabilities to adult life: Aposition statement of the division on career development and transition, the council for exceptional children. *Career Development for Exceptional Indiiduals, 17*(2),115-124.

Jacobson, A. (1990). *Volunteer Management Handbook for Effective Development of Volunteer Program.* Kansas Missouri: Ann Jacobson and Associates

Judith, M. & O'Byrne, P. (1998). *Assessment in Social Work.* London: MacMillan.

Kadushin, A. (1974). Supervisor-supervisee: A survey. *Social Work, 19*(3), 288-298.

Kadushin, A. (1985). *Supervision in Social Work* (2nd). New York: Columbia University Press.

Kahn, R. L., Wolfe, D. M., Quinn, R. P., Snoek, J. D., & Rosenthal, R. A. (1964). *Organizatiomal Stress: Studies in role conflict and role ambiguity.* New York: John Wiley & Sons.

Kieffer, C. H. (1984). Citizen empowerment: A development perspective. *Prevention in Human Service,* 3(winter/spring), 9-36.

Levy, C. S. (1973).The value base of social work. *Jounnal of Education for Social Work,* 9(1), 34-42.

Marfo, K., & Kysela, G. M. (1985). Early intervention with mental handicapped children: A critical appraisal applied research. *Journal of Pediatric Psycology,* (10), 305-344.

Meisele, S. J. (1985). The efficiency of early intervention: Why are we still asking This question? *Topic in Early Childhood Special Education,* (5), 1-8.

Meisele, S. J. (1989). Early childhood intervention in the nineties. *American Journal of Orthopsychiatry,* (59), 451-460.

Marfo, K., & Cook, C. (1991). Overview of trends and issues in early intervention theory and research. In K. Marfo(ed.). *Early Intervention in Transition: Current Perspectitive on Program for Handicapped Children,* 3-40. New York: Praeger Press.

Morsink, C. V. (1991). Understanding the roles and perspectives of team members. In C. V. Morsink, C. C. Thomas & V. I. Correa(eds), *Interactive teaming: Consultation and collaboration in special programs.* New York: Merrill.

Morgan, G. (1995). Collaborative models of service integration. *Child*

Welfare, (6), 1329-1342.

Parsons, R. J. (1991). Empowerment: Purpose and practice in social work. *Social Work with Groups, 14*(2), 27-43.

Rapp, C. A. (1998). *The Strength Model: Case Management with People Suffering from Sever and Persistent Mental Illness.* New York: Oxford University Press, Inc.

Reamer, F. G. (1995). *Social Work Values and Ethics.* New York: Columbia University Press.

Reid, W. J., & Epstein, L. (1972). *Task-Centred Casework.* New York: Columbia University Press.

Reid, W. J. (1978). *The Task-centered System.* New York: Columbia University Press.

Repetto, J. B. & Correa, V. J. (1996). Expanding views on transition. *Exceptional Children, 62*(6), 551-563.

Saleebey, D. (1996). The strength perspective in social work practice: Extensions and cautions. *Social Work, 41*(3), 296-305.

Savage, T., & Culbert, C. (1989). Early intervention: the unique role of nursing. *Journal of Pediatric Nursing,* (5), 339-345.

Sarbin, T. R., & Allen, V. L. (1978). Role theory. In G. Lindzey & E. Arson(ed.). *Handbooks of Social Psychology,* 546. Cambridge, MA: Addison-Wesley.

Schmidt, M. J., Riggar, T. F., Crimando, W., & Bordieri, J. E. (1992). *Staffing for Success.* Newbury Park, CA: Sage.

Shonkoff, J., & Meisels, S. (1990). Early childhood intervention: the evolution of a concept. In S. Meisels & J. Shonkoff(ed.). *Handbook of Early Childhood Intervention,* 3-31. Cambridge University Press.

Silverstein, R. (2000). Emerging disability policy framework: A Guidepost for Analyzing Public Policy. *Iowal Law Review,* (85), 1691-1776.

Simeonsson R. J. (1991). Primary, secondary, and tertiary prevention in early intervention. *Journal of Early Intervention,* (15), 124-134.

Solomon, B. (1976). *Black Empowerment: Social Work in Oppressed Communities.* New York: Columbia University Press.

Smith, T., Polloway, E., Patton, J., & Dowdy, C. (2001). *Teaching student with special needs in inclusive settings.* Needham Heights: Apearson Education Co.

Stainton, T., & Besser, H. (1998). The positive impact of children with an intellectual disability on the family. *Jounal of Intellectual & Developmental Disability, 23*(1), 56-70.

Staples, L. H. (1990). Powerful ideas about empowerment. *Administration in Social Work, 14*(2), 29-42.

Stone, D. A. (1984). *The Disable State.* Philadelphia: Temple University Press.

Turner, F. J. (1986). *Social Work Treatment.* New York: Free Press.

Weick, A., Rapp, C., Sullivan, W. P., & Kisthardt, W. (1989). A strength perspective for social work practice. *Social Work,* 34, 350-354.

Weil, M. (1985). Key components in providing efficient and effective services. In M. Weil, J. M. Karls, and Associates (eds). *Case Management in Human Service Practice.* San Francisco: Jossey-Bass.

Weinbach, R. W. (1998). *The Social Worker as Manager: A practical guide to success*(3rd ed.). Boston: Allyn & Bacon.

Will, M. C. (1984). OSERS programming for the transition for youth with disabilities: Bridges from school to working life. *Programs for the handicapped, 2*(1). Washington, D. C. : U. S. Department of education.

附　錄

附錄一　發展遲緩兒童早期療育服務實施方案

中華民國八十六年五月廿九日

台（86）內社字第八六七五七八二號函頒

台（86）八九年0月0日

台（89）內童字第000000號函修正

壹、依據

一、兒童福利法。

二、特殊教育法。

三、身心障礙者保護法。

貳、目標

一、結合社會福利、衛生、教育等專業人員，以團隊合作方式，提供發展遲緩兒童早期療育服務。

二、建立發展遲緩兒童早期療育發現、通報流程及服務模式，確立各相關單位分工權責。

參、策劃單位

內政部

教育部

行政院衛生署

肆、主辦單位

台北市政府

高雄市政府

台灣省各縣市政府

福建省金門縣、連江縣政府

伍、工作項目

項目	採行措施	實施要領	辦理單位
發展遲緩兒童早期療育服務	發展遲緩兒童早期療育服務綜合規劃	1.招集中央教育、衛生主管機關訂定發展遲緩兒童早期療育通報程序及政策諮詢事宜。	內政部
		2.會同中央教育、社政主管機關訂定發展遲緩兒童早期療育通報程序及政策諮詢事宜。	行政院衛生署
		3.會同中央衛生、社政主管機關訂定發展遲緩兒童早期療育通報程序及政策諮詢事宜。	教育部
		4.督導地方社政主管機關輔導各公、私立托兒所辦理早期療育通報事宜,並由直轄市、縣(市)政府社政主管機關設立轉介中心辦理轉介服務。	內政部
		5.督導地方衛生主管機關輔導各醫療院所辦理發展遲緩兒童早期療育通報事宜。	行政院衛生署
		6.督導地方教育主管機關輔導各公、私立幼稚園及學齡前兒童教育機構辦理發展遲緩兒童早期療育通報事宜。	教育部
		7.督導地方衛生主管機關輔導教學醫院規劃辦理發展遲緩兒童團隊聯合評估事宜。	行政院衛生署

項目	採行措施	實施要領	辦理單位
		8.督導地方社政主管機關協助各級衛生、教育主管機關規劃辦理發展遲緩兒童團隊評估事宜。	內政部
		9.訂定發展量表及團隊評估標準。	行政院衛生署
		10.督導地方教育主管機關協助各級衛生教育部門、社政主管機關規劃辦理發展遲緩兒童團隊評估事宜。	教育部
		11.督導地方社政主管機關輔導公、私立托兒所及兒童福利機構辦理發展遲緩兒童早期療育兼收輔導事宜。	內政部
		12.督導直轄市、縣（市）政府社政內政部主管機關設立早期療育服務推動小組（或委員會）。	內政部
		13.訂定轉介相關表格。	
		14.督導地方衛生主管機關規劃、協調有關醫療院所辦理發展遲緩兒童醫療復健事宜。	內政部
		15.督導地方教育主管機關輔導公、私立幼稚園及學前兒童教育機構辦理兼收輔導事宜。	行政院衛生署
		16.督導地方教育主管機關輔導六歲教育部以上發展遲緩兒童教育事宜。	教育部

項目	採行措施	實施要領	辦理單位
	發展遲緩兒童通報措施	1.依法主管並輔導下列機構（或人士）辦理發展遲緩兒童通報措施： (1) 公、私立托兒所。 (2) 兒童福利機構。 (3) 一般家長、監護者或保母。 (4) 社會工作員。	直轄市、縣（市）政府社會局
		2.依法主管並輔導下列機構（或人士）辦理發展遲緩兒童通報措施： (1) 產前檢查。 (2) 新生兒篩檢。 (3) 兒童保健。 (4) 公共衛生。 (5) 醫療院所發現個案。	直轄市、縣（市）政府衛生局
		3.依法主管並輔導下列機構及學校辦理發展遲緩兒童通報措施： (1) 各公、私立幼稚園。 (2) 學校及學齡前特殊兒童教育機構。	直轄市、縣（市）政府教育局
	發展遲緩兒童轉介措施	1.設立發展遲緩兒童早期療育轉介中心並辦理評估轉介服務： (1) 受理通報個案。 (2) 辦理個案登錄作業。 (3) 安排個案評估時間地點。 (4) 個案檔案管理及定期追蹤。 (5) 會同評估團隊訂定轉介相關資料格式。 (6) 其他有關評估轉介諮詢。	直轄市、縣（市）政府社會局

項目	採行措施	實施要領	辦理單位
		2.由所設轉介中心辦理發展遲緩兒童個案管理服務評估後之療育轉介服務： （1）個案評估報告登錄作業。 （2）安排個案併同其評估報告第聯（份）後送安置機構。 （3）個案評估報告檔案管理。 （4）個案再安置或結案。 （5）其他有關安置轉介諮詢、追蹤輔導及相關服務。	
	發展遲緩兒童鑑定措施	1.輔導教學醫院及公立醫院規劃辦理發展遲緩兒童團隊評估服務事宜。 2.協調公立醫院配合所在地方政府有（市）政府衛生關單位規劃辦理發展遲緩兒童團隊評估服務事宜。 3.協調直轄市及縣立醫院規劃辦理發展遲緩兒童團隊評估服務事宜。 4.早期療育評估團隊與當地主管機關所設轉介中心依不同之門診模式，協調轉介方式。 5.早期療育評估團隊針對每一個案填具評估報告書三聯（份），第一、二聯（份）送當地主管轉介中心，並保留第三聯（份）。	行政院衛生署、直轄市、縣（市）政府衛生局

項目	採行措施	實施要領	辦理單位
	發展遲緩兒童安置措施	協調醫院、學校、民間教育、兒童福利機構提供發展遲緩兒童安置處所及計畫： 1.醫院所設復健療育機構或門診復健。 2.學校及特殊兒童教育相關機構。 3.兼收發展遲緩兒童托兒所、幼稚園。 4.兒童福利機構與相關療育機構。 5.其他復健療育服務計畫。 6.辦理六歲以上發展遲緩兒童教育輔導事宜。	直轄市、各縣（市）政府衛生局、教育局、社會局。

陸、經費來源

推展本方案所需經費，由各級政府相關單位按年度編列預算配合辦理。

柒、附則

一、 各相關權責單位依據本方案訂定相關細部計畫實施。

二、 本方案實施自服務示範點逐步擴大實施，至遲應於九十年度全面實施。

三、 各相關權責單位應加強師資及評估人才培訓工作。

四、各相關權責單位應加強宣導及研究工作。

附錄二　內政部兒童局發展遲緩兒童早期療育服務實施計畫

壹、依據

　　一、發展遲緩兒童早期療育服務實施方案。

　　二、發展遲緩兒童早期療育服務推動小組第五次會議決議。

貳、目的

　　結合教育、衛生、社政相關單位資源，具體確實推動發展遲緩兒童早期發現、早期介入，並促進早期療育各服務流程功能之發揮，以提供發展遲緩兒童及其家庭完善之服務。

參、實施期程

　　本計畫期程自民國九十年一月至民國九十二年十二月三十一日止，屆滿前六個月進行檢討修正，修正後之新計畫維持三年期程。

肆、項目

　　一、發現與初篩。

　　二、通報與轉介。

　　三、聯合評估。

　　四、療育與相關服務。

　　五、宣導訓練。

伍、採行措施、分工及實施期程

項目	採行措施	主辦單位	協辦單位	實施期程（年度）		
				九十	九一	九二
一、發現與初篩	加強孕產婦產前照護，減少高危險群新生兒之誕生。	直轄市政府各縣市政府	行政院衛生署教育部內政部（兒童局）	ˇ	ˇ	ˇ
	結合新生兒先天代謝異常疾病篩檢系統，加強高危險群新生兒之追蹤、管理。	直轄市政府各縣市政府	行政院衛生署教育部內政部（兒童局）	ˇ	ˇ	ˇ
	加強善用兒童預防保健服務及幼稚園、托兒所五歲兒童之健康篩檢，以提高學齡前身心發展遲緩者之發現率。	直轄市政府各縣市政府	行政院衛生署教育部內政部（兒童局）	ˇ	ˇ	ˇ
	督導地方教育、社政機關確實辦理轄區幼稚園、托兒所學前兒童健康檢查，並建立其健康資料、適時轉介就醫等健康管理制度。	教育部內政部（兒童局）行政院衛生署		ˇ	ˇ	ˇ
	結合公共衛生護士預防保健服務，並加強辦理社區親職教育，以提昇疑似發展遲緩兒童通報率。	直轄市政府各縣市政府	行政院衛生署教育部內政部（兒童局）	ˇ	ˇ	ˇ
	制定本土化簡易兒童發展量表；並全面推展○至六歲之兒童篩檢，以期早期發現異常個案，適時予以妥適之療育。	行政院衛生署	直轄市政府各縣市政府內政部（兒童局）	ˇ	ˇ	ˇ

項目	採行措施	主辦單位	協辦單位	實施期程（年度）		
				九十	九一	九二
一、發現與初篩	加強宣導兒童進入幼托機構前應全面接受兒童健康篩檢，以及早發現發展遲緩兒童。	直轄市政府各縣市政府	教育部行政院衛生署內政部（兒童局）	✓	✓	✓
二、通報與轉介	各地方政府應設立通報轉介中心，建立統一之單一通報窗口，統籌彙整疑似發展遲緩兒童資料，以利各項轉介工作。	直轄市政府各縣市政府	行政院衛生署教育部內政部（兒童局）	✓		
	建立通報轉介中心、評估中心及療育機構間的個案轉銜與追蹤制度。	直轄市政府各縣市政府	行政院衛生署教育部	✓	✓	✓
	規劃建立全國個案電腦資料庫，掌握個案接受服務動態，並建立完善個案追蹤機制。	內政部（兒童局）直轄市政府各縣市政府	行政院衛生署教育部	✓	✓	✓
	規劃建構跨縣市早期療育個案轉介與追蹤制度。	直轄市政府各縣市政府	行政院衛生署教育部內政部（兒童局）	✓	✓	✓
三、聯合評估	每一直轄市及縣（市）至少設置一所聯合評估中心或建立聯合評估機制，並逐年擴增，增加評估的可近性，以滿足偏遠地區之需求。	直轄市政府各縣市政府	行政院衛生署	✓	✓	✓
	檢視與提昇評估中心之醫療評估服務品質，包含縮短評估過程的時間，評估工具的使用，個案轉介順暢與否等。	直轄市政府各縣市政府	行政院衛生署教育部內政部（兒童局）	✓	✓	✓

項目	採行措施	主辦單位	協辦單位	實施期程（年度）		
				九十	九一	九二
三、聯合評估	建立評估團隊工作人員間之完整評估流程與合作機制。	直轄市政府各縣市政府	行政院衛生署教育部內政部（兒童局）	✓	✓	✓
	落實評估中心個案資料的通報與轉介的責任。	直轄市政府各縣市政府	行政院衛生署教育部內政部（兒童局）	✓	✓	✓
	發展本土化評估工具。	行政院衛生署教育部	內政部（兒童局）	✓	✓	✓
四、療育與相關服務	建置並落實嬰幼兒學前與學齡兒童教育「融合與轉銜」服務，以利發展遲緩兒童及身心障礙兒童之輔導。	直轄市政府各縣市政府	教育部行政院衛生署內政部（社會司、兒童局）	✓	✓	✓
	鼓勵及補助幼托機構收托發展遲緩兒童，加強兒童融合教育的環境，同時定期檢視與評估融合教育之成效。	直轄市政府各縣市政府	教育部行政院衛生署內政部（兒童局）	✓	✓	✓
	獎勵與協助民間增設社區化之療育機構，並思考規劃多元與創新性服務方案。	直轄市政府各縣市政府	教育部行政院衛生署內政部（兒童局）	✓	✓	✓
	建構醫療服務體系與其他早療機構合作模式，酌予補助醫療院所外早期療育醫療費用，以減輕發展遲緩兒童家庭之負擔。	直轄市政府各縣市政府	行政院衛生署內政部（社會司、兒童局）	✓	✓	✓

項目	採行措施	主辦單位	協辦單位	實施期程（年度）		
				九十	九一	九二
四、療育與相關服務	落實社區性及在宅療育服務功能，以滿足體弱年幼及偏遠地區早期療育個案之需求。	直轄市政府各縣市政府	教育部行政院衛生署內政部（兒童局）	ˇ	ˇ	ˇ
	落實家庭支持系統及家長親職教育技巧課程訓練，提昇家庭功能。	直轄市政府各縣市政府	內政部（兒童局）教育部行政院衛生署	ˇ	ˇ	ˇ
	協助發展遲緩兒童家庭，解決經濟、照顧問題及其使用資源等能力。	直轄市政府各縣市政府	內政部（兒童局）教育部行政院衛生署	ˇ	ˇ	ˇ
	編製個案管理工作手冊，落實個別化家庭服務計畫與處遇及追蹤輔導，以提昇個案及其家庭之服務品質。	內政部（兒童局）直轄市政府各縣市政府	教育部行政院衛生署	ˇ	ˇ	ˇ
	獎勵研發幼兒相關輔助器具，包含溝通與生活輔助類器具等創新性計畫。	直轄市政府各縣市政府	內政部（兒童局）教育部行政院衛生署	ˇ	ˇ	ˇ
五、宣導訓練	加強專業人力培訓，辦理醫療人員、學前教育幼托師資、保母及社工人員之職前或在職訓練，提昇早期療育服務品質。	直轄市政府各縣市政府	行政院衛生署行政院勞工委員會教育部內政部（兒童局）	ˇ	ˇ	ˇ
	製作簡單易懂且多元化之宣導品，多方推廣發展遲緩兒童早期療育宣導工作，拍攝全國性早療宣導代言人之宣導短片。	內政部（兒童局）直轄市政府各縣市政府	教育部行政院衛生署	ˇ	ˇ	ˇ

項目	採行措施	主辦單位	協辦單位	實施期程（年度）		
				九十	九一	九二
五、宣導訓練	鼓勵或補助各早療單位或機構辦理親職講座或成長團體，以落實家長之知能及參與。	直轄市政府各縣市政府	教育部行政院衛生署內政部（兒童局）	∨	∨	∨
	辦理早期療育各種實務研討會，提昇早療工作人員服務知能，並利早期療育業務之推動。	直轄市政府各縣市政府	教育部行政院衛生署內政部（兒童局）	∨	∨	∨
	鼓勵大學校院增設早期療育相關系所，以培育早期療育專業人才。	教育部	行政院衛生署內政部（兒童局）	∨	∨	∨
	加強早期療育研究發展工作，建立本土早期療育實務及理論基礎，並為政府施政參考依據。	教育部行政院衛生署內政部（兒童局）	直轄市政府各縣市政府	∨	∨	∨

陸、經費來源

推展本計畫所需經費，由各級政府相關單位按年度編列預算配合辦理。

柒、督導與獎勵

一、本計畫由發展遲緩兒童早期療育服務推動小組委員組成督導小組，並推一人為招集人，負責督導本計畫之執行。

二、各單位執行計畫卓有績效者，由內政部會同行政院衛生署、教育部專案獎勵。

附錄三　發展遲緩兒童早期療育通報轉介中心名冊暨成立推動小組（委員會）名冊

機構名稱	地址	電話	服務項目	結合（委託）辦理單位	成立時間	成立小組
台北市發展遲緩兒童早期療育通報轉介中心	台北市松山區民生東路五段一六三之一號七樓	02-27568852 02-27568792	通報及諮詢、轉介及轉銜、親職講座、成長團體及支持性服務、網頁及資料庫系統、到宅服務、研究與開發、行政與協調	社會局、教育局、衛生局聯合自行辦理（台北市早期療育綜合服務中心）	86.4	85年
高雄市發展遲緩兒童早期療育通報轉介中心	高雄市三民區九如一路七七五號	07-3850535 #120	通報及諮詢、個案管理服務、日間托育、時段班訓練及專業諮詢服務、專業教育訓練、家長及親子成長活動、宣導活動	高雄市政府社會局兒童福利服務中心自行辦理	87.1	90年
台北縣發展遲緩兒童早期療育通報轉介中心	台北縣板橋市中正路十號四樓（社會局）	02-29688068	建立通報網絡、轉介個案至個管中心、追蹤個案服務結果、辦理宣導活動、辦理相關補助……等	社會局自行辦理	88.8	88年
宜蘭縣發展遲緩兒童早期療育通報轉介中心	宜蘭縣宜蘭市同慶街九五號	03-9328822-205	受理通報、個案訪視、家庭支持、諮詢、轉介及轉銜、宣導訓練、協調聯繫等	社會局自行辦理	87.6	89年
桃園縣發展遲緩兒童早期療育通報轉介中心	桃園縣桃園市縣府路一號三樓中壢市環西路八十三號	03-3378585 03-4943323	受理通報、宣廣活動、訓練、安排聯評、諮詢服務、定期追蹤	社會局自行辦理 91.7委託財團法人伊甸社會福利基金會桃園縣分事務所	88.2	88年
新竹縣發展遲緩兒童早期療育通報轉介中心	新竹縣竹北市光明六路十號	03-5510134 03-5518101 #338	通報、轉介、宣導、諮詢	社會局自行辦理	90.7	89年
苗栗縣發展遲緩兒童早期療育通報轉介中心	苗栗市嘉新里經國路四段851號二樓	037-356441 037-261473 037-261493	受理個案通報、資料建檔分析、轉介聯合評估、就學轉銜、辦理初篩宣導活動、發現個案並提昇社區認知功能、辦理團隊評估及家庭諮詢服務	委託：財團法人伊甸社會福利基金會附設中區服務中心	88.6	88年
台中縣發展遲緩兒童早期療育通報轉介中心	台中縣大里市新光路32號	04-24829477	通報、資源轉介、協助評估、諮詢、教育宣導	委託：中國醫藥學院附設醫院	86.12	87年

機構名稱	地址	電話	服務項目	結合（委託）辦理單位	成立時間	成立小組
彰化縣發展遲緩兒童早期療育通報轉介中心	彰化縣彰化市中山路二段四一六號	04-7240249	設置專線，受理通報、轉介	社會局自行辦理	87.9	88年
南投縣發展遲緩兒童早期療育通報轉介中心	南投縣南投市南崗一路三〇〇號	049-2201278 049-2200256	早期療育通報轉介、諮詢、個案管理、訓練、宣導	委託中華民國發展遲緩兒童早期療育協會	88.1	88年
雲林縣發展遲緩兒童早期療育通報轉介中心	斗六市雲林路二段五一五號二樓	05-5348585	通報、轉介、諮詢服務	社會局自行辦理	89.6	89年
嘉義縣發展遲緩兒童早期療育通報轉介中心	嘉義市保健街一〇〇號	05-2718661	受理通報、轉介相關資源、研習訓練、巡迴輔導、宣導活動	委託：財團法人嘉義基督教醫院	89.1	89年
台南縣發展遲緩兒童早期療育通報轉介中心	台南縣新營市育德街99號	06-6594180	受理通報、轉介相關資源、初步篩選評估、安排聯合評估服務、安置療育機構轉介	委託：財團法人台南縣私立慶美社會福利慈善事業基金會	89.3	90年
高雄縣發展遲緩兒童早期療育通報轉介中心	高雄縣鳳山市體育路六五號 旗山市中學路四十二號 岡山鎮公園東路一三一號	07-7473632 07-7422971 07-6618106 07-6226730	通報、轉介、諮詢服務	委託：財團法人伊甸社會福利基金會高雄市事務所 財團法人台灣基督長老教會殘障關懷中心	85.8	87年
屏東縣發展遲緩兒童早期療育通報轉介中心	東市建豐路一八〇巷三五號二樓 東港鎮光復路二段一一七號	08-7382592 08-8310085	通報、轉介、諮詢、家訪、宣導研習、追蹤輔導	委託：屏東縣勝利之家（屏北）、財團法人伊甸社會福利基金會高雄市事務所（屏南）	89.12	89年
台東縣發展遲緩兒童早期療育通報轉介中心	台東市中山路二七六號	089-320172 089-350731	通報、轉介、初篩、宣導、諮詢	社會局自行辦理	89.12	87年
花蓮縣發展遲緩兒童早期療育通報轉介中心	花蓮縣花蓮市球崙二路二三六號	03-8237756	通報、轉介、諮詢、個案管理、資源連結、研習訓練、追蹤輔導、安置	委託：社團法人花蓮縣智障福利協進會	84.7	84年
澎湖縣發展遲緩兒童早期療育通報轉介中心	澎湖縣馬公市治平路三二號	06-9274400 轉288	通報、轉介、個案管理、諮詢	社會局自行辦理	90.11	90年

機構名稱	地址	電話	服務項目	結合（委託）辦理單位	成立時間	成立小組
基隆市發展遲緩兒童早期療育通報轉介中心	基隆市信義區東信路二八二之四十五號（殘福中心）	02-24662355-250	通報、轉介、諮詢	委託：財團法人伊甸社會福利基金會基隆中心（公設民營）	88.3療育 89.1日間托育	89年
新竹市發展遲緩兒童早期療育通報轉介中心	新竹市中正路一二〇號	03-5245559	通報、轉介、個案登錄、安排評估、諮詢、宣導、研習訓練、召開早療委員會	社會局自行辦理	87.3	87年
台中市發展遲緩兒童早期療育通報轉介中心	台中市北區大連路一段三三九號之二 台中市西屯區甘肅路一段71號 西屯區市政路700號 北區健行路360號3F	04-22962696 04-23131234 04-22590690 04-22363170	受理通報、初篩、轉介、諮詢	委託：財團法人伊甸社會福利基金會中區服務中心 中華兒童暨家庭扶助基金會台中家庭扶助中心 財團法人瑪利亞文教基金會附設瑪利亞啟智學園 台中市兒童心智發展教育協會	87.9	90年
嘉義市發展遲緩兒童早期療育通報轉介中心	嘉義市保健街一〇〇號	05-2718661	受理通報、轉介相關資源、研習訓練、諮詢、宣導活動	委託：財團法人嘉義基督教醫院	89.4	90年
台南市發展遲緩兒童早期療育通報轉介中心	台南市永華路二段六號（係市府一樓）	06-2996648	通報轉介、家庭訪視、諮詢服務、安置追蹤、宣導活動	委託：財團法人台南市私立天主教瑞復益智中心	86.7	88年
金門縣發展遲緩兒童早期療育通報轉介中心	金門縣金城鎮民生路六十號	082-323019 082-373000	通報轉介、宣導、諮詢、補助	社會局自行辦理	90.5	89年
連江縣發展遲緩兒童早期療育通報轉介中心	馬祖南竿鄉介壽村七六號	0836-25022 0836-22381	通報轉介、親職教育、特教服務、諮詢服務	社會局自行辦理	88.9	88年

資料來源：內政部兒童局（2002a）。

附錄四　發展遲緩兒童早期療育個案管理中心名冊

機構名稱	地址	電話	服務項目	結合（委託）辦理單位
台北市發展遲緩兒童早期療育個案管理中心	台北市大安區建國南路一段321號2樓	02-27555690	接受通報轉介中心派案進行個案初訪、電訪及家訪安排或陪同醫療評估、擬定個案處遇計畫或IFSP資源連結與媒合及社區資源之建檔與彙整、計畫執行與評估、轉銜與轉介、辦理講座與團體	委託：台北市智障者家長協會（東區）中華民國智障者家長總會（南區）中華兒童暨家庭扶助基金會台北家庭扶助中心（西區）中華兒童暨家庭扶助基金會台北北區家庭扶助中心（北區）
	台北市大安區建國南路一段285號3號	02-23516948		
	台北市中正區新生南路一段160項17號1樓	02-23516948		
	台北市士林區前港街32號1樓	02-88611245		
高雄市發展遲緩兒童早期療育個案管理中心	高雄市鼓山區中華一路225號4樓	07-5528265	個案管理工作、受理通報轉介並就需要進行初訪、初步評量工作、協助安排醫療鑑定、發展評量、轉介相關資源、定期追蹤輔導以確保服務之完整與時效性、提供相關服務諮詢、確保個別家庭服務計畫（IFSP）之擬定暨執行	委託：伊甸社會福利基金會高雄市事務所高雄市調色板協會
	高雄市前金區民生二路79號	07-2610444		
台北縣發展遲緩兒童早期療育個案管理中心	台北縣三峽鎮國光街十二巷十號一樓	02-87925072	家訪、陪同服務、執行個別家庭服務計畫（IFSP）、安排轉介療育相關資源、每月定期追蹤服務、親職教育服務方案	個案管理服務補助單位：一、財團法人伊甸社會福利基金會三峽身心障礙中心二、財團法人第一社會福利基金會附設北縣愛智發展中心三、縣立八里愛心教養院四、家扶附設大同育幼院五、北縣私立明新啓智中心
	台北縣板橋市中正路十號一樓	02-29688525		
	台北縣三峽鎮文化路一五五號	02-26737834		
	台北縣中和市圓通路一二一巷二號	02-22421540		
	台北縣中和市圓通路二九六巷三一弄一號	02-22473769		
宜蘭縣發展遲緩兒童早期療育個案管理中心	宜蘭縣羅東鎮禮運路五五號	03-9575254	個案管理（含家庭支持、療育諮詢、轉銜轉介、陪同就醫、家長團體、訓練、宣導）	委託財團法人伊甸社會福利基金會宜蘭縣分事務所辦理
桃園縣發展遲緩兒童早期療育個案管理中心	桃園縣中壢市環西路八十三號	03-4943323	個案管理、親職團體、安排聯合評估、療育會議召開、個案研討、家長團體	委託：財團法人伊甸社會福利基金會桃園縣分事務所
新竹縣發展遲緩兒童早期療育個案管理中心	新竹縣關西鎮正義路一二六號	03-5170643	個案訪視、安排評估、轉銜服務、親職教育、研習訓練、宣導、追蹤輔導、諮詢	委託：華光智能發展中心香園紀念教養院
	新竹縣湖口鄉中正路三段一一六號	03-5690951-339、340		

機構名稱	地址	電話	服務項目	結合（委託）辦理單位
苗栗縣發展遲緩兒童早期療育個案管理中心	苗栗市嘉新里經國路四段851號四樓 苗栗市建功里和平路85號	037-356441 037-268995 037-335525	個案訪視、諮詢、評估案主需求、整合資源提供案主適當療育及安置服務療育及就學轉銜服務、陪同進行療育評估、整合評估結果訂定個別化療育計畫、辦理親職教育活動、辦理早療業務宣導活動、辦理相關工作人員訓練	委託： 財團法人苗栗縣私立幼安教養院 財團法人苗栗縣私立新苗智能發展中心
台中縣發展遲緩兒童早期療育個案管理中心	台中市大連路一段339-1號 台中縣沙鹿鎮星河路六一五號	04-22962696 04-26239593	個案管理服務、需求評估、療育團隊評估、訂定IFSP、資源轉介服務、追蹤、入學轉銜	委託： 財團法人伊甸社會福利基金會附設中區服務中心 光田綜合醫院
彰化縣發展遲緩兒童早期療育個案管理中心	彰化縣和美鎮彰美路五段一六〇號 彰化縣彰化市大埔路676號	04-7569336 04-7251525	諮詢服務、個案訪視、親職教育、療育復健、輔導轉介	委託： 財團法人中華兒童暨家庭扶助基金會彰化家庭扶助中心 財團法人天主教附設台灣省私立慈愛殘障教養院
南投縣發展遲緩兒童早期療育個案管理中心	南投縣南投市南崗一路三〇〇號	049-2201278 049-2200256 049-2205345	案需求評估、療育資源整合、轉介療育服務、療育服務評估、訂定IFSP親職教育及家庭支持系統	委託： 中華民國發展遲緩兒童早期療育協會
雲林縣發展遲緩兒童早期療育個案管理中心	雲林縣西螺鎮中山路227號、雲林縣虎尾鎮公安路二〇一號	05-5878313	個案管理、家庭訪視、研習及宣導活動、家長遲長團體	委託： 雲林家庭扶助中心
嘉義縣發展遲緩兒童早期療育個案管理中心	嘉義市保健街一〇〇號	05-2718661	陪同就醫、參與聯合評估、追蹤、在宅、時段輔導、親職教育、轉介資源	委託： 財團法人嘉義基督教醫院
台南縣發展遲緩兒童早期療育個案管理中心	台南縣新營市育德街九十九號	06-6594180	進行電訪或家訪實地瞭解個案狀況提供家庭服務、陪同個案接受聯合評估中心專業團隊評估、執行個別化家庭服務計畫 安排轉介療育及相關資源、定期追蹤服務個案、辦理親職教育服務方案	委託： 財團法人台南縣私立慶美社會福利慈善事業基金會
高雄縣發展遲緩兒童早期療育個案管理中心	高雄縣鳳山市體育路六五號 高雄縣旗山市中學路四十二號 高雄縣岡山鎮公園東路一三一號	07-7473632 07-7422971 07-6618106 07-6226730	個案管理、轉介、諮詢、追蹤輔導、入學轉銜服務家長服務、社區融合服務	委託： 財團法人伊甸社會福利基金會高雄市事務所 財團法人台灣基督長老教會殘障關懷中心

機構名稱	地址	電話	服務項目	結合（委託）辦理單位
屏東縣發展遲緩兒童早期療育個案管理中心	屏東縣屏東市建豐路一八〇巷三五號二樓 屏東縣東港鎮光復路二段一一七號	08-7382592 08-8310085	通報、轉介、諮詢、家訪、宣導研習、追蹤輔導	委託： 屏東縣勝利之家（屏北）、財團法人伊甸社會福利基金會高雄市事務所（屏南）
台東縣發展遲緩兒童早期療育個案管理中心	台東市東海里長沙街三〇三巷一號	089-310150-382	陪同評估、舉行療育會議安排轉介資源、個案管理、追蹤輔導	委託： 財團法人馬偕紀念醫院台東分院
花蓮縣發展遲緩兒童早期療育個案管理中心	花蓮縣花蓮市球崙二路二三六號	03-8237756	接案、訪視、個案管理、轉介、諮詢、追蹤輔導、研習訓練	委託： 社團法人花蓮縣智障福利協進會
澎湖縣發展遲緩兒童早期療育個案管理中心	澎湖縣馬公市治平路三二號	06-9274400轉288	接案、訪視、個案管理、轉介、諮詢、追蹤輔導、研習訓練	社會局自行辦理
基隆市發展遲緩兒童早期療育個案管理中心	基隆市信義區東信路二八二之四十五號	02-24662355 02-24660107	個案管理、轉介、諮詢、追蹤輔導	委託： 財團法人伊甸社會福利基金會基隆中心
新竹市發展遲緩兒童早期療育個案管理中心	新竹市水源街八十一號 新竹市光華二街七二巷二五弄七號	03-5711833 03-5341078	接案、訪視、協助評估、轉介資源服務、親職教育、諮詢、追蹤輔導、研習訓練	委託： 財團法人新竹市天主教仁愛啓智中心 伊甸新竹分事務所
台中市發展遲緩兒童早期療育個案管理中心	台中市北區大連路一段三三九號之二 台中市西屯區甘肅路一段71號 台中市西屯區市政路700號 台中市北區健行路360號3F	04-22962696 04-23131234 04-22590690 04-22363170	個案建檔、家庭服務計劃、協同評估	委託： 財團法人伊甸社會福利基金會中區服務中心 中華兒童暨家庭扶助基金會台中家庭扶助中心 財團法人瑪利亞文教基金會附設瑪利亞啓智學園 台中市兒童心智發展教育協會
嘉義市發展遲緩兒童早期療育個案管理中心	嘉義市保健街一〇〇號	05-2719509	陪同就醫、參與聯合評估、追蹤、在宅、時段輔導、親職教育、轉介資源	委託： 財團法人嘉義基督教醫院
台南市發展遲緩兒童早期療育個案管理中心	台南市永華路二段六號（係市府一樓） 台南市光明街一九一號 台南市漁光路一三四號	06-2996648 06-2365445	案建檔、家庭支持服務、個案輔導、資源連結、安置追蹤	委託： 財團法人台南市私立天主教瑞復益智中心
金門縣發展遲緩兒童早期療育個案管理中心	金門縣金城鎮民權路173號	082-326139	個案管理服務工作訪視、追蹤輔導	委託： 金門家庭扶助中心

機構名稱	地址	電話	服務項目	結合（委託）辦理單位
連江縣發展遲緩兒童早期療育個案管理中心	馬祖南竿鄉介壽村七六號	0836-22381	特教學生通報轉介	社會局自行辦理

資料來源：內政部兒童局（2002a）。

附錄五　身心障礙者生涯轉銜服務整合實施方案

九十一年一月九日行政院身心障礙者
權益促進委員會第二次委員會議通過
九十一年一月三十一日台內社字
第〇九一〇〇六〇二一八號函頒

壹、依據

一、身心障礙者保護法第四十二條及施行細則第十五條。

二、兒童福利法第十三條及第四十二條。

三、特殊教育法施行細則第十八條。

貳、目的

一、結合社會福利、教育、衛生、勞工等相關單位及人員，以科際整合之專業團隊合作方式，提供身心障礙者整體而持續性的個別化專業服務。

二、建置身心障礙者個案管理系統，以促進各主辦單位服務銜接、資源整合及專業服務間之有效轉銜。

三、建立身心障礙者生涯轉銜服務流程，確立各相關單位分工權責。

參、策劃單位

內政部

教育部

行政院衛生署

行政院勞工委員會

肆、主辦單位

　　台北市政府

　　高雄市政府

　　台灣省各縣（市）政府

　　福建省金門縣、連江縣政府

伍、實施原則

一、主辦單位應邀集相關人員組成專案小組，定期召開轉銜服務聯繫會報，俾利克服瓶頸並促進身心障礙者生涯轉銜服務。

二、策劃單位應規劃訂定轉銜服務統一資料格式，建置整合式身心障礙者個案管理系統（含福利、教育、衛生、就業等服務），俾利服務資料轉銜。

三、主辦單位接受其他單位服務轉銜時，應先查閱個案管理系統，以瞭解個案服務史；辦理服務移轉時，亦應繳交相關轉銜資料。

四、主辦單位應有個案管理單位及人員，以利推動身心障礙者生涯轉銜服務。

五、對身心障礙者於不同生涯階段，設計個別化的轉銜服務，該項服務之規劃應邀請案主及其家長共同參與。

六、轉銜資料應包括身心障礙者基本資料、各階段專業服務資料、家庭輔導計畫、身心狀況評估、未來安置協助建議方案及轉銜準備服務事項。

陸、方案內容及分工

發展階段	採行措施	實施要領	策劃單位	主辦單位
○－六歲	發展遲緩兒童與學齡前兒童轉銜服務	發展遲緩兒童早期療育應依內政部兒童局「發展遲緩兒童早期療育服務實施方案」相關規定辦理，有關轉銜服務依下列原則實施： 1.各地方政府應設立發展遲緩兒童單一通報轉介中心辦理通報、轉介服務。 2.受理評估團隊應於安排評估四－八週內，將轉銜所需資料送轉介中心。 3.通報轉介中心應依評估報告結果，提供發展遲緩兒童個別化之安置與療育轉介服務。 4.各地方政府應協調兒童福利機構、學校、民間教育、醫院提供發展遲緩兒童安置處所，加強兒童融合教育環境，同時定期檢視與評估融合教育及安置之成效。 5.各地方政府通報轉介中心每年九月應將次年需安置幼托（教）機構之發展遲緩兒童（三歲至六歲）人數、障礙類別及年齡提報當地社政、教育單位作為服務依據，並於入學前六個月，提供入學名冊及基本資料。 6.通報轉介中心應於安置前一個月，邀請安置機構及相關人員召開轉銜服務會議。 7.通報轉介中心應於完成轉銜後	內政部（兒童局） 行政院衛生署 教育部	直轄市、縣（市）政府【社會局（含兒童福利機構及療育機構）、教育局（含學前教育機構）、衛生局】

發展階段	採行措施	實施要領	策劃單位	主辦單位
○－六歲		二週內，將相關轉銜所需資料移送安置機構。 8.通報轉介中心應配合安置機構於完成轉銜之後持續追蹤六個月。 9.各安置機構應視需要邀請相關專業人員召開轉銜服務會議，訂立個別化的服務計畫。 10.對通報轉介安置而未受安置之兒童，應回報教育或社政單位彙轉通報轉介中心，辦理後續追蹤。		
七－十五歲	國小轉銜服務	各教育階段身心障礙學生轉銜服務應依特殊教育法施行細則第十八條及教育部「各教育階段身心障礙學生轉銜服務實施要點」相關規定辦理，有關轉銜服務依下列原則實施： 1.各地方政府社政單位及學齡前安置機構每年九月應將次年需就讀國小之障礙人數及類別提報當地教育單位，並於入學前六個月，提供入學名冊及基本資料。 2.學齡前安置機構應於安置就學前一個月，邀請安置就讀學校相關人員召開轉銜輔導會議。 3.學齡前安置機構應於完成轉銜後二週內，將相關轉銜資料移送安置就讀學校。 4.開學二週後對應入學而未就學學生，教育單位應造冊通報學齡前安置機構及社政單位追蹤瞭解。	教育部 內政部 行政院衛生署	直轄市、縣（市）政府（教育局、社會局、衛生局） 國民小學 兒福機構 療育機構 學前教育機構

發展階段	採行措施	實施要領	策劃單位	主辦單位
		5.學齡前安置機構應配合社政單位辦理未就學學生追蹤六個月。 6.各安置學校應視需要邀請相關專業人員或學齡前安置機構召開轉銜服務會議，以提供在校醫療復健或福利服務。 7.各安置學校應於學生畢業前辦理轉銜評估，對於未升學者應告知復學方式，並將未升學名冊通報當地社政單位銜接及規劃服務。		
七一十五歲	國中轉銜服務	1.國小安置學校每年九月應將次年需就讀國中之障礙人數（含在家教育及附設養護機構就讀者）及類別提報當地教育單位，並於入學前六個月，提供入學名冊及基本資料。 2.國小安置學校應於安置就讀國中前一個月，邀請國中安置學校相關人員召開轉銜輔導會議。 3.國小安置學校應於完成轉銜後二週內，將相關轉銜資料移送安置就讀學校。 4.開學二週後對應入學而未就學者，教育單位應造冊通報前一階段教育單位及社政單位追蹤瞭解。 5.國小安置學校應配合社政、勞政單位辦理未就學學生追蹤六個月。 6.各安置學校應視需要邀請相關專業人員或國小安置學校召開	教育部 內政部 行政院衛生署 行政院勞工委員會	直轄市、縣（市）政府（教育局、社會局、衛生局、勞工局） 國民中學 國民小學

發展階段	採行措施	實施要領	策劃單位	主辦單位
七―十五歲		轉銜服務會議，以提供整體化之服務。 7.各安置學校應於學生畢業前三個月邀請相關專業人員召開轉銜服務會議，辦理轉銜評估，並將未升學名冊通報當地社政單位負責銜接及規劃服務；對有意參加職訓或就業名冊應通報勞政單位銜接及規劃服務。		
十六―六十四歲	高中（職）及五專轉銜服務	1.國中安置學校每年九月應將次年需就讀高中（職）之障礙人數（含在家教育者及附設養護機構就讀者）及類別提報當地教育單位，並於入學前六個月，提供入學名冊及基本資料。 2.國中安置學校應於安置就讀高中（職）前一個月，邀請高中安置學校相關人員召開轉銜輔導會議。 3.國中安置學校應於完成轉銜後二週內，將相關轉銜資料移送安置就讀學校。 4.五專應於新生報到一個月內函請原國中就讀學校移送相關轉銜資料。 5.開學二週後對應入學而未就學者，教育單位應造冊通報前一階段教育單位及社政單位追蹤瞭解。 6.各安置學校應於一年級起辦理職業輔導評量，視需要通報勞政單位協助，並於學生畢業前一年邀集相關單位辦理職能與	教育部 內政部 行政院衛生署 行政院勞工委員會	直轄市、縣（市）政府（教育局、社會局、衛生局、勞工局） 高中（職）及五專學校 國民中學 就業服務機構 職業訓練機構

發展階段	採行措施	實施要領	策劃單位	主辦單位
十六— 六十四歲		轉銜評估。 7.各安置學校應於畢業前二年時結合勞政單位，加強學生之職業教育及就業技能養成。 8.各安置學校應視需要邀請相關專業人員或國中安置學校召開轉銜服務會議，以提供整體化之服務。 9.各安置學校應於學生畢業前將未升學名冊通報當地社政單位依其就業意願通報勞政單位提供職業重建服務。 10.各安置學校應配合社政、勞政單位辦理未升學學生追蹤輔導六個月。 11.各安置學校應於完成轉銜後二週內，將相關轉銜資料移送下一階段安置單位，並追蹤六個月。		
	大專院校轉銜服務	大專院校身心障礙學生轉銜服務應依教育部「大專校院身心障礙學生就業轉銜服務工作注意事項」相關規定辦理，有關轉銜服務依下列原則實施： 1.各學校應於新生報到一個月內函請原高中（職）及五專就讀學校移送相關轉銜資料。 2.各學校應視需要邀請相關專業人員及原高中（職）及五專就讀學校召開轉銜服務會議，以提供整體化之服務。 3.各學校應於學生畢業前提供就業相關資訊，並依其就業意願。	教育部 行政院勞工委員會 行政院青年輔導委員會	直轄市、縣（市）政府（教育局、社會局、衛生局、勞工局） 就業服務機構 各大專院校高中（職）及五專學校

發展階段	採行措施	實施要領	策劃單位	主辦單位
十六一六十四歲	成年障礙者轉銜服務	將名冊通報當地勞政單位輔導就業銜接及規劃服務。 4.各安置學校應配合社政、勞政單位辦理未升學、未就業學生追蹤輔導六個月。		
		障礙成年人之生活、休閒娛樂、醫療復健及職業重建等應依其相關規定辦理,有關轉銜服務依下列原則實施: 1.社政單位依據各階段安置學校通報之未升學名冊及接獲通報身心障礙者時,應就身心障礙者實際需要,提供轉銜所需福利服務。 2.社政單位應視需要會同相關專業人員召開轉銜服務會議,訂立個別化服務計畫。 3.對安置於養護機構之障礙者,社政單位應於完成轉銜後二週內,將相關轉銜資料移送該安置機構。 4.對通報未就業而有就業或參加職業訓練意願之障礙者,社政單位應造冊送勞政單位提供輔導所需服務,並追蹤六個月。 5.對安置於養護機構而有就業或參加職業訓練意願之障礙者,安置機構應造冊送勞政單位提供輔導所需服務,並追蹤六個月。 6.勞政單位應視需要邀請相關專業人員召開轉銜服務會議,提供所需就業服務。 7.各安置機構或就業服務單位應	內政部 教育部 行政院衛生署 行政院勞工委員會 行政院青年輔導委員會	直轄市、縣(市)政府(社會局、教育局、衛生局、勞工局) 就業服務機構 職業訓練機構

發展階段	採行措施	實施要領	策劃單位	主辦單位
		於障礙者有異動情形時,將異動名單通報其主管單位,辦理後續追蹤輔導。		
六十五歲以上	老年障礙者轉銜服務	身心障礙老人安養服務應依行政院「加強老人安養服務方案」相關規定辦理,有關轉銜服務依下列原則實施: 1.各地方政府應設立老年障礙者單一通報轉介窗口辦理通報、轉介服務。 2.居家服務單位對於經轉介需居家服務或社區式照顧之身心障礙老人應提供所需服務。 3.居家服務單位應視需要邀請相關專業人員召開轉銜服務會議,以提供整體化之服務。 4.長期照護管理單位對於經通報需長期照護之身心障礙老人,應轉介辦理安置服務,且於完成轉銜後二週內,將相關轉銜資料移送安置機構。 5.長期照護管理單位應提供安置機構相關資訊,以利規劃轉銜、居家照顧及長期照護服務。	內政部 行政院衛生署 行政院退除役官兵輔導委員會	直轄市、縣(市)政府(社會局、衛生局、長期照護管理單位)

早期療育社會工作　社工叢書 18

著　　　者☞ 張秀玉

出 版 者☞ 揚智文化事業股份有限公司

發 行 人☞ 葉忠賢

總 編 輯☞ 閻富萍

執行編輯☞ 范湘渝

登 記 證☞ 局版北市業字第 1117 號

地　　　址☞ 台北縣深坑鄉北深路三段 260 號 8 樓

電　　　話☞（02）8662-6826

傳　　　真☞（02）2664-7633

法律顧問☞ 北辰著作權事務所　蕭雄淋律師

印　　　刷☞ 偉勵彩色印刷股份有限公司

初版三刷☞ 2009 年 2 月

I S B N ☞ 957-818-529-4

定　　　價☞ 新台幣 450 元

網　　　址☞ http://www.ycrc.com.tw

國家圖書館出版品預行編目資料

早期療育社會工作 ＝Social work practice in
the early intervention / 張秀玉著. -- 初
版. -- 臺北市：揚智文化, 2003[民 92]
面； 公分

參考書目：面
ISBN 957-818-529-4（平裝）

1.社會工作 2.特殊教育

547   92011340